中原名师
出版工程

让成长
花开有声

◎李桂荣 主编

河南科学技术出版社
·郑州·

图书在版编目（CIP）数据

让成长花开有声 / 李桂荣主编. —郑州：河南科学技术出版社，2022.9（2023.3 重印）
中原名师出版工程
ISBN 978-7-5725-0970-4

Ⅰ. ①让… Ⅱ. ①李… Ⅲ. ①小学语文课-课堂教学-教学研究 Ⅳ. ①G623.202

中国版本图书馆 CIP 数据核字（2022）第 160020 号

出版发行：河南科学技术出版社
地址：郑州市郑东新区祥盛街 27 号　　邮编：450016
电话：（0371）65788890　65788858
网址：www.hnstp.cn
策划编辑：孙　珺
责任编辑：孙　珺
责任校对：张萌萌
封面设计：张　伟
责任印制：朱　飞
印　　刷：河南博雅彩印有限公司
经　　销：全国新华书店
开　　本：720 mm × 1020 mm　1/16　印张：16　字数：352 千字
版　　次：2022 年 9 月第 1 版　2023 年 3 月第 3 次印刷
定　　价：49.00 元

编委会

前言

研学的结晶，成长的纪念

教师的专业成长有多种途径，上课反思、听课评课、读书写作、同侪切磋、名师指点、进修培训等，都不可或缺。其中，名师工作室是发挥名师作用、助力教师成长的重要方式。

“中原名师李桂荣小学语文工作室”是助力众多小学语文教师成长的一个重要平台。李桂荣老师拥有中原名师、中原领军人才、河南省五一劳动奖章等众多有分量的荣誉称号和奖项，出版过《从阅读走向悦读》《让学生站在课堂中央》等著作，发表过多篇论文，是名副其实的语文名师。她的名师工作室汇聚了多位年轻教师，在她的带领下他们进行了创新作业设计、网上教学探索、创新课堂实践、读书经验分享等专题研修，围绕这些研修主题，产生了一批研修成果，现在借由“中原名师出版工程”得以出版，真是可喜可贺。

教师专业成长过程中会受一些关键事件、关键人物的影响。参加名师工作室是教师专业成长过程中的关键事件，名师工作室的导师是专业成长过程中的关键人物，在名师工作室研修学习成为专业发展的一个重要阶段。名师工作室的研修活动对教师的专业发展具有重要推动作用。

名师工作室的运作有助于名师指导更多年轻教师。师徒制是发挥资深教师优势、促进青年教师成长的重要方式。有不同类型的师徒制，常见的是“一对一”的师徒制与“一对多”的名师工作室型师徒制。“一对一”的师徒制中，教师可以对徒弟进行个性化培养，有助于集中传授经验，提高培养效果，但也存在一些问题：对教师的影响面窄，只能影响一个人；徒弟没有互动交流的同伴，缺乏同侪间学习的助力；缺乏指导的制度性约束与激励，可能存在指导随意性强的问题。名师工作室的培养方式则是一位名师同一时期内带领数名教师一起进行成长。这种方式可以更大范围地发挥名师的示范引领作用，扩大名师的专业影响，促进大批年轻教师快速成长。这些年轻教师又可以进一步把名师的影响扩大化，使更多人受益。因此，名师工作室成为当今各地流行的一种促进教师专业成长的方式和途径。

名师工作室的运作有助于年轻教师“亲师而学”。学习的一条重要途径是“亲师而学”，所谓“亲其师，信其道”。跟随在老师身边学习，这样才能学得明白、学得透彻，真正学到手、学到家。名师工作室为更多年轻人亲近名师、接受名师指导提供了机会，创造了条件。荀子在《劝学》篇里提出“学莫便乎近其人”的观点，意思是说，学习没有比亲近良师更便捷的了。为什么呢？荀子说：“礼乐法而不说，诗书故而不切，春秋约而不速。方其人之习君子之说，则尊以遍矣，周于世矣。故曰：学莫便乎近其人。”仿效良师学习君子的学问，既崇高又全面，还可以通达世理。所以说，学习没有比亲近良师更便捷的了。不仅古代的学习如此，当今的学习也是这样。个人在学习时，总会遇到这样那样不易理解的地方，得到良师的指导就成为成长的便捷路径。在名师工作室研修，年轻教师可以有更多机会、更多时间亲近名师、接受名师手把手的指导和耳提面命的点拨，自然会获益匪浅、快速成长。

“亲师而学”有助于年轻教师从名师身上习得知识。韩愈在《师说》里提出了“师者，所以传道受业解惑也”的著名论断。教师所能“传”“受（授）”“解”的都只能是显性知识，名师身上还有相当重要且宝贵的默会知识是无法这样处理的。教师的专业成长，除了显性知识的学习，还有很重要的默会知识的习得。默会知识（又称缄默知识，或隐性知识）

是英国哲学家波兰尼（1891—1976）于1958年在其《个体知识》一书中提出的。显性知识是客观知识，可以用语言表达，可以通过学习、模仿、记忆而获得。而默会知识是通过一定的实践、经验并从中领悟得来的，虽然可以被传授、学习和积累，却需要通过独特的途径来实现。跟随老师学习就是习得默会知识的重要途径。显性知识可以通过书本、通过聆听来学习，而教师身上的默会知识则只能通过长期跟随在老师身边，在潜移默化的熏染中习得。名师工作室的工作方式给予了更多年轻教师跟随名师学习的机会，使他们不仅可以在名师指点下获得显性的理念、知识、经验等，而且可以在长期跟随名师的过程中耳濡目染地领略、习得名师身上难以言传的人格魅力、精神风范以及宝贵经验。

名师工作室的工作方式有助于同侪学习。教师的专业成长，既需要个人的自强不息，也需要名师的指导点拨，还需要同侪的切磋互助。《礼记·学记》云："独学而无友，则孤陋而寡闻。"很多自己想不明白，导师指点之后还不能彻悟的问题，在与同侪的交流中可以豁然开朗、恍然大悟。名师工作室为同侪交流搭建了良好平台。教师们因在同一名师的指导下学习，自然会形成学友关系，同侪之间在探讨问题、听课评课、读书交流等活动中，相互碰撞、相互切磋，互相启发、互相影响，同学共进、共同成长。名师工作室的研修活动还可形成良好的研修氛围、独特的研修文化，教师置身其中，既可受到显性帮助，也可受到默化影响。同侪相互影响、助力成长，名师工作室的这一功能不可小视。

名师工作室的制度化运作有助于保障研修效果。名师工作室一般会以年为单位，在相对比较长的时间内进行专业研修，为了保障研修效果，一般会形成一套研修制度，比如定期研修、主题研讨、轮流分享、小组合作、研修总结等。这些研修制度可以最大限度地保障研修的正常、有序开展，从而使研修效果最大化。

正是名师工作室的种种优势，使得名师工作室能够产生重要的研修成效，如名师经验的有效传播、大批年轻教师的专业成长、长久甚至终生的教育影响等，还可产生大量的研修成果，如教研论文、教学设计、教学实录、教学案例、教学反思、教育随笔、分享报告、研修总结等。

名师工作室在结束研修时，把学员的研修成果结集成著作出版，是一件非常有意义的事情。第一，对于学员来说，书中所收文章是自己的一项阶段性学习成果，是近期学习水平的展示；第二，可以借此书的出版把研修成果传播开来，让更多的人参考借鉴、学习受益；第三，对名师工作室而言，这本书也是一项标志性成果，扩大了名师工作室的专业影响力。当一期一期的研修成果结集出版，累积起来时，名师工作室的外显成果就十分可观了。不论从哪个方面来说，出版这样一本书都是非常有意义的。

常言道："名师出高徒。""强将手下无弱兵。"李桂荣老师带领的这批学员积极研修、认真学习，取得了可喜的研修成果。这些成果蕴含着教师们的教育探索、教学思考与宝贵经验，是他们真实探索、真实思考的写照，是生动活泼的一线教育教学实例，体现了他们的教育智慧、教学水平与创新精神。阅读这些文章会给予我们诸多启发与思考，可多借鉴与参考，这就是其价值和意义所在。

这本书是"中原名师李桂荣小学语文工作室"全体学员研学的结晶，成长的纪念。多年过后，再回首时，他们当会为拥有这样一份成果而自豪，同时也会以此为镜，照见未来的自己。

得名师指点，是人生大幸。"师父领进门，修行在个人。"愿名师工作室的每位成员都能珍惜跟随名师学习的这份特殊的缘分，沿着名师指引的方向不断研修、持续精进，将研修所得用于教育、施之教学、惠及众生。也祝愿名师工作室越办越好，助力更多年轻教师快速成长。

让成长因相遇而美好，让教育因我们而美丽！

李冲锋

2022 年 6 月 5 日晚

于六楼居

目录

“双减”·创新作业篇

直播·非常时期篇

教学·探索课堂篇

读书 · 丰润内涵篇

“双减”创新作业篇

“双减”背景下作业设计的转变

新乡市实验小学　杨玉莹

2021年7月出台的“双减”政策，不仅是对新时代我国教育体制和教育结构的重大改革，也是对义务教育阶段学生学习负担和作业设计的一种调整。为了使“双减”政策落到实处，真正减轻学生的作业负担，我们需要重新认识和审视作业。语文作业涉及听说读写等方面，所以优化作业设计，切实减轻学生课业负担，势在必行。在“双减”政策下，语文的作业设计可以从以下方面进行相应的转变。

一、作业设计的目标从提升知识技能向发展核心素养转变

在以往小学语文教学中，我们往往把作业看作巩固知识的重要手段，而在“双减”政策下，作业应该是提升学生核心素养的重要途径和平台，它与学生的全面发展、全程发展、可持续性发展有着密切的联系。我们应让作业成为学生成长的阶梯，发挥其应有的育人功能。

1. 从知识内容向语言文字转变

在以往的作业检查中，我们较为重视的是学生对课文情节和内容的理解，但语文课程和教学的本质是语言运用，所以，作业应该以语言文字的理解和运用为核心。例如，根据教学统编教材小学语文四年级上册中《梅兰芳蓄须》一文的首句“梅兰芳先生是闻名世界的京剧表演艺术家”，可以设计作业：让学生练习句子中词语的变序。这是一个长句子，朗读时要进行停顿的指导，重点是三个词组的停顿训练。分别把“梅兰芳先生”“闻名世界”“京剧表演艺术家”三个词组标记为A、B、C。课文中语序是A→B→C，也可以引导学生改为B→C→A或C→A→B。这是语言文字理解和运用的一个简单的作业练习。这样的作业设计对学生来说可以形成词组意识，学会用固定词组进行表达，也可以理解和掌握句子的灵活表达

方法，同时也培养了思维的灵活性。

2. 从知识掌握结果向思维训练转变

以往的作业关注更多的是知识掌握的结果。一些死记硬背的作业，几乎没有思维价值。为了减轻学生的作业负担，作业设计要更具思维含量，促使学生语言和思维的发展。我们可以利用简单的思维导图进行作业设计。以统编教材小学语文一年级上册《语文园地三》“字词句运用”栏目为例，这是一个看似极其简单的作业，却很有思维价值。一是为学生呈现了一种思维延伸式的图形，这种图形化思维的形式，比文字更容易引起学生的学习兴趣。二是初步构建了一个与“车”有关的知识体系。三是对“车”进行分类，有车的类型、车的位置、乘车的状态，还可以进一步设计与“车”有关的其他项目和词语，有利于学生发散思维的训练。

语文课程设计不只是一个个知识点，而是一套知识体系。因此，我们在设计作业时不能只针对某一课来学习，应思考学科内不同知识的内在关联，通过作业实现知识之间的综合运用。

3. 从知识训练向审美意识转变

以往的作业一般都是做一做、说一说、读一读、练一练、写一写，往往被看成是知识训练的手段，学生很容易觉得枯燥无趣。因此，作业的设计应具有艺术性和美感，让作业成为学生感受美、审视美和创造美的学习活动。

我们可利用多种艺术表达方式来设计作业。比如：利用美术的造型艺术培养学生的结构意识，利用音乐的节奏来训练学生朗读的语气和语感，利用戏剧表演设计课本剧。例如，在统编教材小学语文四年级上册《爬山虎的脚》一课的“资料袋”栏目中，告诉同学们可以用图文结合的记录形式写观察日记。这样的作业设计使学生兴趣盎然。栩栩如生的图画，加上生动有趣的配图文字，恰当地表现了画上的内容，再为每幅图起一个贴切的小标题，使语文与美术相融合，带来了美的创意和欣赏。

4. 从知识本体向文化融汇转变

以往的作业目标是获得课文中的本体知识。如字音和字义、词义、句意、段意、文章内容等。这些作业设计本是无可厚非的，但问题是掩盖了知识本体背后的文化意蕴。

例如，统编教材小学语文四年级上册《王戎不取道旁李》一课布置写“戎”字的作业，如果只是指导学生把其中的斜钩写好，结构安排合理，就是一种实用的功能性练习。我们应把实体性知识的掌握与文化融汇结合起来，进行作业的文化设计。从字源看，“戎”为古代兵器的总称；从构形看，“戎”字为半包围结构；从文化看，“戎”字可以看出古人对征伐之事的重视；从书写要求看，“戎”字左下方的“丿”要短一些，第一笔“一”和第四笔“斜钩”要写得长一些，这样才能把“戎”字写好看。这样一来，赋予“戎”字的文化意蕴就丰富了很多。

二、作业设计的主体从被动向自主转变

以往的作业往往是教师处于主体地位，学生只能是被动接受。要减轻学生的学业负担，就要尽可能地把做作业的主体权还给学生，要把做作业的过程变成学生自主学习、个性化学习的过程，让学生体会到完成作业的满足感。

1. 自主习惯

我们应该对学生的作业有统一的要求，让学生认识到作业是一种规范而严肃的学习方式，应该遵循作业的要求。如在写作业之前先复习当日所学；做作业时不翻书、不翻笔记，规范书写；作业要独立完成；等等。做完作业后的检查也是做作业的重要一环，要让学生养成作业“不检查不上交”的好习惯。

2. 自主解题

要完成作业，首先要指导学生自主审题、解题。如果审题不严谨，将会影响作业的完成，甚至无从下手。如统编教材小学语文四年级上册第三单元中《蟋蟀的住宅》课后第1题：“默读课文，说说课文围绕蟋蟀的住宅讲了哪两方面的内容，作者是怎样观察的。”这道题目不只有一个练习内容，而是有三个练习内容：一是默读课文，二是说说课文围绕蟋蟀的住宅讲了哪两方面的内容，三是作者是怎样观察的。这对于四年级的学生来说，是需要认真揣摩的。

3. 自主评价

评价是对正误是非的判断和推理，是一种反思性的认知能力，是一种

高阶思维。所以学生完成作业后，我们应该引导学生学会主动地评价自己的作业，对别人的作业也能自主发表意见，进行合理评价，并从评价中获得情感体验和发现问题的能力。

4. 自主修改

批改作业往往达不到预想的效果。如果将教师对作业的单方面批改转变为师生共改、学生自主修改，会更有成效。如我们在检查练习册发现错别字时，可在页码旁边做一个约定好的关于本页有错别字的提醒标记，由学生自己查找纠正。这样不仅能提高学生的自我检查能力，还能培养学生认真仔细的学习态度。

5. 自主设计

我们应创造条件尝试让学生自主设计作业。比如在学习了统编教材小学语文四年级上册《观潮》一课后，我们就让学生自己设计作业。有的学生说，这篇课文很适合朗诵，打算选一段音乐，设计配乐朗诵；有的学生说，可以多找点相关资料，写一份钱塘江大潮形成的调查报告；还有的学生说，可以找一找更多描写钱塘江大潮的文言文读一读。学生自己给自己设计作业、布置作业，培养了学习的主动性和创造性，同时也激发了其做作业的兴趣。

三、作业设计的类型从单一向组合转变

小学语文可以构建“本体性作业+拓展性作业”的语文作业体系。

1. 本体性作业

倾听类作业。这是语文学科中最基本的作业类型，以培养学生良好的倾听习惯为目的。教师可以读给学生听，也可以放录音给学生听。听后要安排学生复述、提出问题或回答问题。

交流类作业。这类作业需要设计情境，包含倾听、理解和应对等环节，是一种适应现实生活的作业方式。

阅读类作业。“双减”政策下，阅读应成为最重要的语文作业形式，包括阅读习惯的培养、阅读量的增加、阅读过程的指导和阅读策略的掌握等。在此基础上，增加散文、文言文、非连续性文本、绘本的阅读量以及课外整本书的阅读量。

写作类作业。包括练字、抄写词句、听写、写小练笔和作文。“写”是语文技能的综合反映，也是评价语文学科水平的标志。如学习了统编教材小学语文四年级上册《夜间飞行的秘密》一文后，学生对雷达的发明充满了兴趣。课后，我们可以让学生写一份雷达的自述，体例如下。

雷达的自述	
出生时间	
出生背景	
自我评价	

这项作业设计改变了传统的写作类作业的形式，使学生耳目一新，表达热情得到了激发。

2. 拓展性作业

拓展性作业对学生综合素养的培养非常有意义，可课内完成，也可课外完成；可由单人独立完成，也可多人合作完成。

比如，手抄报作业便是拓展类作业中有代表性的一种，对于培养学生对资料的收集和选择、排版、美术编辑等技能都有较好的效果。再如，作业设计与学生的现实生活结合起来，在真实情景中解决问题，让学生更好地运用所学知识，实现知识的巩固、迁移。还可以探索设计智能作业，重视信息技术的应用，打破时空界限，构建网络学习空间，优化作业推送和批改方式。

四、作业设计的时机从随性向分阶转变

随性作业常常表现为盲目随意、无目的地布置作业，这也是造成作业“题海战”的重要原因。我们要加强作业与备课、上课、评价等教学环节的联系，将作业作为课堂的一部分，对作业精心设计，做到分阶分层设计。

1. 课前预习性作业

课前预习性作业可以通过课内预习单完成，预测学生已掌握的知识情况，对学情有一定的把握，不必在意作业质量的高低，也不必一一订正。建议预习性作业不要安排在课外，要尽可能地“挤”进课堂，使其在课内

真正发生和落实。

2. 课中理解性作业

课堂教学过程中的学习主要是理解和运用的活动，需要思维参与其中。课中应该布置理解性作业，为深度学习赋能。

理解性作业的布置需要选择适当的时机，以达到四两拨千斤的效果。例如课文中的中心词、中心句，体现文章中心的重点段，牵动上下文的过渡句、过渡段等，这些都是作业设计点。再如新的句式、段式等，让学生进行仿写，既适应学生的语言发展水平，又可以概括、类化和迁移，便于学生举一反三。

3. 课末巩固性作业

设计这类作业要注意以下三点：一是整理知识。课堂上对所学的知识进行整理，初步构建知识体系，使知识得到较好的巩固。二是思维训练。因思维具有问题性、间接性和概括性的特点，所以作业的设计要有问题意识、间接学习和概括过程，提升思维含量。三是发现规律。让学生通过完成作业发现知识和学习的特点与规律。

4. 课外拓展性作业

课外拓展性作业可延长时间，安排在课外，可在数天或数周后完成。这类作业对于学生学习能力、研究能力的培养非常有益。

课外的拓展性作业可以从基础、发展、提高进行分层设计，既考虑到学生基础知识的掌握，又顾及部分学生“吃不饱”的情况，体现因材施教原则。

五、作业评改从教师评改向作业展评转变

教师评改学生的作业，尽管专业、认真，家长认可度高，但是效果往往不尽如人意。很重要的一点原因就是一部分学生对老师评改的作业很少关注，甚至视而不见，造成“无效批改”的结果。而作业展评则使作业成为教学与评价结合的支撑点，体现了“作业、评价与展示”一体化的设计理念，以展促学，以评促教。当把作业看成一件展品时，学习的任务驱动就发生了，展示式作业为学生间的互评也提供了丰富的资料。

作业是课堂教学的延伸，是学生对课堂所学知识的巩固和内化过程，

是反馈课堂教学效果的重要手段。我们在作业设计方面要量上精选，质上甄选，方式上趣选，力求给每名同学动手实践、学以致用的机会，让作业能源自生活，启迪思维，真正实现“创新减负、快乐学习”。

语文分层作业及创新作业设计的思考与实践

新乡县小冀镇京华社区小学　梁千昭

2021 年 7 月，中共中央办公厅、国务院办公厅印发《关于进一步减轻义务教育阶段学生作业负担和校外培训负担的意见》，明确提出要“全面压减作业总量和时长，减轻学生过重作业负担”。教师作为作业的设计者和评价者，要解决当前中小学作业量过多、作业质量不高、作业功能异化等问题，切实减轻学生作业负担，那么语文作业如何更有效地分层、创新设计？

一、作业设计原则

一是重视实践原则。语文是一门实践性课程，应着力在语文实践中培养学生的语言文字运用能力。设计作业应加强语言文字的实践能力训练，让学生在作业中提高语文素养。

二是开放性原则。语文的外延与生活的外延相等。作业的设计，应树立开放的语文教学观，以教材为基本但不能局限于教材。课内外联系、学科间的融合、校内外沟通都可以让学生的语文核心素养得到培养。例如，在学习统编教材小学语文四年级上册《盘古开天地》一课时，可以设计作业：展开想象，说一说盘古的其他身体部分变成了什么。注意说明白，说具体。

三是趣味性原则。有了学习的兴趣，学生才能主动学习，提高效率。所以我们在设计作业时，应该变单调、枯燥为生动、活泼、有趣。这样，让学生主动完成作业，提高作业的实效性。例如，在学习统编教材小学语文四年级上册《蟋蟀的住宅》一课时，可以布置作业：让学生根据对课文的理解画一画蟋蟀的住宅，或者小组合作绘一幅蟋蟀住宅的思维导图，提炼课文内容进行展评。这两项作业让学生根据自己的兴趣自主选择完成。

二、分层作业设计策略

分层作业的设计策略，可以有学生分层和作业分层这两个方面。

（一）学生分层

作为教师，必须关注学生的个体差异，可以将学生从语文学习水平和家庭环境两个方面进行分类，在作业布置上，量身定制、有的放矢。

1. 根据语文学习水平进行分层

一个学生的课堂表现、作业情况、学习评价等方面基本上可以反映出这个学生的学习基础、学习习惯、学习方式、学习兴趣、领悟能力等。如此，可以按学优生、中等生、学困生三个层次或者学优生、中等生、进步生、潜能生四个层次分层。教师应帮助学生确定所在的层次，让他们各自得到适合自己的作业，从而更利于他们语文素养的形成和学习能力的提高。当然，这种划分是可以动态变化的，教师要不断激励和帮助学生，使其向更高层次迈进。

2. 根据学生的家庭教育环境进行分组

大体上，学生的家庭教育环境可分为三类：甲类，家长关注子女的学习情况，教育子女的方式比较科学。乙类，父母重视子女的学习情况，但由于自身文化水平不高，或者工作原因，只能监督，难以指导。丙类，父母对子女的教育认识不正确，认为教育是教师的事，或者只顾工作、只管经济生活，在孩子教育方面当“甩手掌柜”，对孩子学习的事很少过问。因此，大致可以把在这三类环境中的学生相应地分为甲、乙、丙三个层次。

给学生分层，不是给学生贴标签。教师要将学生分层做到心中有数，并以此作为作业设计的重要依据之一，针对不同学生的特点布置相应的作业，使每个学生在自己现有基础上得到最优发展。

（二）作业分层

根据学生的分层情况，我们在作业量、作业难度、完成作业时间上也要安排相应的层次，让每一层的学生在自己相对应的作业中都能获得愉悦、满足的心理体验。

这里主要谈谈作业难度的分层。作业应该具有思维的价值，这样学生才会对其产生兴趣。因此，我们要重视找准每类学生的最近学习状况，为他们确定相应的目标，设计难易有别的作业，让学生自由选择。比如可以根据学生自身水平，设计确定基础、提升、拓展创造三级目标。基础层级作业面向全体学生，但作业量又有所不同；中等生要努力完成提升层级作业；学优生要努力完成拓展创造层级作业。这样，让学生针对自身情况自主选择合适的作业，能够促使他们语文素养的提升。

三、创新作业设计

“双减”文件提出：提高作业的设计质量，鼓励布置分层、弹性和个性化作业，坚决克服机械、无效作业，杜绝重复性、惩罚性作业。这就要求教师们在作业形式和内容上推陈出新，设计出一些具有实践性、创新性、趣味性和开放性的个性化作业，让学生在完成作业的过程中获得真正意义上的提高。

下面，针对互助型作业、拓展型作业、综合型作业分别来谈一谈。

互助型作业，指的是学生自己出作业题，同学间互相答题。学生将学过的知识通过出题的形式进行“再深化”，达到对知识更深入的理解、更有效的内化，进一步提高学习兴趣。在出互助型作业题时，教师还可以要求出题人能说出自己命题的依据和想法，并能对同学的答题情况进行评价，不仅要知其然，还要知其所以然。需要注意的是，学生自主命题要做到循序渐进。一开始，可以让学生设计一些字词类的基础性作业，教师在这个过程中加强指导。慢慢地，可以引导学生设计一些句段类作业。当学生有了一定的经验后，可以让学生设计课外阅读作业。互助型作业重在让学生通过自主命题深化对知识的理解、掌握和运用，形成知识体系。

拓展型作业，这里专指对课堂教学内容的拓展和延伸。《义务教育语文课程标准》（2022 年版）把“增强课程实施的情境性和实践性，促进学习方式变革”作为语文课程的一个基本理念，教学建议提出：建设开放的语文学习空间，激发探究问题、解决问题的兴趣。如统编教材小学语文五年级下册《手指》一课，学习之后设计作业：①“手指自讲述”，结合课文内容挑选一个手指，以第一人称有感情地讲述。②作者笔下的中指，让你想到了生活中的哪类人？这类人平时如何处事？举生活中的例子，画一幅漫画或者写下来。③仿照课文的表达特点，从人的五官中选一个，再用一段话进行描述。让学生根据自己的特长、爱好、需要等自主选择一项作业完成。这样的作业，学生兴趣更浓，作业的高效益性得到彰显。

综合型作业，是指作业设计要加强语文与其他领域的融合，要走向广阔的自然与社会，整合多种资源，进行个性化理解和开放的表达，具有综合性和实践性。如统编教材小学语文五年级下册第三单元"综合性学习：遨游汉字王国"之后，第四单元的主题是爱国精神、英雄人物，通过动作、语言、神态描写体会人物的内心。老师可以结合第四单元的学习设计一个"英雄是民族最闪亮的坐标"综合性实践活动，搜集建党百年、建团百年英雄事迹，探寻英雄精神；可以开展爱国英雄故事表演、红领巾讲红色故事活动；可以和美术课相结合，安排学生办"崇尚英雄，学习英雄"主题手抄报。

"双减"东风劲，课改春来早。我们进行作业分层和创新设计，实现每一次作业都成为学生成长的生长点，让学生在做作业过程中体验生命的成长。

“双减”背景下小学语文分层作业设计初探

鹤壁市松江小学　罗宏钟

一、分层作业设计背景

2021 年“双减”政策落地，这标志着一个重塑全民教育价值观，重建教育机制体制的新时代已经到来，与此同时，也对学校及教师的内涵建设、专业发展、质量提升提出新的挑战。因此，减轻学生作业负担，保证学生作业质量，设计分层作业势在必行。

二、分层作业设计导向

小学语文分层作业设计要指向语文核心素养四个方面——语言建构与运用、思维发展与提升、审美鉴赏与创造、文化传承与理解。语文核心素养是学生通过语文教学所获得的最具终身发展价值的人格修养与关键语文能力，作业是有效提升学生语文素养必不可少的途径，作业设计更应该是指向学生的核心素养，使学生既能巩固已学知识，又能发展学生能力，培养他们的创新精神与意识，是实施素质教育、进行课程改革的重要载体。优化作业设计，可以高质量助推学生成长，使学生在渴望知识的探索中形成自主互助的品质，真正成为学习的主人。

三、分层作业设计方法

（一）丰富学生作业类型

语文教学旨在提升学生的语文核心素养，作业是课堂教学的有效补充，在设计时更应该着眼于提高学生语文素养，涉及“听、说、读、写”各个层面的练习，小学语文作业布置应从以下几方面着手。

1. 布置预习性作业

小学中高年级学生已经具备相当的自学能力，课前让学生从初读课文和摘录好词、好句、形近字、多音字等方面入手，对课文进行预习。这样有准备地进入课堂更有利于学生发挥潜能，成为课堂的主人。

2. 布置训练性作业

根据课时目标布置作业，紧紧围绕目标设计作业。

3. 布置口头识记作业

如布置课文的朗读与背诵，二类字的识记等作业。

4. 布置观察、收集类作业

这类作业往往能为了解课文内容做好铺垫，为学生写作准备第一手资料。在教学《猫》这篇课文时，让学生提前观察动物，体会作者对猫的喜爱之情，对学生理解课文内容和抓住细节写作都有很大帮助。

5. 布置亲子互动类作业

鼓励亲子共读，可以推荐适合的书目，在充分利用家庭资源的同时，也解决了课外阅读面广、涉及问题较多、教师不能一一兼顾的问题，提高了阅读效率；让学生把学到的课文讲给家长听，检测学生对课文内容的掌握程度，培养学生口头表达能力，同时发挥了家庭教育一对一因材施教的特长；写心里话读给家长听，在促进亲子关系的同时，提高学生的写作能力。

（二）了解学生“消化能力”

1. 了解学生知识基础

同一个班集体内学生对已学知识的掌握情况不尽相同，了解学生的知识基础是分层布置作业的前提。基础知识掌握不过关的学生由于受对字、词的掌握存在漏洞、语言表达能力的限制，接受新知识较为困难，如果布置作业时用一把尺子衡量，无异于揠苗助长。根据学生对语文基础知识的掌握情况可以分为三层。基础 C 层：没有掌握学过的生字、词语，语言表达能力差，学习新知识较为困难。基础 B 层：学过的生字、词语掌握情况良好，对句子的理解能力及对语文基本知识掌握情况良好。基础 A 层：对已学知识掌握良好，并具备相当好的学习能力，能在学习中发现问题，探究解决，积累了丰富的相关知识，学有余力。

2. 了解学生学习能力

学生接受新知识的能力也各不相同，同样的字词有的学生写一两遍就记住了，有的学生可能写四五遍都记不住；有的题目部分学生可能独立完成且游刃有余，有的学生可能独立完成不了。学生的学习能力也会受到已有知识储备的限制，基础知识掌握较好的学生在学习新知识时表现出的学习能力总会比其他学生强一些，同时学生的学习能力、学习基础也影响着学生的学习兴趣。常言道“知之者不如好之者，好之者不如乐之者”。了解学生的学习能力，根据学生的学习能力布置作业，提出合理要求，让所有的学生都有“跳一跳能够得着”的感觉，那么学生在做作业时困难就会少一些，成就感强一些，兴趣浓一些，作业完成质量相应会高一些。

3. 了解学生家庭情况

家长是孩子的启蒙老师，家长文化程度的高低，深刻影响着孩子。家庭教育不同层次水平下的孩子，他们的学习能力及习惯也是不同的。了解学生的家庭情况，避免在教学中对家庭教育寄予过高的期望，也有利于利用家庭资源弥补学校教育的不足，同时也能使不同家庭背景下的孩子都能得到提高。亲子互动类作业，许多孩子不一定能在家庭内完成，了解了学生的家庭情况后可以在班集体内为学生提供交流的平台。

（三）分层设置作业内容和作业量

给基础 C 层学生常布置书写生字、新词，及时布置字词复习类作业，弥补字词掌握的缺陷，提高使用工具书的能力，促进字词的学习能力提高。同时结合学生的思维能力适量布置语文常识类作业，如修改病句、扩句、缩句等，对于当天所学课文内容配套练习，根据其能力圈画部分题目，鼓励完成。

对于基础 B 层学生在巩固生字、新词的同时，通过作业，检查学生对知识理解的深度和运用技能的熟练程度，布置和课时相关的练习，要求学生按时完成，并能对练习中的问题进行探讨并加以解决。此类学生思维能力居中，作业中常常会出现不会做的、自己解决不了的问题，可允许学生作业中有遗留问题，引导学生借助家长或同学之力探讨并解决问题。

基础 A 层学生接受知识能力强，反应较快。在生字、新词的学习过程中允许学生在做作业时以听写代抄写，减少抄写作业，在掌握课时学习内容的基础上布置提高题和拓展题，或是同样的作业给予更高的要求，鼓励学生在学习中创新、积累，尊重学生的独特体验。例如，在布置预习作业时对基础 A 层学生的要求更高一些，“提出有价值的问题并尝试解答”“收集有价值的东西加深对课文内容的理解”“谈谈预习感悟”等灵活机动、有助于发挥学生特长的作业，为学生提供展示自我的平台。在交流时给予他们更多的表现机会，这样既有助于学生增强自学兴趣，同时也给予基础C层学生学习的机会。

（四）分层评价完成情况

虽然学生的学习成绩、学习能力千差万别，但是孩子好胜、好强的天性是共同的，给每个孩子成功的喜悦，自我表现的机会，让每个学生都有“够得着”的成就感，分层作业在这一方面展示出了优越性。但是也出现了几个值得关注的小问题。

1. 独具慧眼，合理评价

个别孩子偷懒，消极怠工，本可以完成得很好的练习，由于懒惰或粗心完成不了。这就要求教师一定要独具慧眼，对于做不了和不愿做的学生区别对待，合理评价，用不同的方法去引导，避免出现浑水摸鱼的现象。

2. 关注变化，给予肯定

孩子们的学习能力不是一成不变的，随着学生学习的深入，原本属于基础C层的学生可以通过努力达到基础B层的水平，教师一定要及时给予肯定，并改变作业布置方案。

3. 正视学生，激励评价

不用有色眼镜看待每一名学生，拓展性的题目，或是较难的题目鼓励所有学生试着完成，根据不同情况给予评价，给学生试一试的勇气和决心。

作业是教师精心准备、送给孩子们的礼物，它为孩子们综合运用知识和表现个人天赋提供机会，使教学的影响延续到全部学习过程中。分层作业，唤起了学生的学习热情，使学生的个性和特长得到了淋漓尽致的发挥。在今后的教学中我们更应该去深入研究学生，研究作业，为每一个孩子送上适合他们“口味”、有利于他们发展的精美“礼物”。

大单元视野下的作业设计

濮阳市实验小学　尚淑丽

作业是撬动课堂教学改革的支点，“双减”政策背景下，如何优化作业设计以减轻学生作业负担，成为一线教师关注的课题。

长期以来，我们对学生的作业设计都是基于单篇课文，再进行一个单元内篇目的组合设计这样的模式来实施的。但是，在大单元教学的背景下，探索大单元的作业设计更能让学生系统化地掌握知识。那么，大单元的作业设计，我们可以怎么做呢？以统编教材小学语文五年级上册第五单元为例来谈一谈。

该单元由两篇精读课文，“交流平台和初试身手”及“习作例文和习作”组成。语文要素是“阅读简单的说明性文章，了解基本的说明方法。搜集资料，用恰当的说明方法，把某一种事物介绍清楚”。这和《义务教育语文课程标准》（2022 年版）中第三学段提出的阶段目标“阅读说明性文章，能抓住要点，了解文章的基本说明方法”相吻合。说明文以“说明白了”为成功。为了把事物说明白，就必须把握事物的特征，进而揭示出事物的本质属性，既要说明“是什么”，又要说明“为什么”。说明文的“枯燥”，是因为它一般只有说明对象、说明顺序、说明方法，没有生动有趣的故事情节，没有具体可感的形象，往往容易上成科学课，或是上成忘却文本的“概念课”，以致迷失了语文特征。如何让说明文教学也充满情趣，富有“语文味”？我们进行了大胆探索与尝试，在任务和活动的驱动下，不断提高学生学习说明文的兴趣。

一、单元目标确定

如何才能使教材功能最大化，我们首先对本单元进行了统整。

五年级语文“优享好物推介会”

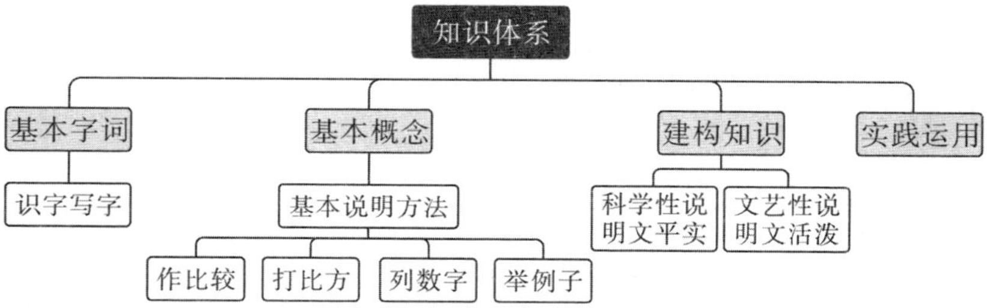

能力进阶图

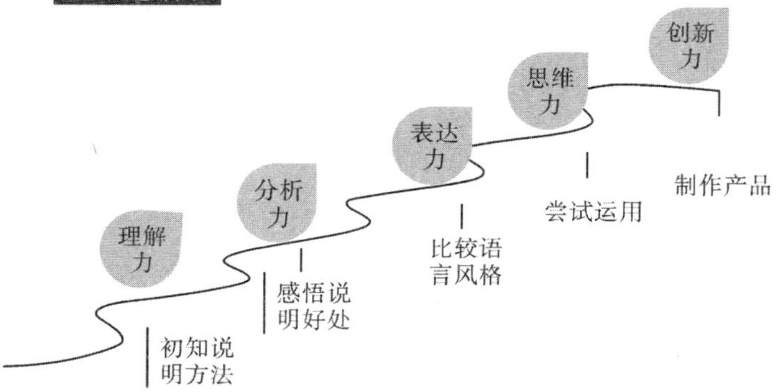

我们按照逆向思维方式，与学生访谈，让学生讲一讲自己喜欢的一种事物，发现很多学生只能三言两语地进行介绍，不能多维度进行清晰的表达。于是我们以大情景、大任务驱动，以“优享好物推介会”为主题，设计了四大任务、九个活动进行推进。

教学流程透视图

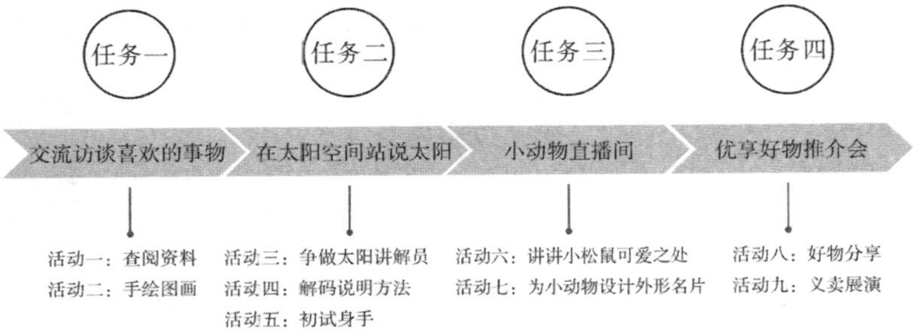

二、四大任务驱动

（一）交流访谈喜欢的事物

我们适当调整了对教材中内容教学的顺序，采用逆向思维方式，把习作前置，让学生了解单元习作的任务和要求，引导学生根据自己的兴趣，确定要介绍的事物，并开始细致观察，搜集相关资料，鼓励学生求助于美术老师，把它画下来。

（二）在“太阳空间站”说太阳

课堂上，老师以神舟十三号载人飞船发射成功这一当时热议话题为切入点，创设虚拟的“太阳空间站”，让学生争做太阳讲解员，激发学生的学习兴趣，学生通过自述、表演、画图等方式了解说明文的特点。

作者是用什么说明方法把这个特点说明白的呢？通过阅读比较，体悟综合运用多种说明方法才能把事物说明白。此时把交流平台前置到第一课时，这样就为接下来“介绍自己喜欢的事物”打下坚实的基础。

最后，把放在本单元第二课《松鼠》后边的小练笔“初试身手”前置到第一课时，让学生用恰当的说明方法叙述事物的特点。

（三）小动物直播间

学习《松鼠》一课，围绕课后习题对比阅读了解科普性说明文和文艺性说明文的不同。让学生提取、梳理信息，体悟描写动物的外形特征和生活习性，结合交流平台，让学生明白：说明性的文章通常抓住鲜明的特点进行具体说明，使我们清楚地了解事物。然后拓展阅读同样是介绍动物的文章——《鲸》，进一步感受运用多种说明方法介绍一种动物。

（四）优享好物推介会

以学生画自己喜欢的事物为抓手，让学生了解事物的特点，搜集相关资料，运用恰当的说明方法把事物的主要特点介绍清楚。之后引导学生把制作过程介绍清楚，并且整理一份自己的制作过程与大家分享。最后让学生选择自己感兴趣的一种事物，进行说明介绍，并且以图文解说、实物展演、畅玩等形式展示推介。学生经过前面一系列活动的铺垫，积累了丰富的写作素材，写起文章来更加得心应手。

三、实践作业设计

我们围绕单元语文要素"把事物说明白"，按照四大任务、九个活动教学流程设计了一系列的实践作业。

●实践作业一：查阅资料

本单元的语文要素要求"搜集资料，用恰当的说明方法，把某一种事物介绍清楚"。搜集资料，是介绍清楚事物的前提，所以教学本单元伊始，我们就设计了"资料搜集我能行"作业，并按照不同的种类设计不同的习作预习单。

1. 与动物有关

名称		
外形		
分类		
生活习性		
……		

2. 与植物有关

名称		
种类		
生长		
……		

3. 与美食有关

让学生体验地方美食，结合搜集到的美食资料，从色泽、味道、做法以及特色等方面进行整理。

4. 与物品有关

……

学生针对自己感兴趣的事物进行资料搜集，只有了解了事物，学生才知道介绍什么。

●实践作业二：图画手绘

绘画是不少学生喜欢的一种艺术表现形式。让学生在了解事物的基础上，融合美术学科实践能力，让学生通过手绘形式把自己喜欢的事物画一画，通过让学生对喜欢的事物可视化探索，引导学生认真观察、深入了解。

●实践作业三：名片书写

资料收集全了，喜欢的事物画好了，学会筛选资料、运用资料、组合资料同样很重要。于是我们设计了“动物（植物、玩具……）名片写一写”的作业。

●实践作业四：产品制作

教材中习作《风向袋的制作》给了我们启示，我们以“开展小制作博览会”的活动为载体，鼓励学生制作喜欢的科技作品。学生通过丰富的想象和创造，设计与科技有关的作品，同时也为写好小制作说明文提供了素材。

●实践作业五：好物推介

当手绘、制作、书写完成后，应该把自己感兴趣的事物说一说、讲一讲。能够把自己选择的事物讲好、讲清楚，学生需要进行充分的准备，于是我们设计了作业“我喜欢的……开讲了”，学生在讲述中进一步明白怎样把事物介绍清楚。

●实践作业六：进行展演

每一个学生准备好自己喜欢的事物，让大家在相互分享中了解更多的事物，同时展演为学生提供了展示平台，进一步激发了学生对事物的探究欲望。我们的“语+科小制作博览会”的开展，吸引了很多孩子，在博览会的现场，小制作者们热情洋溢地介绍了自己的作品。

美食组按照美食制作步骤开展“美食秀”，让学生把制作的过程展示给大家，学生在分享的过程中不仅收获了快乐，而且还学会了有条理地介绍事物。

●实践作业七：好物畅玩

学生做好好物推介名片之后，把名片变成扑克牌，让学生玩起来。一人描述事物的特点，另一人猜事物名称；或者一人说事物名称，另一人描述事物。

如果学生选择的是溜溜球，就让学生玩一玩，赛一赛，在玩乐中分享不同的玩法；如果学生选择的是魔方，可以让学生带来不同的魔方一起玩。不仅激发了学生的兴趣，培养了学生的动手能力，而且为介绍清楚一种事物的玩法助力。

四、作业实践效果

（一）亲身体验，让静止的文字流动起来

“优享好物推介会”集制作、讲解、展演于一身，是学生综合素养的一次展示。为了举办好推介会，学生需要将文本知识进行动态的呈现。如某任务，学生变身宇航员当“太阳讲解员”，要把课本上的知识内化为自己的知识。在体验小讲解员的活动中加深对列数字、举例子、打比方、做比较等基本说明方法的理解与运用。某任务中，举行推介会，以产品代言的方式将自己感兴趣的事物向观众介绍清楚。学生需要参考《风向袋的制作》一文，收集资料并整理，为清晰、具体介绍事物做好准备。在体验中，帮助学生把书本知识转化为生活知识。

（二）多重角色，让任务化为素养

对于习作单元，教师们往往习惯于让学生把完成习作作为终极目标，而我们的“优享好物推介会”让知识“立”起来，引导学生通过各种角色体验，充分发挥“教材无非是个例子”的功能，让学生用教材学习知识，形成能力。教学过程从单一的教学任务完成习作变成了从学生核心素养出发的育人目标。教学内容根据学习任务的不同需求进行了灵活的组合，从单篇学习变成了整合学习，由单一走向聚合，实现了阅读、写作与生活真正意义上的贯通。

（三）多维实践，由被动变为主动

“优享好物推介——语+科小制作博览会”为学生搭建了广阔的展示平台。学生们都有表现欲，让他们把自己的物品介绍给大家，一方面是对自己辛勤付出的肯定，另一方面也是一次个性张扬、展示自我的机会。博览会上学生们兴趣盎然地介绍着自己的作品，从制作的缘由到制作的过程，个个脸上都洋溢着自信的笑容。

本单元文章是说明文体，习作要求也是写一篇说明性文章。通过“优享好物推介——语+科小制作博览会”这一创造性的实践作业活动，学生不仅能把感兴趣的事物说明白、说清楚，更能在搜集整理信息、语言理解与建构、思维的发展和审美能力等方面得到综合提升。

大单元作业设计是站在语文核心素养的高度，基于学生的需求和发展，设计的具有基础性、开放性、创新性、趣味性、综合性的作业，从整理、绘画、讲述、制作、品尝、展演、畅玩等角度，让学生多种感官参与其中。通过举办“优享好物推介”活动，为学生搭建了广阔的舞台，学生能在语言、文字、表达、搜集、整理、审美、制作、演讲、习作等方面都得到综合提升与精进，实现了阅读、写作与生活真正意义上的贯通。

"双减"背景下语文分层作业和创新作业设计

原阳县第四完全小学 董小莉

学生作业的创新设计是当前"双减"政策背景下落实减轻学生过重作业负担的重要体现形式，是课堂教学改革的一个重要组成部分。《义务教育语文课程标准》（2011年版）指出："学生是学习和发展的主体，语文课程必须根据学生身心发展和语文学习的特点，关注学生的个体差异和不同学习要求，爱护学生的好奇心、求知欲，充分激发学生的主动意识和进取精神，倡导自主、合作、探究的学习方式。"在小学语文作业设计中，要关注学生之间的差异，"量体裁衣"设计适合不同学生的作业，设计不同梯度、不同层次的创新作业，让每个学生都能够保质保量完成作业，提高学生学习的积极性和自觉性，落实减负提质增效，让每个学生都得到全面发展。

一、分层作业设计，提升学生潜能

小学语文课程的基本理念之一在于提高学生的语文素养。语文这门学科的核心素养包括语言建构与运用、思维发展与提升、审美鉴赏与创造、文化传承与理解，从而培养学生应用能力、审美能力、探究能力，使学生逐步形成良好的个性和健全的人格，促进学生全面发展。作业作为课堂教学的有效延伸，在设计作业的时候应该针对不同类型的学生布置不同层次的作业，课内外知识相结合，书本知识与实践操作相结合，从"一刀切"的作业走向多元化层次的作业，这样才能真正提高学生的语文核心素养。

（一）分层作业的含义

所谓"分层作业"，就是以课程标准为依据，根据教材的内容和学生的认识能力、个性差异，确定不同层次的作业要求，设计不同层次的作业，因材施教，使不同层次的学生在原有的基础上都得到不同程度的提高和发展。

（二）分层作业设计的意义

（1）有助于激发学习动机。

（2）有助于优化评价方式。

（3）有助于形成良好习惯。

（三）分层作业设计的原则

（1）科学性原则。

（2）主体性原则。

（3）差异性原则。

（4）开放性原则。

（四）分层作业设计的形式

为落实“双减”政策，抓好作业管理，我们学校组织各年级各学科组骨干教师汇编了分层作业本，将各科作业分层设计分为A类基础性必做题、B类提升性选做题、C类拓展性挑战题，根据学生的差异，有针对性地布置作业。

1. 作业量的分层

以统编教材小学语文三年级下册第6课《陶罐和铁罐》分层作业设计为例，针对作业的数量而言，可以适当减少学困生的作业量，让学困生自主选择做A类必做题或B类选做题，注重基础知识掌握，减少难度大的题目，减轻他们的课业负担。对于优秀生可以减少作业量，做B类选做题、C类挑战题，让他们获取更大的发展空间。老师根据学生完成作业情况，进行等级评价，优秀作业获得五颗星，良好作业获得三颗星，合格作业获得一颗星，激发学生完成作业的积极性，培养学生的兴趣。

2. 作业难度的分层

根据作业的难度将作业分类，结合我校实际，我们语文组利用寒假开展线上教研活动，集体备课，进行各学科课时分层作业和大单元融合分层作业设计，将分层作业设计分为A类必做题、B类选做题、C类挑战题三级目标。以统编教材小学语文三年级下册第16课《宇宙的另一边》为例：

A类基础性必做题：注重基础知识中生字新词的认读、书写、默写、新词理解运用等，重在巩固夯实字词基础，培养良好的书写习惯。第一题

"读拼音写词语"和"选词填空"巩固了课上所学生字新词，第二题"在括号中填入恰当的词"不仅加深了学生对课文的理解，还掌握了修饰词的用法。

B类提升性选做题：对段落品析字词句的理解运用、语段文章的归纳概括等。目的在于提高学生阅读理解的能力，锻炼语言表达及概括的能力。

C类拓展性挑战题：课外阅读延伸、迁移类小练笔等。目的在于拓展课外知识，增加积累，增长见闻，在说说写写的潜移默化中提高学生的语文综合素养。本题通过拓展想象写作练习，在巩固课文内容理解的基础上，培养了学生合理想象的能力和语言组织表达的能力。特别是第二个小练笔"除夕夜航天员从太空拍下的璀璨的神州大地，浪漫！壮观！第一次从太空看除夕夜的中国，你想说些什么？"贴近学生生活，结合国家时事，让学生发挥想象、拓展思维，关注航天事业，培养学生爱国情怀。

分层作业注重基础知识、实践作业与课外积累相结合，孩子们都很喜欢。《义务教育语文课程标准》（2022年版）指出：语文教学重视培养学生的创新精神和实践能力。要注重语言的积累、感悟和运用，注重基本技能听、说、读、写的训练，给学生打下扎实的语文基础。同时要注重开发学生的创造潜能，培养综合实践能力，促进学生持续发展。比如单元复习，每一单元设计一个单元融合作业。单元融合分层作业包括基础知识和探究作业两部分，注重作业和实际生活相联系，内容丰富多彩，具有一定的趣味性，让学生去探索大千世界的奥秘，体会到增长知识的乐趣。记忆复习类知识的作业是传统作业，这样的作业需要更具有层次性，才能让学生喜欢。我们可以让学生写一段话进行小练笔，也可以让学生搜集成语的来源和相关的故事，这样就能在抄写作业中融入更多自主的成分，更能提升学生的学习兴趣，让学生去体会中华汉字的博大精深。还可以进行课外阅读，学生通常比较喜欢这样的作业，因为可以阅读到自己感兴趣的书籍。但由于学生的差异性，阅读量和阅读要求一定要有差别。比如在布置课外阅读积累的时候，让学生做摘抄，既有摘抄好词佳句等简单的作业，也有谈心得体会等开放性作业。还可以布置实践作业。实践作业深受学生喜爱，比如在习作《家乡的风俗》中，指导学生制作调查问卷表，进行实地调查研究，然后完成书面报告，再次加深对习俗的认知程度。只有让学生多与社会接触，多开动脑筋，多动手参与，才能真正培养学生解决问题的能力。

以统编教材小学语文三年级下册第二单元融合作业设计为例，分为基础知识和探究作业两部分，基础作业以训练本单元的字、词、句为主，第一题，把下列加点字的音节补充完整；第二题，读拼音，写词语；第三题，给下列字加上不同的偏旁，组成新字再组词；第四题，写出与下列句子中加点词语意思相近的词。探究作业以小练笔、积累课外知识、阅读训练为主。例如小练笔第一题，给课文配插图，续写《守株待兔》：后来那个农夫又做了什么，他是怎么想的？把图画中看到的、想到得写清楚，语句通顺，富有想象力。第二题，练笔主题：续写《守株待兔》。第三题，积累有关寓言故事的成语（至少写 4 个）。通过完成不同层次作业以提高学生的综合能力，培养学生的语文素养。

3. 作业要求的分层

对于同样一道题目，可以在要求上进行分层要求；同样的题目，提倡自主选择作业。每个学生都有不同方面的学习优势，也有不尽相同的兴趣指向。有意识地设计多样化的作业类型，让学生针对自身情况选择合适的作业，促使多元智力能力得到有效发展。还以《宇宙的另一边》一课为例，C 类挑战题小练笔就是两道题，学生可以自由选择，选自己喜欢的、感兴趣的题目做，真正让学生变“要我做”为“我要做”。

4. 完成作业时间的分层

语文课程必须关注学生个体差异，在完成作业时间上，进行分层要求，有效解决保障后进生“吃得了”的问题。如在课堂上就要求背诵的段落，允许课堂上背不熟的同学回家继续背到熟练为止；如作文小练笔要求优等生第二天交的作业，后进生可以根据具体情况多留些时间，从根本上解决做作业难的问题。

二、创新作业设计，激发学生兴趣

作业既是教学过程中的一个常规环节，也是评价学生知识掌握、能力形成、情感体验的一种基本途径，更是洞察教学理念更新的窗口。作业设计，是教师备课的重要一环。创新的作业设计，不仅可以巩固学生课上所要求掌握的知识，而且可以激发学生的学习兴趣，开发智力，拓展知识面，点燃创造思维的火花，培养学生独立分析问题和解决问题的能力。

（一）增强作业趣味性，激发学生热情

想让学生作业生动活泼起来，使学生一看到作业就有想去完成的“冲动”，首先作业的设计要有趣味性、创新性。例如，一年级学生学习拼音后，为提高作业趣味性、创新性，教师可以精细化设计作业，让学生摆一摆学习的字母拼音，锻炼学生的动手、动脑能力。学习古诗的课文后，可以让学生制作古诗书签。传统节日时结合探究型课程，设计趣味性作业。如中秋节、春节、元宵节让学生去收集有关传统节日的成语、谚语、古诗、诗歌、文章、故事等，可以编制节日的剪贴小报、手抄小报，将节日教育融入日常生活，最后让孩子们展示自己的成果。学生在浓厚的兴趣中既拓展了传统节日的相关文化知识，又增强了爱国主义精神。

（二）体现作业个性，发挥学生特长

每名学生都是一本多彩的书，一首动听的歌。一个班级中，学生的性格、爱好、特长是千差万别的，有的擅长表演，有的喜欢绘画，有的则善于创作。寒假中学习了濮阳市实验小学李玉萍老师的《让舞台表演与书面表达比翼双飞》的讲座，我备受启发，新型作业的设计就应根据学生的不同特点，体现出学生各自的“闪光点”。在寒假备课时，我结合学生的特点、特长，在《陶罐和铁罐》一课作业中设计了请喜欢表演的学生排演课本剧；请喜欢绘画的学生画几幅图，做成连环画；请喜欢朗诵的学生朗读录音；请喜欢创作的学生续编故事。这样的作业给学生提供了展现自己、发挥特长的机会，通过立意深刻的创作、动人逼真的表演、形象有趣的绘画、抑扬顿挫的朗诵，让学生更深刻地理解、感悟课文。

（三）创新实践作业，激发学生思维

《义务教育语文课程标准》（2022年版）中明确指出：语文是实践性很强的课程，应着重培养学生的语文实践能力，而培养这种能力的主要途径也应是语文实践。它为语文作业的设计指出了明确的方向：让学生多实践、会运用。因此，把书本知识和实践相结合的最好途径就是实践性作业。小学生的特点就是求知欲强、活泼好动，实践性作业正好满足了他们的心理需求，以四年级习作观察日记为例，先让学生自己在家种上自己喜欢的植物，观察植物的生长变化，亲身体验养护植物的乐趣，使学生有话可说，有话要说，增强了作业的趣味性，也培养了学生运用语文解决实际问题的能力。学生通过自己种植、观察、培育，然后写作，让写作文从无从下手变得顺手拈来，让写作文不再是一件难事。

（四）加强作业探究性，提高综合能力

树立大语文观，整合各科的课程，立足课本，放眼课外，让学生成为发现者、研究者、探索者。在假期作业中，给学生设计一些阅读作业，让学生读起来，亲子陪伴阅读，制作阅读卡片，写阅读感言，增加学生阅读量，拓展学生的阅读视野；给学生设计一些探究作业，让学生动起来，把作业延伸到学生的生活中，让学生练起来，在家长的陪同下，播种一些容易种植的植物（如黄豆、绿豆、小蔬菜等），给每一颗种子取一个名字，用心照顾、培养，感受从种下种子到最后长出果实的整个过程。用照片配文字或绘画日记等方式记录植物的成长过程和自己的心情、感受，多学科融合，激发学生的作业兴趣，树立学生的主动学习意识，提高学生的综合能力。

作业是课堂教学的重要延伸，是学生获取知识、发展能力、提升素养的重要方式，具有检测学生学习成效、训练学生思维、培养学生良好学习习惯、优化学习策略、提升学生核心素养的功能。作业设计要根据学生学习能力的不同，有选择性地让学生完成相应的作业，这样既能减轻学生学习的负担，又能挖掘学生发展潜能。作为教师，我们要面向全体学生，尊重个性差异，因材施教，分层创新优化作业设计，让作业深受学生喜欢，真正促进学生个性全面健康发展和提升学生语文核心素养，让学生的潜能在作业中得到最大限度地提升，只要给学生一片作业的自由星空，他们必定会还给我们璀璨群星！

“双减”政策下优化语文作业设计

鹤壁市淇滨区福源小学　程建红

自从“双减”政策落地以来，鹤壁市淇滨区福源小学语文组的教师们一直在不断地研讨、探索、落实“双减”政策，优化语文作业设计，提升课堂质量，让作业减量不降质，使学生的各种能力不断提升。鼓励教师们布置分层、多样化、个性化和创新作业，坚决克服机械作业，杜绝重复性作业，确保作业的“质”能够提上去，增强作业的趣味性和实践性。具体做法如下。

一、作业分类

作业分为课堂作业、课后作业、创新提升作业。课堂作业必须在课堂上当堂完成，并反馈、修改。课后作业，一般是要求学生在延时辅导课内保证写完，个别书写速度慢的孩子，回家还会花费时间去完成。创新提升作业，主要是将语文作业融入生活，融入大自然，一般由学生在课后或周末走进大自然中去完成。

二、作业内容

1. 课堂作业

每节课留 8~10 分钟做当堂反馈。

第一课时，主要是生字、词语听写并纠错。问题多的学生可以同桌合作，程度好的学生帮助程度差的学生识记并改错。错词较多的学生，由教师进行批改，告诉学生识记词语的方法。

第二课时，把练习册的基础题融入课堂中，学习完成后，以当堂检测的形式做练习册上部分题。第二课时的当堂练习，我们在集体备课时，更加重视本课的语文要素，根据课内的训练点进行具体地写话或口语交际练习。

2. 课后作业

课后作业布置的宗旨是高效练习，不做重复的练习，而且课后作业的量在延时课上要让大部分学生能写完。

我们根据学生的学习情况、学习能力、作业能力分层布置多样化作业。

3. 创新提升作业

（1）读书。

（2）落叶拼图。

（3）采集种子。

（4）变废为宝。

（5）单元知识汇总。

（6）讲故事。

（7）做家务。

以上创新提升作业不是每天都有，而是根据教学任务、学生学习情况每天或周末灵活弹性布置，让语文融入生活，给学生提供思考、创造的机会。

三、作业批改

1. 课堂作业批改

课堂作业中的字词类作业学生自己改、同桌互改、小组互改、教师个别批改等。

2. 课后作业批改

课后作业由教师全批全改，并根据学生作业的情况进行激励表扬，比如练字有优秀作品分享，在教室后面黑板两侧有优秀学生的练字分享展览区。作文周记，一周一分享，选出优秀作文，开优秀作文分享会，为写作小明星颁发奖状或小奖品。

四、各年级作业布置

1. 一年级作业设计

“双减”政策中重要的一“减”就是减轻义务教育阶段学生过重的作业负担。尤其是小学一、二年级，政策规定不留书面作业，但这并不意味着学生就不用写作业了，反而给我们教师提出了更高的要求。那我们应该如何设计作业呢？首先让学生在课堂上做到“一课一练一得”。备课时，安排好每节课的内容和时间。让学生课堂上练习书写生字、拼音、词语。其次，充分利用延时课完成写字、听写等学习任务，并及时反馈。最后，作业内容采取多种手段，例如丰富的阅读作业、愉快的创新画作业、生动的表演作业、收集有趣的宣传画再配上拼音作业、习惯养成作业、丰富的实践作业、力所能及的家务劳动作业、体育锻炼作业（如每天跳绳 80 个、立定跳远 10 次等）。通过多种形式的作业激发学生的兴趣。

2. 二年级作业设计

“双减”政策的出台，意味着学生的课业负担要减，家长的负担要减，而我们教师的工作量不但不能减，我们的工作业务技能更要提升。针对二年级学生的基本情况我们设计出了这样的作业：

（1）课堂作业。

①一类字描摹、临写、组词。

②课后习题引入教学过程中。

③拓展练习。

（2）延时作业。

①一类字书写。

②写话、口语交际。

③听写一类词语，习题练习。

（3）家庭作业。

读：

①每天所学课文，预习课文（至少读五遍，读熟为止）。

②读生字组词，读词语表。

③课外亲子阅读。本学期共读书目有《小鲤鱼跳龙门》《孤独的小螃蟹》《小狗的小房子》《一只想飞的猫》《歪脑袋木头桩》。制订阅读计划，每周上一次阅读课。

背：课内要求背诵的段落或课文。

讲：

①学生给家长讲一讲当天所学内容。

②复述课文内容。

③课外阅读内容，学生给家长讲一讲简单的故事情节。

（4）创新实践作业。

结合本册课本上课标要求让学生走出课堂，联系生活画一画，演一演，开展一些实验、调查、手抄报等实践活动。

课外亲子阅读，以本学期五本共读书目为主，制订阅读计划，每周上一次阅读指导课，学生分享自己的读书收获。

3. 三年级作业设计

三年级是小学的关键阶段，也常被称为小学阶段的分水岭。三年级比一、二年级新增了不少书面作业项目，如语文练习册、语文写字册等配套练习，还有不可缺少的预习、写字、小练笔等。三年级组语文教师积极展开教研，思考优化作业的方案：

（1）精讲多练。

教师带领学生在课堂上尽量完成多项作业，如第一课时学完生字，留出时间重点指导学生书写较难生字作业；第二课时，在讲课的过程中指导练习册重要习题，降低学生写作业难度。

（2）重视读书。

减少机械重复的抄写，以听写检验书写掌握情况，以口头造句检验词语理解情况，通过师生共读落实早读情况。

（3）合理利用时间。

如早读、课前时间，进行朗读背诵抽查、听默写、错题更正等，小组内逐一过关，及时订正，教师二次检查，找到未发现的错误，课余时间面批更正。争取做到任务堂堂清、天天清。

（4）分层对待。

在平时的小练笔中渗透单元习作要素，学习能力弱的孩子口述，中等程度的孩子写出大概内容，学习能力强的孩子写出完整内容。

（5）实践与教学融合。

如学习关于秋天的文章、习作单元观察大自然，内容可以整合，让孩子走近大自然观察秋天，观察秋天的落叶、秋天的色彩，聆听秋天的声音，根据所见所闻所感，完成仿写、小练笔、习作。

4. 四年级作业设计

四年级语文组教师认为在作业设计上，应该让优等生从简单作业的机械练习中解放出来，让中等生有所提高，让潜能生打牢基础，逐步提升。

我们应特别注重学生的预习，每天都要让学生认真预习。好的预习是提高听课质量的保证，四年级的学生对于生字的学习已经有了一定的自学能力，加上课前的预习，上课时对本课生字进行听写，根据听写、预习情况布置生字作业。听写满分的孩子生字作业不用再写；预习完成较好、听写出错的孩子只需每个字写两遍。

5. 五年级作业设计

五年级的语文教师强调精讲精练，每堂课尽量让学生做练习，让所学与所练紧密结合起来；作业布置也要有趣味，例如制作阅读小报、思维导图等这类动手作业，更能激发学生的兴趣，既能学到知识，又能让做作业这件事情充满乐趣。

提高实践作业比重，减少动笔书写作业。可增加阅读、调查、统计等综合性作业，还可布置培养特长等类型的实践性作业，让学生多关注生活，了解社会。

6. 六年级作业设计

六年级的语文教师在设计课堂作业时，每节课留 8～10 分钟做当堂反馈。

第一课时，主要是生字、词语听写并纠错，问题多的学生利用小组合作，小组内学习好的学生，帮助学习差的学生识记并改错，共同提高识记词语的能力。

第二课时，把练习册的基础主观题融入课堂上课文的学习中，完成当堂检测练习册上部分题。

作业批改方面，课后作业由教师全批全改，并根据学生作业的情况进行优秀激励，字体美观大方的作业在班里展览区展览；针对作文和周记组织开展分享交流会，为写作小明星颁发奖状或奖品。

"双减"政策重在落实，同时要注意"五育并举"的育人理念，使学生德智体美劳全面健康快乐发展。

教师们在备课时，更有目的、有方法、有创新，教学时才能站在更高、更广的角度去审视自己的课堂，向课堂要质量；优化作业设计时，保证减量不降质。

分层作业促发展，创新设计提素养

新乡市外国语小学　崔菁蕾

“双减”政策明确指出，要全面压减作业总量和时长，减轻学生过重作业负担。《义务教育语文课程标准》（2022 年版）提出了核心素养，这是语文学习的核心目标，作业设计也必须遵循这一目标。在素养导向下，精心设计分层作业，并在此过程中强化课程实践，推进综合学习，落实因材施教。

完成作业，学生需要知识再现、理解分析、正确陈述，这是知识能力、情感态度、价值观生成过程，是一个学习成长的过程。教师在设计作业前，要充分了解学情，重视学生接受能力的差异、理解能力的差异、家庭环境的差异等方面，以每一名学生的发展为目标去设计作业，注重激发兴趣，引导学生动脑、动手，并在完成作业的过程中习得方法、锻炼能力、提升素养。我们在分层作业中设计了“作业超市”。

第一步，进货——精心设计作业

1. 课内知识

抓住字、词、句、段、篇的基础知识与培养学生关键能力去设计作业。在教研活动时，同组教师进行协商设计，挑选学生易错处练习，减轻重复性带来的负担。

2. 素养空间

以阅读、综合性作业为主，根据学生的年龄特点，低年级抓习惯养成，中年级练方法优化，高年级重运用创新，呈阶梯式发展。

3. 星级作业

一星作业以巩固基础知识为出发点，照顾学生差异；二星及以上作业以提高能力为着眼点，包括拓展阅读或综合性作业。

（1）一星作业：以统编教材小学语文四年级上册第二单元中《呼风唤

雨的世纪》生字的巩固为例。课后生字表中易错的“奥、益、善”书写2遍，各组1个词，其他的字可以由学生自己定。课堂上随文识字或书空书写，已经学会的字，写1遍，组1个词；感觉自己掌握得不好的字，也可以多写几遍。“生字连词”书写后，可结合语文园地的“识字加油站”栏目，设计“撞脸”小游戏，“唤、换、焕、涣”，区分偏旁，理解字义，进一步联系课文题目，整理问题进行讨论。还可以开展“书写接龙”“识字储蓄罐”等活动，让基础知识的学习趣味化、系列化。

（2）二星及以上作业：例如统编教材小学语文四年级上册《麻雀》一课，仿照课文写片段，写清楚“语文课上，我盯着黑板，却在想中午放学吃什么，正想得高兴，突然被老师点名回答问题，我……”这项作业，指向本单元学习的语文要素——怎样把事情写清楚，结合“交流平台”，重点是写下来“看到的、听到的、想到的”。真实的情境创设，学生有话可说，有话愿说，“没听清老师的问题，我紧张”“当着这么多同学，不会回答，我害羞”“侃侃而谈，昨天对内容预习得很好，我得意”……开放性的答案，精彩纷呈，进一步激发了学生表达自我的意愿。

第二步，购物——自主挑选作业

学生可自主选择星级作业，也可以各种星级作业自由搭配，主动权交到学生手里，使学生乐于参与，敢于挑战，增强了学生自信心，促使学生更加全面、和谐发展。

第三步，定价——合理评价作业

定价是指对作业进行评定、评价，应充分关注完成作业的过程、学生表现、任务完成情况等，重视学生逐步形成的能力。评价时，可先让学生自评，根据作业要求，再次检查，使学生逐步养成独立审题、回顾思考的好习惯。教师评价，不仅要有对错评定、设定等级，有学生订错后的复批，还一定要有评语，一边激励，一边提出学生前进的目标。同学评价，也是一个增进友谊、互相学习的好机会，“小老师”教的效果更显著。家长评价，让家长参与评价，家校结合，评价更全面，同时也让家长看到孩子的努力。作业情况要及时反馈，对完成高星级作业多的同学，在全班展示作业进行表扬，发喜报。

“作业超市”，减轻了学生的作业负担，还使学生体验到了尊重、快乐、成功。那么，如何设计学生喜欢的星级作业呢？

一、设计层次性作业，让学生自觉做

1. 作业量的层次性

课外作业要减少作业数量，提高作业质量，巩固性作业、理解性作业、创造性作业，可以让学生根据自己的能力，挑选一项作业完成。例如统编教材小学语文四年级上册第一单元中《观潮》一课，课前预习分层引导性作业可以布置为：

一星作业：要求正确、流利朗读课文，边读边想象画面，感受自然之美。

二星作业：要求查找钱塘江大潮形成的原因，感受潮来时之美。

三星作业：要求收集描写钱塘江大潮的诗文，感受美丽中国。

还有一项特殊的奖励，如果一次作业做得好，就可以得到一朵红花。集齐十朵红花，可免做一次作业。学生要完成十次高质量的作业才能得到一次免做作业的机会。能够免做作业的孩子先要努力十次，这十次高质量完成的作业远胜过敷衍了事地完成十一次作业。

2. 作业难度的层次性

作业的难度应由浅入深，螺旋式上升。有些性格外向、喜欢挑战的同学，会挑选难度更高的作业去完成，对于这些学生，一边要表扬，一边要及时、多次复查他们的作业，以保证作业能够达标。有些学生选的星级作业的难度非常适合自己的能力，教师要留心观察，及时向他们提出更高的要求。但有些学生会挑选难度很低的作业去完成，教师一定要及时与学生约谈，了解原因，制定目标，跟踪检查，不断督促。如学生学习了古诗，作业可以布置为：巩固性作业要求能工整、正确默写古诗，理解性作业要求能结合古诗意思自己编一个小故事，创造性作业要求能结合古诗意境创作手抄报。

3. 完成作业时间的层次性

学生存在个体差异，所以在完成作业时间上也一定会有所不同。听写词语作业，第二天检查时，允许还没有完全掌握的同学再次复习，第三天继续听写；搜集资料类的作业，多数同学第二天能提交，也允许给个别同学多留些时间。

二、设计实践性作业，让学生体验做

每到传统节日我们通常可以设计语文实践性作业：春华秋实，又到一年丰收季，吃新粮、吃新鲜的果蔬更富有营养，如开展“我和秋天有个约会——美食中秋”活动，让孩子们走进生活拥抱秋天，感受秋之美，体验秋之乐。

1. 准备材料，动手制作

趁着中秋假期，请家长带着孩子走出家门，去寻找秋季美食，如莲藕、柿子、板栗、苹果、石榴、柚子、葡萄、花生等，城市的孩子还是偏重于选择水果。材料备齐后，一星作业为多发挥想象，进行搭配，做出各种拼盘。

2. 我是小小美食家

查找书籍，问老师，问家长，让孩子找一找，所做的美食对人体有哪些好处。二星作业要求从颜色、形状、口感、好处等方面介绍自己的美食。全班交流，评选最佳美食家，大家共享美食。

3. 初试身手，巩固成果

生活中找秋食，动手做拼盘，从多种途径查找秋食营养资料，亲口品尝，三星作业为办手抄报，书写美食。

整个活动过程，全体学生参与其中，在完成每项活动作业时，同学们可以根据自己的能力自行选择完成。我们连着一个星期收到家长反馈，孩子回到家后滔滔不绝地和家长讲述看到的、品尝到的、想到的果蔬，还把自己的食物带给别的同学品尝。分享，是孩子们此次活动的又一收获。

三、设计选择性作业，让学生自主做

统编教材小学语文五年级下册第三单元“综合性学习：遨游汉字王国”，让学生各展所长，找错别字、写毛笔字、欣赏汉字之美等，根据实际情况，自己给自己布置作业，充分调动学生的深度思维，同时学生自己布置作业，能感受到老师的信任，获得自我成就感。

1. 身边汉字，我认识

汉字蕴含哲理，博大精深，含义深刻。在日常生活中，却有许多字音被读错了。学生从生活中找出易错字，查阅资料，“汉字我来讲”作业，更能让学生了解中国字源文化，激发学生学习汉字的积极性。以下是几位学生的作业。

“新型冠状病毒”：因为这次疫情，我们认识了一种新型病毒——“新型冠状病毒”。“新型冠状病毒”的“冠”，有人念“冠（guān）”，有人念“冠（guàn）”。《咬文嚼字》主编黄安靖解释说，“冠”读第一声时是名词，指帽子；读第四声时是动词，指戴帽子。“新型冠状病毒”是指病毒的形状像头冠一样，所以读 guān，同学们，你们记住了吗？（五七班李哲明同学）

“电饼铛”：妈妈教我做美食，当妈妈把电饼铛拿出来说：“我们今天用电饼铛（dāng）来烙饼。”我当时就纠正了妈妈的错误，对妈妈说：“这叫电饼铛（chēng），因为铛这个字有两种读音，第一种读 dāng，例如铃铛，形容撞击金属器物的声音。第二种读 chēng，是指烙饼或做菜用的平底浅锅，所以在这里这个字读 chēng。”小伙伴们，你们学会了吗？（五七班任奥琪同学）

“卡点”：在新冠肺炎疫情防控工作中，展现出了我们伟大中华民族的凝聚力，一方有难，八方支援。新闻里好多事迹让我流泪，但身边小区卡点（qiǎ，不读 kǎ）的工作人员更让我感动。他们多数都是业主，利用工作之余参与志愿者工作，他们克服各种困难，测体温，登记信息，这是一场全民参与的战争。这里的卡（qiǎ）是检查站的意思，不能读 kǎ，你读对了吗？（五七班李沐阳同学）

“倔强”：同学们，我们已经是五年级的学生了，有了自己的想法，经常不想听妈妈的唠叨，倔脾气上来了，但是要克制啊！在这里我要说的就是平时我们容易读错的多音字“倔”，它做形容词时读第四声，如倔脾气、倔头倔脑。只有读“倔强”时才读第二声，希望我们的倔强用在读书和学习上哟，同学们，你记住了吗？（五七班侯宇飞同学）

2. 汉字听写，背词典

汉字是闪耀着中华文明的智慧之光。学生可以通过背字典的方式扩充识字量，利用读、讲、背、猜等方法加深对字义的理解，激发学生传承中华优秀文化的热情。汉字听写社团的陈雪涵同学带来了成语“步步为营”

的出处、意思、典故，详细讲了“步”，从字形、本义、引申义等方面联系词语进行解释，受到同学们一致好评。

3. 软笔书法，天天练

书法社团的成员已经能辨别金、篆、真、草、隶、行等不同的书体。一张张书法作品张贴在教室走廊，成为一道独特的风景线，不时传来同学们的称赞声。

4. 我的姓氏，很特别

有的同学注意到了自己与众不同的姓氏，通过查阅自己姓氏的来历，写出一份研究报告。学生通过请教长辈、查阅书籍、网络搜索等方法，解开了自己头脑中一个个疑团，再把搜集到的资料进行整理，得出自己的结论。了解姓氏文化，增强了学生的民族自尊心与自豪感。

5. 我爱汉字，办手抄报

汉字，是世界上最古老的文字之一，和许多其他国家的文字相比，汉字无论是在字形上，还是在读音上，都别具一格。学生搜集资料，自办手抄报，包括了解汉字的历史小故事、猜字谜、玩谐音游戏等，图文并茂进行展示，学生感受到汉字的神奇和趣味。

“我爱汉字”综合性学习，让学生从身边找汉字，给学生足够的自主空间和活动机会，满足了学生自我激励、自主学习的需求，培养了学生爱我中国的深切情感，这是最有意义的“教书”，更是最有意义的“育人”！

四、设计互动性作业，让学生快乐做

分层作业，可以单独完成，更应鼓励学生分组合作完成。对于统编教材小学语文四年级上册第四单元：神话，永久的魅力，人类童年时代飞腾的幻想。可以设计以下一系列活动。

1. 我是小小朗读家

举行朗读课文比赛，鼓励学生有感情朗读，以突出神奇的感觉，先小组内练习，互相帮助。比赛时，人人参加，抽号上台，按小组总分数评一、二、三等奖。

2. 我是小书虫

推荐学生阅读《中国神话故事》《世界经典神话故事全集》，利用阅读课、自习课、做操后休息时间、睡觉前等自由时间，由组长组织，同学们可以集体阅读，也可以自主阅读，边读边圈画四字好词、描写主要人物的语句、展现神奇想象的段落等，在感受较深之处用一个词或一句话批注。课间时间，小组同学间交流，取长补短，鼓励学生向读得快、感受深的同学学习，督促读得慢的同学要赶上进度。

3. 神话故事展示会

可以根据神话故事内容进行连环画创作展示，也可以展示读神话故事后做的摘录式笔记，每名同学的作品都要展示，以小组为单位上台介绍各自的作品，然后张贴到教室内，组织全班同学进行投票，还可以把自己所在小组的作品介绍、宣传到其他班、其他年级，依据最后所得票数评出一、二、三等奖。

4. 神话故事小剧场

全组同学齐上场，还可以邀请家长帮助，选定表演内容，确定演出人物，写出演出剧本，进行排练，解决服装、道具、化装等问题，一台演出拉开了帷幕。

通过以上一系列活动，有利于学生掌握和巩固课内所学知识，提高学生听、说、读、写、思、演的能力。

五、设计挑战性作业，让学生尝试做

每个学科都不是孤立存在的，所以设计作业也要注意学科之间的联系。比如统编教材小学语文六年级上册第六单元中《三黑和土地》一课，一星作业：有感情地朗读课文，读出对脚下土地的热爱之情。二星作业：与音乐老师联系，学会唱阅读链接中的歌曲《在希望的田野上》。三星作业：与美术老师合作，欣赏美丽的田野，画出祖国壮丽河山。课间，就能看到学生组团去邀请老师，向老师请教。最后，同学们还把本班的授课老师都请来，作为评委，朗诵，合唱，绘画，尽情展示。挑战性作业培养了学生人际交往能力，发掘了他们的创造潜能。

总之，作业的设计，要扎扎实实从学生角度出发，不断创新形式吸引学生主动参与其中，在完成作业的同时，促进学生发展，提高学习力，全面提升学生的语文素养。

数学作业的新探索

濮阳市实验小学　刘君宏

随着"双减"政策的实施，作业质量成为家长热议、学生关心的问题，也成为教师们创新、研究的新领域。我校积极落实"双减"政策，把作业设计作为减轻学生过重学业负担、促进基础教育发展的重要突破口。

一、让课堂为作业赋能

"双减"减轻的是学生和家长的负担，增加的是学校和教师的责任。在减负的同时要切实提高课堂效率，向课堂40分钟要质量。

怎么抓好课堂质量呢？我们提出以大单元设计为切入点，抓好备课质量，理清知识点之间的联系，明确知识点从哪里来到哪里去，精心设计课堂作业，提高课堂教学效率。所谓大单元设计，就是以大主题或大任务为中心，对学习内容进行分析、整合、重组和开发，形成具有明确的主题、目标、任务、情境、活动、评价等要素的一个结构化的具有多种课型的统筹规划和科学设计。

就数学学科来说，各个知识点之间并不是独立的，知识点与知识点之间的联系，知识点在整个知识体系中的地位等，只有在整体中才能看清楚。因此，在教学中，教师需要把单元内各知识点打通，学生需要把所学的知识和方法有机整合，从而使知识形成系统。为了实现课堂效益最大化，数学教师精心备课，团队作战，在研究教材上下功夫，在教学设计上做文章。

在备课过程中，各教研组分成几个教研联盟，从一章或者一个单元的角度出发，对教学方案进行筹划安排，根据教学对象和单元（章）内教学内容，确定合适的教学起点和终点，对教学诸要素进行分析、统筹、组合，形成教学方案的系统工程。同时，站在学生的立场，用融合的思维深化课堂改革，用趣味十足的学习活动推进课堂建设，给学生留出充足的时间，在真实的情境中建构新知，探索未知，让学生感受到学习的幸福和快乐。

二、以作业促能力提升

在作业设计时，教师们先以思维导图的形式勾勒出单元知识体系，然后确定单元作业目标，根据单元作业目标设计单元作业内容。目的是把握好教材，对单元知识点、单元作业做到心中有数。在进行数学大单元作业设计时，我们将其分为基础性作业和探究性作业。其中基础性作业是针对重难点知识设计的基本练习，分散到课时目标中，在课堂上进行，要求学生人人过关。这里面既有课本、学习巩固上的原创题目，也有练习的整合题目。探究性作业是要求学生课下完成的，我们设计的作业包括画数学、讲数学、做数学、玩数学，融合了多类型知识，以助于提升学生的综合能力。

（一）基础性作业

基础性作业主要以课本习题、学习巩固为主，也可进行练习的整合，此项作业放在课堂上或延时服务时进行，以确保书面作业不出校门。

下面以人教版教材小学数学四年级下册《运算定律》这一单元为例，加以说明。

本单元作业类型有：基础性作业和探究型作业。其中基础性作业的形式有填空题、判断题、选择题、应用题、拓展题。

单元作业确定以后，每节课的作业设计就有了标尺。针对每节课，我们在设计练习中考虑到这样一些因素：作业水平（知道、理解、运用），作业难度（较低、中等、较高），作业类型，作业时间，作业来源。课堂上学生完成作业时利用闹钟提醒，以提高学生做题的专注程度。

教师们把一个单元的作业设计出来以后，便于整体把握单元知识点，在课时作业设计时进行添加或删减，使作业设计更具有针对性，实现“教—学—评—用”效益的最大化。

在作业设计时，考虑到题目与生活的融合，为了让学生感到数学与生活的密切联系，我们赋予作业一定的情景。如，每个年级以学生每天读的

《奇妙的数学文化》中的人物为载体，结合学习内容创编问题，让学生掌握方法，能够灵活运用。同时，周末、节假日让学生在作业超市里自选题目，每道题目标注难易系数。实现新课标倡导的“人人都能获得良好的教育，不同的人在数学上得到不同的发展”的教学目标。

总之，基础性作业设计既有基础性练习，又有变式性练习、提高性练习、实践性练习；既有课本上的习题，又有创编的作业；既要关注后进生学习的状态，又要考虑优等生的学习积极性。面向全体，统筹把握，整体建构，集知识性、应用性于一体，体现出数学学科的价值所在。

（二）探究性作业

1.“画数学”，让思维可视

（1）画思维导图。学完一节课或一个单元后，让学生结合所学知识点画思维导图。思维导图以关键词和图像为骨架，帮助学生扩展思维，从一个知识点或概念生发，以此提高学生的归纳整理能力和想象能力。

学生运用手抄报或思维导图的形式整理一个单元的知识点，便于对知识进行梳理，在头脑中形成一个系统，从而对一个单元知识有一个整体的认识。在布局设计、色彩搭配中培养学生的美感。

低年级学生重在画出思维导图。中高年级学生重在建构知识体系，做到知识与美感相融相生。

（2）创编数学绘本。学生把学过的课本知识整理在绘本上，编写成有趣的数学故事，以巩固对应的数学知识。如学习完计算课后，让学生编写故事，讲述算理。

（3）画解题图示。结合所学知识画图。如低年级学生可以根据算式，画图表示加法、减法、乘法、除法算式，理解意义。中高年级学生可以画线段图，画拼组图形。

2.“讲数学”，让思维明了

语言是思维的外衣，“讲数学”旨在从语言这一途径让思维更加清晰、明了，激发学生表达的兴趣并促进其思维的发展。让学生多讲的目标不仅指向让学生讲结果，还要注重在学生表达过程中加强对其逻辑思维的训练，促进学生思考能力的提升。

（1）讲错题。数学纠错本是指学生摘抄数学作业、练习和考试中错题的专用本。它不仅可以培养学生良好的学习态度和学习习惯，而且可以指导学生学会归纳分析、抓住问题的关键，从而使数学的学习重点更加突出，复习更具有针对性。每日错题让学生整理在纠错本上，然后诊断分析，找出对策，订正后出题自测，举一反三，让整个思维过程清晰可见。纠错本更重要的是通过整理错题，讲出错因，让学生学会如何学数学，真正做到“吃一堑长一智”。一本好的纠错本就是自己知识漏洞的题典，学生要充分利用，定期翻看。

（2）当“小老师”。近两年，我们一直在推进“学生开讲”活动，让学生来当“小老师”。讲预习收获，讲一日心得，讲每日一题，讲重点、难点、易错点，等等。学生讲的过程就是梳理的过程，也是学生反复进行自我解读、自我审视与自我调整的过程。这样的作业指向的是思维的训练，落实的是素养的提升。

例如，四年级学习完“小数与单位换算”后，我们设计了这样的作业：

讲题：在括号里填上合适的单位。看你能想出几种填法。

① 0.3(　　) = 3(　　)　　② 12.08(　　) = 1208(　　)

③ 700(　　) = 0.7(　　)　　④ 23600(　　) = 2.36(　　)

这几道题是综合性较高的题。既需要考虑是高级单位化成低级单位，还是低级单位化成高级单位，还要熟练运用两个计量单位之间的进率。

第一道题是高级单位化成低级单位，进率是10，学生就要想哪两个单位之间的进率是10，在脑海里搜寻答案。长度单位：米和分米，分米和厘米，厘米和毫米？人民币单位：元和角，角和分？

第二道题是高级单位化成低级单位，进率是100，学生就要想哪两个单位之间的进率是100。长度单位：米和厘米，分米和毫米？面积单位：平方千米和公顷，平方米和平方分米，平方分米和平方厘米？人民币单位：元和分？

第三道题是低级单位化成高级单位，进率是1000，学生就要想哪两个单位之间的进率是1000。长度单位：米和千米，毫米和米？质量单位：千克和吨，克和千克？每道题学生们都想出了不同的方法，题目兼顾了不同程度学生的发展。通过不同填法，使学生找到解决问题的窍门，较好地融合了长度单位、面积单位、质量单位、人民币单位之间进率的知识，发展了学生的思维，提升了学生灵活解决问题的能力。这样的作业思维含量高，学生乐于参与，较好地提高了学生分析问题与解决问题的能力。

3. “做数学”，让思维灵动

（1）做转盘。一年级学完20以内加减法后，与家长一起做算式转盘。让孩子在做中思，在玩中练，熟练掌握20以内的加减法。

（2）做日历。新年伊始，可让三、四、五年级的学生以自己喜欢的方式，制作日历。有的做成了台历，每月一张，有的把12个月做到了一页上面。台历还配上了颜色鲜艳的插图。形式多样，别具匠心。

（3）做数学扑克牌。学生针对单元知识中的重点或全册教材重要知识点做成扑克牌大小的卡片，上面既有大小王、四种花色与大小，也有文字内容和装饰图案。课间孩子们在一起玩时，几个一群，三五人一组，这些卡片成为学生们的新玩具。有的学生在比大小后，输了的学生读一遍卡片上面的内容；有的学生在玩接竹竿游戏，输了的学生背一遍卡片上面的内容。此项作业，学生既复习了知识，又丰富了课间活动。

（4）剪图形。通过动手剪一剪、折一折、拼一拼等操作，锻炼学生的动手能力，培养学生的协调性，激发学生创新的欲望。二年级学生学习过“对称”知识后，据此设计了剪纸作业。学生的剪纸作品丰富多彩。使学生既巩固了所学知识，又培养了动手能力。

（5）实践测量。“纸上得来终觉浅，绝知此事要躬行。”知识的积累固然重要，实践和应用也是必不可少的。为了培养学生会用数学的眼光观察现实世界，会用数学的思维思考现实世界，会用数学的语言表达现实世界，我们在作业设计时，注重沟通数学与生活的联系，注重增强学生数学应用意识和实践能力。

如，学生学过测量不规则物体的体积后，我们设计了这样一项作业：测量一粒绿豆的体积，并以实验报告的形式呈现。作业一布置下去，孩子们积极响应。利用周末时间，专心而又仔细地做实验，记下有用的数据，并仔细观察每一组数据，写下自己的一个个发现。这些发现充满了孩子们的智慧，透着浓浓的生活味与数学味。

再如，学生学习完长度单位“厘米和米”后，我们经过集体研讨，给学生布置了一项趣味实践作业：测量树叶的长度。把估计、测量树叶的长度与本单元的知识联系起来，让学生感受长度单位与现实生活的密切联系，提高学生运用数学知识解决实际问题的能力。

一片小小的树叶蕴含着丰富的数学知识。学生们在实践活动中不仅可以锻炼动手操作的能力，更能学以致用，从生活中感受到数学的魅力。

（6）实践调查。现行数学教材非常注重与生活融合，将很多生活中的问题作为解决问题的例题。可是，由于学生缺乏生活经验，不了解实际情况，造成老师在课堂上讲解费了半天工夫。如五年级上册的分段计费问题。我们让学生在课前通过调查实践去了解，初步感悟分段计费的特点和方法，从而更好地学习这部分内容。

我们设计了这样的作业：

A. 了解出租车、停车场、自来水、天然气、用电等的计费标准。

B. 根据了解的实际情况完成调查研究报告，并计算应缴费用。

学生非常喜欢这样的采访实践活动，探究欲望很强，活动过程中他们收获很大，真正弄懂了分段计费这一类难以理解的知识，而且通过调查他们还挖掘到了邮寄包裹、手机流量、洗照片等很多场景的分段计费问题，同时也提高了自己学习数学的兴趣。

4. “玩数学”，让思维飞扬

七巧板、24 点、华容道、魔方都可以发挥学生的潜能，提高学生的思维能力，也是学生喜闻乐见的动手玩具。低年级的孩子玩七巧板，在玩中拼摆不同的形状。中高年级的学生玩 24 点、华容道、魔方，在动手、动脑中，让思维飞扬。

下面以某班学生的练习为例，介绍操作的过程。

第一步：建群。

班内组建了“24 点群、华容道群、魔方群”三个微信群，孩子们自愿报名，根据自己的喜好自由选择，加入相应的组织。每个群选一名认真负责的家长做群主。怎么操作效果更好，三个群里的家长们都积极想办法。家长们一致认为，孩子只有在比赛中才能坚持，才能激发挑战的欲望，也才能调动参与积极性。

第二步：比赛。

（1）24 点群。每天 5 道题，全对得 5 分，错一道得 4 分，错两道得 3 分，不参与者不得分。比赛时间定在每天中午 12：40—13：10，因为怕错过时间耽误比赛，有的孩子还专门定了闹钟。教师借助"作业盒子"这个平台每天出 5 道题，系统自行批改。孩子们做完截屏把成绩发在群里。为了减轻教师汇总的负担，家长们商议实行轮流值班制。每天一位家长对每个参与的孩子成绩进行汇总，记录在比赛表格里。

（2）华容道群。每天由一个孩子把打乱的华容道拍照发群里，所有孩子统一按照这样的形式进行摆放。然后家长帮助孩子拍练习视频，晚上九点前把视频发至群里。视频上显示练习所用的时间。值班家长根据视频显示时间给孩子记录成绩。

（3）魔方群。家长帮助孩子把复原的过程拍成视频，发到群里。

为了检查孩子们练习的效果，每周利用延时时间，在班内进行比赛。先进行 24 点，再进行华容道。比赛时，孩子们全神贯注，其他没参加的孩子在旁边观看，计时。一块块积木，一个个数字，在孩子们的手里变得那么听话，变得那么神奇，比赛场面激烈而温暖。群里附上比赛直播二维码，家长们可以扫码观看。

第三步：颁奖。

为了激励孩子们练习的积极性，教师根据汇总的成绩，不定期对获胜的孩子们颁奖。一张张喜报，一件件奖品，成为孩子们荣誉的象征。

第四步：讲解。

24 点、华容道、魔方，孩子们练得这么快肯定有自己练习的诀窍，怎么把自己的经验分享给大家呢？有的孩子边操作边讲，当起了"小老师"。

孩子们有讲华容道的，有讲魔方的，那种操作中的自信，讲解中的从容，使孩子们彻底体会到了成功的喜悦，促进了思维的飞扬。

活动效果：

自从"玩数学"这三个微信群组建以来，孩子们练习的积极性特别高，效果也非常显著。24 点群里的孩子每次见到 4 个数，都能通过加、减、乘、除与小括号，快速列出算式，算出得数为 24。练习华容道的孩子，由开始的两分多钟完成，练到 40 多秒完成，更快的练到 20 多秒就能完成。一次次挑战，激发着孩子们的激情，见证着孩子们的成长。他们练习后完成的速度之快，使我们感受到了孩子们的无穷潜力。

总之，数学探究性作业注重多感官融合，重视各知识点之间的联系与迁移，体现问题探究空间，能让学习过程自主高效。探究性作业融合多学科知识，提升学生多种能力。但是要注意，作业布置应分层、弹性和个性化，要为孩子们提供展示的舞台，让他们感受到收获的喜悦，感受到数学学习的多彩，享受到数学学习的快乐，最终提升学生良好的学科素养。

“双减”背景下的创意作业

濮阳市实验小学　唐瑞锦

每一颗熬过冬天的种子，都怀揣着一个春天的梦想。疫情已成为人们生存、生活、生命三个维度中一段不平凡的经历。在这段特殊的时期，我们并未停止成长的脚步，而是用另外一种姿态奋力奔跑。2021 年 12 月 28 日，中原名师李桂荣工作室的成员们在“停课不停研”的背景下，开启了一场特殊的“云端”研修之旅，助力课堂教学质量的提升。

学习是船，作业是帆，教师的智慧在里边。作业百变，百花齐放，学生幸福笑开颜。一直以来，家庭作业是课堂教学重要的组成部分，它是课堂教学的延续。家庭作业既能提高学生自觉自律的自学能力，还能培养学生独立思考、刻苦钻研、克服困难的精神。自 2021 年起，为落实“双减”政策，对于小学一、二年级学生，教师开始不硬性布置家庭书写作业。但是不少教师、家长心里都在打鼓，平日多数孩子总认为写的作业才是作业，如今不布置书面家庭作业，孩子们会不会回家肆无忌惮地玩耍，看电视、打游戏，学习下滑，甚至养成坏习惯呢？那么，不布置家庭书面作业，到底该怎样布置家庭作业，既让学生乐于接受，又有利于学生的终身发展，让作业成为学生的最爱呢？

一、识字变奏曲

预习是教授新课的前奏，它对课堂的顺利进行有着重要作用。小学低学段预习的主要内容就是识字，而采用“识字变奏曲”的方法对于帮助学生完成识字预习作业更轻松。每个周末，要让学生对即将学习的单元所有要认识的生字整合预习。

变奏一：把几十个生字整编成三字经、四言诗、五言诗、七言诗。初级整编是把所有的生字原封不动地捏合。中级整编是尽量把意思相连的生字放在一起。高级整编是在生字按意思重组相连的情况下，再有点押韵，这个要求对于一年级的孩子来说是有一定困难的。但是不管是哪个级别的整编版本，学生都必须熟读。在小组内展示朗读自己整编的内容时，教师根据同学们的实际情况进行不同分值的加分。这样一来，家长和孩子都很感兴趣，这种形式新颖的识字方法让预习变得有趣生动，事半功倍。

变奏二：用熟悉的歌曲唱要认识的生字，比如：用歌曲《小星星》的旋律或者套用歌曲《两只老虎》的旋律来唱要认识的生字，爱唱歌的孩子对这种识字法情有独钟。把个人特长融入学习中，让学习生字的环节生动有趣，这种识字的方式使得师生在课堂上都变得更加轻松愉快。

二、班级好声音

识字有妙招，读文有高招。每一单元学习之前，举行“寻找班级好声音——课前预习朗读比赛”。学生自行在家练习，每周五下午的延时课上比赛，评选班级好声音，颁发奖状。被评为“好声音”的学生还要录制朗读音频，发到班级微信群里让所有人欣赏。这种形式的预习作业可以帮助学生利用碎片时间练习朗读，因此学生积极参与展示，预习变得更扎实更有趣。

三、小小观影券

观影学习，寓教于乐。利用延时课播放一些既具有教育意义，又可以提高学生文学素养的影片，让学生在观看电影过程中学到一些课本外的知识，积累更多古诗和现代文素材。教师提前一天公布第二天观影购票方式及购票截止时间，比如熟练背诵古诗 5~10 首者，可以找老师换取“今日观影券”；优先完成者还会被任命成小考官，负责检查其他同学的背诵情况，只要是背诵正确流利者都可以换取“今日观影券”。教师也会抽查小考官检查过的同学，这要求每一名小考官要对自己的考生负责，如若教师二次抽查的学生背诵不下来，对应负责的小考官的观影资格也会被取消。

“小小观影券”的使用可以让学生背诵古诗文或者现代文的热情高涨。

四、今日我主讲

想唱就唱，要唱得响亮；想讲就讲，要讲得精彩。为了训练学生的口头表达能力，教师采取“今日我主讲”方式让学生每天讲一个小故事。以6人为一个小组，每天选一个小组来讲成语故事，6个人中谁来讲呢？小组内6个人必须各自做好准备，并且提前在A4纸上写上要讲的成语，还可以自己增加一些装饰做点缀。小组内成员利用当天课间时间，自行推选出组内的主讲人，然后在午后时间给全班同学讲成语故事。其他同学既是倾听者，也是观察者和建议者，在主讲人讲完后，听众要有针对性地提出一些完善建议，如“声音再洪亮一些就更好了”“加上肢体动作就更有趣了”等。每天只需两三分钟的讲故事活动，既能锻炼孩子们的口头表达能力，又能帮助他们积累成语。

为防止没被选上的孩子积极性下降，每两周班级要举行一次成语接龙比赛，全班参与，接不上的学生随机表演其他学生讲的成语或者讲自己了解的成语故事，最后评选出班级“成语大王”。如此，学生的兴趣一下子就会被调动起来。

五、实践助成长

积累并运用表示动作的词语，为学生日后进入二年级写作打好基础。学生刚刚上一年级，对动词理解不到位，不会运用，对积累运用动词的积极性不高。造成这种情况的很大一部分原因是他们不理解词语的意思，老师的讲解也只是纸上谈兵，学生无法切身地理解词语的意思，运用更无从谈起。“纸上得来终觉浅，绝知此事要躬行”，学生只有参与到相应劳动活动中去，才能更好地理解动作词语的意思，从而提高积累运用动词的积极性。

首先，制订出综合性劳动活动的计划。以下是部分活动计划：

（1）学包书皮和练习本皮。

（2）每天晚上削尖8支铅笔。

（3）学会整理书包。

活动要求：

（1）活动中拍摄视频，注意要包括正确的劳动顺序与方式。

（2）注意观察活动中的分解动作，积累活动的动作词语。

（3）体验活动的乐趣，运用表示动作的词语写话。

家长指导学生完成任务并给学生拍视频、拍照片，教师要求学生将劳动照片带回课堂，教师有意识地引导学生留心观察每一个分解动作，把有关的动作词语积累下来，并且利用这些动作的词语进行说话练习。学生先口头叙述自己的劳动过程，再动手写话。教师指导学生把劳动时的心理、语言、神态、感受也写出来，进一步完善所写内容。

这是一名学生在劳动活动之前完成的一篇写话：

削铅笔

我拿出来铅笔，用旋笔刀弄。我一共弄了五支铅笔，把它们放到了铅笔盒里。

在这篇写话里面，学生只用了“拿”“削”“放”三个动词。运用动词不准确，除了“拿”和“放”比较准确外，“弄”是方言，“弄”在好多地方都能运用，是个很笼统的动词，也是学生常用的“万金油”动词。

这种情况是学生进行习作时的一个普遍问题，需要教师下大力气去纠正。而让学生充分地参与劳动，教师指导学生观察自己的劳动过程，然后再写出来，效果就不一样了。

下面是一名学生在劳动活动之后完成的一篇写话：

削铅笔

我已经是小学生了，我知道自己的事情自己做。今天，我决定自己削铅笔。

首先，我把削笔机放在桌子上，从铅笔盒里拿出几支待削的铅笔，把其中的一支铅笔插进削笔机里面，右手摁住削笔机的下方，左手抓住把手，上下摇动，直到削不动为止。然后左手捏住削笔机的松动开关，右手把铅笔拔出来。当然也可以倒转着把铅笔弹出来。这样，一共 8 支铅笔就削完了。

最后，我抽出碎屑盒，把碎屑盒里的铅笔屑倒进垃圾桶里，把碎屑盒重新装在削笔机里。

看着自己削好的铅笔，我高兴极了。

在这篇写话里面，小作者积累运用了13个动作词语，如“放”“拿”“插”“摁”等。通过动手实践，学生在用词更加准确的同时，也表达了对劳动的喜爱之情。

在综合性劳动实践活动中，学生不仅积累、运用了动作词语，而且他们对动作词语印象深刻，更有情感的投入。劳动实践助力学生快乐成长。

六、自主提升棒

十个手指尚且有长有短，学生也有个体差异。有差异的学生做无差异的作业，势必会造成有的学生“吃不饱”、有的学生“吃不了”的现象。所以，应该结合学生的兴趣和学习情况布置“自我提升”的作业，让每个孩子都获得成功的体验。

首先用教师寄语来激励：鲜花与荆棘同路，泪水伴欢笑齐飞！努力与收获同行，只要付出就有收获！同学们，让我们每天给自己定个小目标，朝着目标，自我提升，留下闪光的足迹，成就最美的自己！

随后，教师和学生一起讨论自我提升的练习项目：听写、练字、写话，阅读梳理、读短文作业，跳绳、踢毽子……为方便展示，每个孩子可以准备一个“自主提升”的本子记录提升情况，可以粘贴照片或者配上简短的文字说明。

跟学生讨论后教师动员家长结合孩子的实际情况，参与到孩子自我提升的行列中来，家长配合督促学生每天完成，并在社团群里晒一晒，互相取长补短。社团群有的发送练字、听写的图片，有的分享跳绳视频，有的展示弹钢琴图片或视频，大家互相点赞、互相学习，激励学生发展兴趣爱好，培养阳光积极的心态。

每周教师对学生的“自我提升作业”进行评比，在学生荣誉本上盖上大大的“我骄傲”的印章，并把学生的作品在班级群里展示。被表扬的学生脸上写满了骄傲，表示要继续努力；没有被表扬的学生，眉头紧锁，思索着今天自己该如何去完成自己的自我提升作业。当然对待学习自觉性差些的学生，教师要抽时间和他们沟通，帮助他们设计切合自己实际情况的自我提升作业，帮助学生获得成功的体验。

自我提升作业尊重学生间的差异性，让学生自己设计作业，给学生提供了宽松的作业氛围，激发了学生的内驱力，使不同发展水平的学生“跳一跳”都能很好地完成作业。自我提升作业让作业成为学生展示自我、提升自己的平台，越来越受学生的喜爱，让作业成为学生的最爱。

苏霍姆林斯基认为：“课外作业应当是知识的发展和深化，是学习能力的改善，是掌握课堂知识的准备，应当让学生在课外去观察自然界的事物和劳动现象，发展个人的爱好和需要，满足和发展个人的多方面的智力需要。”我想，只有教师在布置作业时充分考虑到学生的实际，一切以有利于学生发展为准则，那么语文作业才能真正发挥其作用并具有意义。只有需要的才是最好的，个性化的作业一定会成为学生的最爱。

作业七十二变，助力学生能力得到发展；作业七十二变，引导学生与快乐生活相伴；作业七十二变，帮助学生获得成功体验。

直播
非常时期篇

让线上教学因用心而精彩

濮阳市实验小学 李玉萍

新冠肺炎疫情，让2020年寒假的假期变得特别漫长。在教育部“停课不停学”的统一要求下，作为一线教师的我们，猝不及防地当上了教学“主播”——网上授课、网上批改作业、录制微课、召开视频家长会……从未如此熟悉各种直播类App，也从未将其应用得如此到位。在尝试、反思、改进、再尝试的过程中，从陌生到熟悉，从手忙脚乱到得心应手，已到“知天命”年纪的我，硬是“逼”自己学会了“十八般武艺”，实现了人生很多个第一次的“新鲜”体验。

回忆2020年3月至5月在家里上网课的67天的教学经历，颇有感触。

一、课前准备：一切皆从磨砺出

虽然一节网课只有短短的30分钟，但课前的准备工作却是格外磨炼老师的，尤其是对于我这样从未涉足过“线上教学”的新手。没有熟悉的三尺讲台、方块黑板，只有面前的笔记本电脑和手掌大的鼠标，该先从哪儿着手进行备课呢？如何让线上课堂吸引学生？如何控制上课的节奏？这些都是我当时脑海中冒出来的一个个问号，用“一片茫然”来形容我当时的心情是最恰当不过了。

我们学校使用的是“希沃白板互动教学平台”，现在要用希沃线上平台做直播，课件的熟练制作是第一关。录制知识胶囊更是不易，需要写脚本，每一张PPT中要说的话，都需要提前写下来，不能说错一个字，说错了就得重新录制，一节预习课通常需要录制十几遍才能完成。为了保证上课的质量，从内容形式上寻求创新，让网课对学生更有吸引力，每一张PPT，我都要反反复复地练习试讲，把握语速，控制时间，做到精益求精，力求课堂的精彩呈现。为了熟悉直播课操作流程，开课前几天，我连续几天进行试播，自己讲给自己听，讲完看回放。在电脑前一坐就是一整天，有一次到了凌晨四点半我还浑然不觉。用了大约一个星期的时间，我总算熟练掌握了希沃线上平台上各种功能。

世上无难事，只要肯登攀。尝试过，努力过，坚持过，方能有所收获。

二、线上教学：绝知此事要躬行

1. 课堂教学有温度

线上直播课，我们面对的是冷冰冰的屏幕，看不到学生的表情，语言上也无法与学生即时沟通。学生在上课时的精力是否集中，完全要靠课堂上的精彩内容去吸引。怎样让孩子们有兴趣又渴望来上课，这就需要我在课件制作和教学环节设计上下功夫。通过制作一个个精美的课件，创设一个个教学情境，设计一个个学习活动，来调动学生主动参与学习的积极性。比如，在课件上穿插图片、视频，甚至是设计小游戏来营造良好的课堂氛围。另外，在上课的过程中，知识点讲授与互动讨论需要穿插进行，力求不让课堂乏味枯燥。互动时间过长会直接影响课程进度，以至于整堂课前松后紧，所以还要把握好节奏，做到时间分配合理有效。最终，每节课都让学生有充足的时间读、思、议、写，手脑并用，积极参与，勇于展示自我，让线上教学更加生动有趣。

2. 教学目标要精准

教是为了更好地学，重点是要抓好学生的学。我每节课的教学目标就紧紧围绕学生的“学”来制定：既关注到本单元语文训练要素，又要抓住课后问题，关注学生学什么、怎么学、学的程度。为每一课精心设计预习单，让学生带着问题和任务去学习，把“先学后教，以学定教”落到实处，把线上课上成学生学习成果的展示课、提升课。每节课基本也都是围绕“自学—指导（展示）—解疑—作业（学习活动）”四个环节，合理把握重点，突破教学难点，循序渐进地把学生的知识获取引向深入，将线上教学从知识传授向能力提升、思维培养转变。

3. 教学语言要简洁

线下课堂给学生上课时，教师讲解语言中有时会有一些“嗯”“啊”

等之类的习惯口头用语，一般不会引起学生太大的注意，也不会对课堂教学造成干扰。但是，如果线上课堂这类口头禅用太多，会引起学生不必要的关注，干扰正常的课堂教学。这就要求自己无论是评价性语言、过渡性语言还是指令性语言等，既不能形式化，又要精准、诚恳、干练。只有老师语言精准，态度亲和，循循善诱，才能较好地激发学生的学习动力，从而让学生建立足够的学习自信，在和谐愉悦的氛围中得到提升。

这样做究竟能否达到预期目标？一周以后，我在班里做了一个调查，让家长和学生对网课进行评价，家长和学生的评价内容摘选如下。

学生王乐秒：李老师上网课时跟在班里上课一样有趣、亲切，总能让我们轻松学到很多东西。李老师上课很守时，不拖堂，我们都喜欢李老师的网课。

学生王若菡：特别喜欢上李老师的网课。李老师的声音特别甜美，如果能看见李老师美丽的身影，那就更好了。李老师上网课非常有趣，从来不拖堂，真希望上课能时间长一点，听不够啊！太想李老师了！

贺欣桐妈妈：特殊时期的线上学习，让同为语文老师的我有幸从李老师的课堂上学习到了很多。李老师的课如涓涓细流，教学过程中不急不躁，这种言传身教更易让孩子们在居家学习“憋疯”之时保持平和心态；教学内容充实有趣，不仅仅局限于课本上的知识点，还把孩子们引导到课堂之外的大语文学习中，有经典背诵，有阅读鉴赏，这大大提高了孩子们的背诵、阅读兴趣。李老师温和亲切，从没听她在课堂上责罚任何一个学生，隔着屏幕能感受到李老师的良苦用心，她的心里装着每一个孩子。李老师用智慧抓住了每一个孩子的心，我想这些应该就是孩子们喜欢李老师、喜欢上语文课的原因。

付唯哲妈妈：上网课，对于李老师和孩子们来说，是第一次以这种方式来相约见面。虽然孩子们隔着屏幕不能和李老师相拥问候，但李老师的敬业、李老师的热情、李老师对孩子们的爱和牵挂，全都融入了心与心的交流中。刚上网课时，孩子感觉很新奇，所以听得非常认真，我以为，过了新鲜劲儿，我家“神兽”会变回原形，不承想，他竟越听越上瘾。虽然李老师看不到孩子的听课状态，但李老师要求孩子上网课要和课堂上一样认真，并且笔记也要工整。孩子对李老师的网课有点着迷了，整个网课期间，不用督促，不用监督，作业不用提醒，整个好像换了一个人。我想，孩子所有的改变都源于李老师的网课。李老师想尽办法利用有限的资源去活跃课堂气氛，来提高孩子们的学习积极性。课堂提问，课前展播孩子们录制的视频，课后检查孩子们的作业，早晨安排的晨读，这些无形中给了孩子们比学赶超的动力。还有，李老师花式夸奖孩子的方式特别令我佩服！喜欢李老师的教学模式，课本、课外知识拓展，课外阅读，孩子的居家运动，录制各种小视频，增加了孩子们的知识面，开阔了视野，使得孩子们受益匪浅！不得不说，李老师的网课，是深得孩子们喜爱的。孩子们最听李老师的话，李老师辛苦了！

操千曲而后晓声，观千剑而后识器。因为，只有亲历“实战操作”的得与失，方能体会“纸上谈兵”的深与浅。能够得到家长和孩子们的认可，之前所做的一切都值得。

三、线下作业：百花齐放春满园

语文课程是一门学习语言文字运用的综合性、实践性课程。因此，线下作业的布置，不仅要关注学生的知识积累，还要注重知识的分类储备，更要注重知识的独特表达。特殊时期，是与往常一样只布置一些常规作业，还是通过整合孩子们喜闻乐见的、形式多样的作业，让他们学会学习、学会思考、积累经验、提升语文素养？我决定在“趣味”上下足功夫，开发吸引孩子们的开放类作业，目标指向学生核心素养的全面提升，游戏类、实践类、综合类的作业都是我考虑的范围。遵循以下四条原则。

（1）趣味化。以趣味为先，用丰富的内容、多样的形式、创意的表达来吸引学生积极主动完成作业。

（2）学科化。立足语文学科特点，紧扣学科重点，夯实学科基础。

（3）生活化。作业时刻链接生活，促进学生关注、记录生活，在思考中成长。

（4）综合实践化。打破学科界限，加强学科整合，突出自主探究，让学生在实践中享受学习。用以下四类作业为例，与大家分享。

1. 诗词擂台，云端来战

2019 年统编小学语文教材全面投入使用。新版教材一大特点就是增加了古诗词的积累任务，一百多首经典古诗词被专家们编入小学 12 册语文教材中，有的作为课文让学生学习理解，有的编入“语文园地”供学生背诵积累。何不利用这个超长假期，让学生们与诗为友，以诗为伴，在诵读诗词中陶冶性情，在品析诗词中净化心灵，在鉴赏诗词中升华志向呢？

历时两个多月，我引领学生进行了七个主题的诵读和鉴赏，精选了《诗经》、李白、杜甫、白居易、李清照、苏轼、毛泽东各 20 首诗词，再加上校本教材《经典诵读自助餐》上的 30 首诗词，人均背诵 170 首。

每个主题我都是先上一节导读课，以激发孩子背诵积累的欲望。接下来是班级背诵接龙，前 20 名孩子被评为“背诵小能手”。有的孩子 20 首诗一天背完，因背诗达到废寝忘食的地步一点也不夸张。全部背诵完后，学生再选自己最喜欢的一首进行鉴赏，并录制视频。家长们对这样的活动也很支持，每天在家里督促孩子读诗背诗，帮助孩子精心制作视频。

李飒妈妈曾给我发来这样的短信：亲爱的李老师，自从班级开始背诗词这几周以来，一直想跟你说声谢谢，从《诗经》、白居易到现在正在背诵的毛泽东诗词，孩子跟着你的节奏集中背了这几十首，中间自然是有艰辛，哭过，闹过，也怨过，但我一直跟她说，你总有一天会感谢李老师带领你们积累了这么多中华文化的瑰宝，也许孩子现在还不能理解，但是我作为一名中文系毕业的学生，对古诗词的积累深有感触，小时候的积累将会一生受用，特别是写文章时，每每能从脑海中不经意地浮现几句应景的诗词，用到文章中，那简直就是点睛之笔，出彩之处！也许没有这个超长“假期”，孩子还没有机会这么集中地背诗词。每次孩子背完诗词，我都想跟您说声谢谢，但是总是因为忙而忘却了，今天有感而发，真诚地谢谢您给孩子这些宝贵的积累，我相信等他们长大成人，一定会在某天的某一刻，脑海中浮现出小学时李老师教给他们的诗，为你和孩子们点赞！飒飒有幸成为您的学生真好！再次感谢！

这种线上古诗诵读活动的开展，大大增强了孩子们学习诗词的信心，激发了他们背诵积累诗词的热情，享受到诵读带来的快乐。

2. 读写结合，花式创新

统编教材小学语文三年级下册《昆虫备忘录》一课中，汪曾祺以轻松随意的笔调，描写了昆虫的复眼和花大姐、独角仙、蚂蚱的外形、习性、活动等，写得情趣盎然。学生们很喜欢这篇文章。于是，学完这一课以后我让学生也选择自己感兴趣的3种昆虫（蝴蝶、蜻蜓、蚂蚁、蜜蜂、蟑螂……），并积极翻阅书籍，或从网上查找相关资料，参照课文的写法（抓外形特点、动作描写，运用拟声词，语言充满童趣），写一篇自己的《昆虫备忘录》，学有余力的学生还可以进行小视频录制。写好之后，让家长整理成电子文档，并统一格式发到社团微信群，再由各社团团长汇总后发给我，最后由我把全体学生的文章汇总后编辑成册发班级群。孩子们所录制的小视频全部发到班级群中，我也会利用直播课前的15分钟时间进行展播。最后由孩子们阅读后推选出10篇最佳《昆虫备忘录》。同学们再由此写一篇读后感。这一系列语文学习活动的开展整整持续了两个星期。

3. 科学实验，我来直播

统编教材小学语文三年级下册第四单元的习作是让学生写一写自己做过的小实验，旨在培养学生留心观察的习惯和有序表达的能力。我不仅让学生写下来，还让他们把实验过程录制下来，发到班级微信群中共享。虽然我当时并不强求每个孩子都这样做，但是这个做实验的视频，每个孩子都做了一个。看来孩子们是真正愿意去做这件事。

4. 课外阅读，向纵深处

统编教材小学语文三年级下册的《快乐读书吧》以“小故事大道理”为主题，引导学生阅读中外寓言故事，从中汲取智慧，学会分辨生活中的是与非，懂得为人处世的道理。我设计了一个关于《中国古代寓言》的深度阅读活动：一是看书目猜大意。二是读故事做概括。三是积累优美词句段落。四是画一画或写一写书中人物、阅读感悟等。五是“故事大王开讲啦——录制书中故事视频”活动。六是“我的创意秀”——手抄报、连环画、书签。

另外，我还让学生办手抄报、进行单元知识盘点、总结学习小妙招、每日晨诵及举办各式各样的小竞赛（书法、征文、汉字听写大会、优秀作业评选等）。

通过这样一系列的作业设计，力争让线下教学与线上教学无缝衔接，环环相扣，真正做到线上有温度，线下有深度。

人间最美四月天，桃花细雨润绵绵。“疫”路学习，一路芬芳。一切为了孩子，让我的线上教学洒满阳光；虽然空间相隔，但我依然可以听到孩子们成长过程中的歌唱……

翻转三种角色，助力学生成长

安阳市文明大道小学　张志华

2020年春天，一场疫情几乎改变了所有人生活的轨迹。随着新学期的到来，教育部要求“停课不停学”，让我们全体师生立刻人人触网，网上教学。社会即课堂，生活即教育。面对疫情，作为一线教师，我们该如何灵活转变角色，化灾难为教材，把危机当契机，更好地通过网络，走在教书育人的道路上呢？以下是这段时期我们的思考和做法。

一、善做宣讲员，与祖国同呼吸，秉持家国情怀

当时，我们的祖国、人民正经历着一场疫情大考。中国高扬“人类命运共同体”理念展现出负责任的大国形象，彰显了党的坚强领导和社会主义制度的巨大优势，彰显了中华民族无惧无畏、英勇团结的伟大精神。在这种伟大精神描绘下的战疫画卷，就是一部难得又珍贵的爱国教材。在这场来势汹汹的疫情面前，英雄般的中国人民展现了战胜病毒的决心与历史担当，向世界展示了“中国精神”“中国速度”“中国力量”。我们打心底里为自己的国家和民族自豪。作为一线教师，我们应抓住这次教育契机，与祖国同呼吸，秉持家国情怀，为学生们当好国情宣讲员，讲好中国故事，大力弘扬爱国教育。

我们具体的做法是这样的。

1. 讲一讲，比一比

我们利用希沃白板录制知识胶囊，在线上为孩子们开展了爱国教育的主题班会课，宣讲我们国家在经济、科技、文化等方面七十多年的沧桑巨变、伟大成就。

2. 搜一搜，画一画

为了发挥学生的主观能动性，我们让学生充分利用网络，搜集祖国近

年来所取得的成就的资料，如衣、食、住、行各方面的变化，并做成手抄报，让学生们进一步感受我们祖国是如何从站起来，富起来，到强起来的。

3. 看一看，问一问

充分利用网络资源，号召并组织学生收看“学习强国”中一些德育主题的视频课，如《英雄——民族最闪亮的坐标》《做雷锋式的好少年》，观看抗击疫情的一些新闻报道，通过这些媒体宣传，学生直观地感受到那些在战“疫”中逆向而行，在大地上书写着爱国、忠诚与担当的国家英雄的情怀，从而激发学生家国情怀。八十多年前，南开大学校长张伯苓提出振聋发聩的“爱国三问”：“你是中国人吗？你爱中国吗？你愿意中国好吗？”结合抗疫形势，现在，我们也设计了三个问题：“你记住了哪些抗疫英雄的故事？你能为抗击疫情做些什么呢？疫情过后，你想对祖国说些什么？”同时让学生也写一写自己的观后感，留下思考的痕迹，激发并增强他们的爱国情感和英雄情结。

二、善做学习者，和学生共学习，畅享学习之乐

教师职业最大的特质是具有强烈的示范性，学生最大的特点是具有很强的向师性。这就要求我们教师必须躬行实践，为人师表。被尊为万世师表的孔子早就说过：“其身正，不令而行；其身不正，虽令不从。”要学生做的事，教师要躬行共做；要学生学习的知识，教师要躬行共学；要学生遵守的规则，教师要躬行共守。陶行知先生早就对教师提出过严格要求：“个人一举、一动、一言、一行，都要修养到不愧为人师表的地步。”他强调：“我们做教师的人，必须天天学习，天天进行再教育，才能有教学之乐而无教学之苦。”“唯其学而不厌，才能诲人不倦。如果天天卖旧货，索然无味，要想教师生活不感到疲倦是很困难的。”他认为，要想学生学好，必须先生学好。唯有学而不厌的先生，才能教出学而不厌的学生。所以在这次网络教学中，教师应严格要求自己和学生一路同学习、网课共成长。

具体做法有 3 个：

1. 云中课堂共听取

按照我们所在学校统筹安排，疫情期间的网络教学，是以河南省教育

厅组织的空中课堂为主要学习平台。教师不但要每周提前把空中课堂的课程表发给家长和孩子，提醒学生提前安排好听课学习时间，还要每天保证和孩子一块收看、收听空中课堂，同时和孩子们一起做好听课笔记。一开始，学生手头没有纸质教材，要求在笔记本上做记录。后来发了教材，学生只需在教材上批注即可。这样，教师和学生共听共学，不但能帮助教师自己更透彻地读懂教材，直观学习优秀教师的教学课例，同时能很好地了解学情，便于和同学交流，布置作业也能更有实效性和针对性。在给学生一周上一次线上直播互动交流课时，我通过提问抽查学生空中课堂所教知识点，更好地考查学生听课情况。这可谓一举多得啊！

2. 听书读书共交流

为了丰富学生们的居家学习生活，引导孩子们养成阅读的良好习惯，除了空中课堂的共学共听，我们还积极行动，组织引领学生开展了“执书之手，与读偕行”的“以读制毒”、延迟开学居家阅读的网络活动。

活动具体做法与开展情况如下。

首先，先行在班级微信群中发出听书、读书学习的倡议号召，推出“以读制毒”方案并由家长们认可、完善，然后开始实施。

接着，教师精心制订了班级读书及学习方案，充分利用网络资源，列出听书、读书方案，规划好时间安排，并以师生共读共成长的方式切实指导学生开展读书学习活动。

最后，严格我们的活动流程：每天上午 8 点半公布听书内容，9 点半发布朗读内容。下午 5 点开始互动分享交流。第二天公布前一天的分享互动记录。

活动的开展，不但稳定了家长、学生在这段特殊时期的恐慌心理，对提升学生读书、倾听能力，也起到了不可忽视的作用；教师和学生的共听共学，不但有效丰富了学生的寒假生活，加强了教师和学生、教师和家长、学生和学生之间的交流与互动，还进一步凝聚了师生、生生之间的情感向心力，为这段特殊时期送上了一份特别的暖意，为这个加长版的无奈的假期做出了我们有心又有意义的探索。大家对读书、听书这项活动的积极参与、踊跃主动，让教师非常感动。

3. 朗读书写共分享

疫情无情人有情，“执书之手，与读偕行”活动结束后，我们又成立了“心有书香，眼有光”共读会。

任何组织成功的活动，都需要教师精心策划与安排，更需要教师的倾情投入与引领。这个共读会的开展，考虑到部分家长复工，无暇顾及孩子，或有些家庭条件不允许，会导致部分孩子没法参与。我们的做法是：不强求参与，教师示范，小组长引领。教师除了每天在微信群发布朗读任务外，还与同学们一块完成每天的朗读任务，根据共读会的书目和任务安排，教师首先下载荔枝 App 把共读第一本书《十万个为什么》的前言和第一部分做了配乐朗读，并发布推送到班级微信群中，以起到示范引领的作用。很快，各小组组长、组员纷纷行动起来，买书，读书，录书，分享。而且，每一名分享的同学朗读录音，教师都会认真聆听，并给予鼓励、点评。我们的共读会第一季按计划方案实施，在大家的琅琅书声中完美收工。

在《童声共诵春光美》诗歌朗诵会的组织上，我们充分发挥教师小助手的能动性，在班级微信群发出招募朗诵会主持人与宣传组织者的公告，把活动的组织与开展，放手给孩子来做。教师要引领有方、组织有法、空间留白。事实证明，孩子的潜力是无穷的。最后，诗歌朗诵会成功举办，活动报道还被发布于“安阳教育”微博上，被转载到“今日头条”上。

“喊破嗓子，不如做出样子。”号召同学们朗诵，教师自己也随之日有所诵；安排学生多阅读，教师自己也阅读不辍；号召学生趁假期练好字，教师也几乎一天练一张毛笔字。号召学生勤摘抄，教师自己读书、学习笔记已近数十本。教师还利用直播课时间，把自己的学习笔记、习练字幅做成课件，让孩子们观看。就这样，我们在师生共读同写的过程中成长着。看到孩子们的优异表现，我们愈加坚信教师自身示范的力量。

三、善做咨询师，和家长勤沟通，多叙家教之道

延迟开学期间的“停课不停学”，要想取得真正的实效，除了教师精心策划组织外，还离不开家长的用心配合与支持。所以，借助好家长的力量，能让我们的网教工作事半功倍。但在此期间，作为孩子最直接的教育

者，家长们在承担着比以往更多教育职责的同时，家庭教育也出现了一些问题。比如部分家庭教育的错位、缺位或越位，导致亲子关系恶化，学生厌学烦躁，家长焦虑不安。

为此，我们充分发挥教师们自学过一些心理学知识的优势，积极参加学校疫情心理援助小组，开展“众志防疫、心理助行”——每日心理、家教知识推送活动。每周都会给家长推送有关疫情防控、心理健康教育、家庭教育等方面的内容，并向家长公布了自己的电话，义务接听家长们的咨询与来访。另外，教师还通过微信和家长沟通，询问孩子在家的网课、生活情况，做到知彼知己。在和家长的交流与互动中，我们采用认真倾听、真诚沟通、接纳认可、焦点解决等技巧和方法来减轻家长的焦虑与不安心理，给出家长们增进亲子关系的策略、放松心情的妙招、搞好家庭教育的途径。同时，积极为家长们介绍一些关于家庭教育或疫情下调节心理和情绪的公益讲座，还向家长们推荐自己看过的一些操作性较强的家教书籍，如《不吼不叫》《PET 父母效能训练》等。

家庭是孩子成长的摇篮。《中华人民共和国家庭教育促进法》的颁布，充分强调了家长也需要接受教育，只有这样才能真正为孩子上好人生第一课。只有家长情绪稳定，善于引导，孩子才会心智健全、健康成长。

陶行知说：“不要你的金，不要你的银，只要你的心。”相信只要我们教师能像陶老一样，捧着一颗真心而来，灵活翻转多种角色，倾情助力学生成长，无论网课也好，课堂教学也罢，我们都会迎来教书育人的满园馨香。正所谓：桃李不言，下自成蹊。

隔空不隔爱，线上守花开

原阳县第四完全小学　董小莉

2020年，一场突如其来的疫情给全国人民带来了巨大的挑战，很多城市按下了暂停键。为落实教育部“停课不停学，停课不停教”的要求，老师转型成了教育主播，由面对面的教学转变为隔空线上课堂教学。我积极行动，探索方法，分享资源，制订有效的计划和方案，采用多种方法力求课堂更有效、更精彩。经过近两个月的线上教学，我探索出了相对有效的教学方法。

一、精心准备，磨砺前行

接学校通知，落实教育部“停课不停学”的要求，2020年2月10日开始启动线上教学。作为主抓线上教学工作的我，组织全校教师充分利用现代信息化手段，组成“教师、学生、家长”线上学习共同体。积极主动，挖掘潜力，精准施策，确保学习六到位：教师到位、学生到位、家长到位、监控到位、反馈到位、检测到位，确保做好线上教学工作。2020年2月5日左右完成可线上学习所有学生的排查摸底工作，尤其是对贫困户家庭学生进行一对一帮扶，走进学生家中了解学生情况，经调查三（4）班有1名建档立卡户学生张均昊，因家中没有网络，无法网上在线学习。学校积极联系学生家长，为学生提供帮助，我和卢振云老师到张均昊家中进行送教，直到学生能进行线上学习为止。经过不断努力，切实落实各项沟通措施，2月10日起全校学生正式线上学习率达100%。在校长的统一部署下，我多次利用微信、视频会议形式，对线上教学的意义、方式、方法进行部署，统一思想，提高认识，安排各班级根据各自学生学情，利用名师同步课堂、钉钉直播等线上教学方式，以学生为点，以班级为面，以校为网，实行一班一策、一科一策、一生一策全网格化进行线上教育教学工作。在做好学校工作的同时，我积极联系，做好我任教班的线上教学工作，结合语文教研组安排，进行线上集体备课、统一进度、统一内容、统一检测。课前认真备课，研究梳理每节课的知识要点，在教育平台上搜集、观看视频，然后选择重难点突出、安排合理、讲解清晰且相对有趣的视频来作为课前准备材料。然后把本节课的重点知识进行梳理，同时选择有针对性的习题让学生进行练习，认真制作课件，利用钉钉直播课，和学生互动交流，进行重难点讲解、线上答疑。结合班主任意见提前确定好每班每天直播课时间表、课程表，提前一天把每天直播课的详细时间表、课程内容、课前预习指导、作业推送与提交要求、作业批改与反馈、网上答疑解惑安排、课后拓展学习指导等资料发送给学生和家长，让学生和家长提前做好上课的准备工作，以确保网上直播课的教学质量和效果。

二、隔屏不隔情，一个不能少

（一）隔空不隔爱，隔屏不隔情

每天课前我都会提前十分钟进入课堂，提醒学生做好课前准备，提出课堂学习的要求，播放每单元的口语交际小视频，让学生们欣赏，放松心情，拉近距离，调动学生的学习积极性，通过潜移默化的影响，培养学生的口语表达能力。然后对前一天的作业进行评价，利用钉钉家校本展评，对作业里面存在的问题及时反馈，并给予及时指导。对作业完成优秀的学生进行鼓励表扬，激励学生们认真积极地完成作业，正确率高、书写认真的作业会被评为优秀作业。获评五次优秀作业可以找我换一张网络奖状。

根据学校线上教学工作安排制定教学规划：早上七点钟发布早读任务，一篇短文、绘本阅读或经典诵读，丰富学生的阅读内容，增加学生的阅读量。上午让学生看全省名师同步课堂，并认真做笔记。鉴于小学生自律性不强，我会要求学生把学习观看的照片和听课的笔记拍照打卡。抓住这次学习的好机会，名师同步课堂中的重点部分，教师可以把课件截发到钉钉家校本里，让学生查漏补缺；做笔记要求学生用双色笔，重点用红笔标记。下午利用钉钉直播进行线上答疑、重难点讲解、连麦互动，及时地了解学生的学习情况，有针对性地培优补差。教学中我注重实践，重点培养学生的听、说、读、写能力，线上教学受时空的限制，往往教师讲得多，学生听得多，为避免这种现象，我在课堂上多提出一些问题让学生思考、参与，然后通过连麦的形式让学生说一说自己的想法，或者是采用语音发送功能，让学生们把自己的想法录成语音发到群里，我适量选择几段语音让学生们听一听，这样大大地提高了学生的参与度，变被动接受为主动思考。在现在的网络直播条件下，老师不能同时看到每个学生，学生的听课状态也不能都在老师的掌控之中，如果班级人数太多，老师只能关注到很少的一部分人。如果学生不自觉，那么直播课堂的效率会非常低。所以，我通过多种形式与学生互动，调动学生们的学习兴趣。我还让学生把自己的答案输入消息栏内，或以照片的形式发到消息群里，然后给予点评。我利用游戏、歌谣、分角色扮演等形式，创设情景培养学生的口语表达和写作能力，让网络那头的孩子在动口、动手、动脑中有滋有味地学语文。

针对课堂和作业评价方面，我布置作业尽量多样化。布置学生做手抄报、口语交际练习、写作等多种形式的作业，如为教育学生做好疫情防控、自我保护，让学生做防疫手抄报，学生通过生活实际和搜集资料，结合当前疫情现状，宣传防疫知识，学生们兴趣很高，效果很好。每天作业我让学生以图片或语音的形式上传到钉钉家校本里，我都会及时批改，作业中错误的地方，我会以圈画或语音的形式反馈给家长，让学生订正，并进行二次批改，以提高作业的准确率。

每节课根据学生表现，我都会适当地给予点评和鼓励，把孩子们上直播课时的照片截图制作成美篇或影集，发到钉钉群和微信群里，让学生明白虽然老师无法和他们面对面，但我们的心是在一起的，或给予语言上的评价，如：你真棒！你回答问题时的认真劲真帅！今天你的作业完成得很好，字写得很工整，字如其人，漂亮极了！你作业完成得很认真，老师一看你的打卡视频，就知道你在家学习努力，等等。让学生感受到老师每天都在关注着自己，感受到老师的爱和关心！

（二）不抛弃，不放弃，用心育人

我充分通过微信、钉钉等 App，在班级群里分享各种线上学习的方法，反馈学生作业情况。对学优生进行适时表扬，树立良好榜样形象。对于后进生，进行一对一、点对点教学，并及时与家长取得联系，了解其学习状态。对于疑难知识点，与学生视频在线辅导交流，达到助学目的。不放弃、不抛弃任何一名学困生，不让一名学生落伍、掉队，待开学时，做好线上、线下衔接，不留知识死角，保证线上教学的实效。

我班学生闫续元的父母都在外地打工，因为疫情回不来，孩子跟着爷爷和奶奶生活，爷爷、奶奶年龄大，不会用网络、手机，导致闫续元网课无法按时上，作业也不能按时提交。了解情况后，我及时赶到他家中，手把手教闫续元怎样上网听课、打卡作业，并教育他认真学习，有任何困难及时联系学校和老师，为做好线上、线下衔接，开学后我对闫续元同学进行一对一课后辅导，结对帮扶，精心呵护闫续元这颗种子茁壮成长。

三、家校合力，美丽绽放

召开视频家长会，利用微信电话及时和家长沟通，家校携手，为孩子创造一个优良的学习环境，鼓励家长引导孩子自我探索、认真学习，使家长在孩子的学习中担当积极的角色，用心陪伴孩子，做好孩子的榜样。我会定期在班级群里转发家庭教育的文章，如《孩子居家学习，你的高质量陪伴，是最高级课程》，家长们读后给予一致好评。非常时期把家庭变成学生学习的课堂，架起学校与家长的爱心桥梁，化解教师、家长的疑难困惑，家校合力，共克时艰，家校共育，共迎未来！非常时期，非常状态，非常课堂，定能收获非常成长！

心中有爱，陌上花开！教师，是美的耕耘者，美的播种者。线上教学，教师用爱的阳光普照，用爱的雨露滋润，用爱的行动守护着那一亩方田，让它绿草如茵，繁花似锦！

线上教学如何更高效

濮阳市实验小学 孙利革

春天是播种的季节，作为耕种者的教师，我们不能因为环境的特殊而忘了播撒种子。所以，在2020年这个特殊的春天，我们开启了全新的耕种模式——网上直播。随着直播的一天天推进，我们由一开始的“邯郸学步”渐渐趋向“内化吸收”，孩子们也由刚开始的“消化不良”变得“胃口大开”。这可喜的变化给全新的教育模式增添了活力。

眼前没有学生，我们只能通过网络细心地捕捉孩子们细腻的内心，这需要教师更大的智慧。如何让线上教学提质增效呢？

一、精心备课、制定措施，保证学生听课质量

网络学习，缺少老师的监管，学生进入课堂而不听课的情况可能存在。怎样保证学生人人认真听课呢？刚开始，我们要求学生课堂学习的笔记与预习时的笔记用不同颜色的笔标注，课堂结束后，学生统一把笔记发到小组群里，然后老师逐个检查。后来在教研组会议上，听了景老师分享的“编号签到”妙招后，我们立马推广应用，后来班里的学生都有了自己的编号，上课之前、上课中间以及上课结束前统一在答题板上回复签到。结束后，我们很快就能根据编号查出谁没在认真听课，然后单独联系其家长监督提醒孩子看回放，再找组内学习优秀孩子的笔记补课，补完后单独发给我们。这种严格的检查就像给不听课的孩子戴上了紧箍咒，效果很明显。

上课是线上教学的关键。上好课的前提就是精心备课。上网课需要教师付出更多的精力精心备课。网课首先要让孩子觉得有趣，愿意去听。基于这种想法，我们每天都会熬夜精心准备第二天的课程，细致到每一张幻灯片的细节乃至每一句话该怎么讲，对于新授课，心中有数了，当带着脑

中成熟的想法去上课时，课堂上就会把怎样上课有趣、怎样让学生能学会，作为这节课的目标。

在上课的过程中，我们采用多种方法激发学生听课的兴趣，听课过程中授权学生回答问题，及时给予奖励；指导学生在班级直播群中发语音、照片，积极回答问题，对于回答精彩的学生，老师还和孩子们及时给予掌声；及时关注评价群里学生发出的语音和照片，对不经常发言的孩子，及时给予鼓励，让老师的关注提升他们的学习劲头。现在直播时有了很方便的连麦功能，上课期间采用随机点名连麦读课文、读生字、回答问题等方式激励学生认真听课。后来，我们发现希沃白板还可以插入视频，就突发奇想让学生把预习过程中听写出错的字是怎样识记的，不懂的词语是怎样理解的，以及学习新课需要查阅的相关资料等疑惑和解决方案，这些都可以录成小视频发到群里，老师去群里逐个查看，选出优秀视频插入新课的学习中。视频被选中的孩子，第二天被评为“学习之星”，学生学习的积极性很高，孩子们的智慧通过视频彰显出来了。从学生的视频中，我们也生发出很多教学的智慧。

记得学习统编教材小学语文五年级下册《军神》一课时，我看完了 70 个孩子的 100 多个视频，发现在介绍听写出错率高的生字“衷”时，都启航同学运用了自编识字秘诀的方法，而张一诺同学则采用了将“中心”与“衷心”同音词词义辨析的方法记住了“衷”，我把两名学生的视频全部做进了课件里，同班同学的介绍更能激发学生的学习兴趣，接下来的课堂听写生字同学们几乎无出错。同学们理解词语的方法也堪称高效：麻乐然同学的妙招“查字典+联系课文内容理解”，樊嘉欣同学的“词语拆分”法，曹颖同学的“结合课文内容猜测”法，张一言同学的“联系上下文”“寻找近义词”的方法……我惊叹于孩子们的智慧，这是五年级学生应具备的能力，我深深感受到了什么叫“从学情出发”。

同样是学习《军神》一课，在预习提纲中我指出让学生画出描写沃克医生和刘伯承语言的句子，并试着和家长分角色读一读，揣摩一下人物说话的语气。积极的孩子就开始录视频了，原本的教学思路是连麦一名学生，我和他分角色朗读，然后让其他学生边听边思考怎样读好人物说话的语气，最后我来总结指导朗读方法。所以对于发在群里的对话视频我并没有放在心上。第二天一大早，趁着洗脸刷牙的间隙，随意打开学生发的视频来听，我一下子惊呆了——樊嘉欣同学和她爸爸的朗读堪称完美，作为老师的我也感觉逊色很多。我随即萌生了新的教学思路：把这段视频做入课件中，让班里的孩子一起欣赏，并连麦视频中的樊嘉欣，让她介绍自己和爸爸读好这篇课文的秘诀；最后我再根据本单元语文要素和课后第一题要求同学们总结提升朗读方法。那一堂课很成功，不仅给我的教学增添了亮点，还给孩子们带来了信心。课后樊嘉欣兴奋极了，连连说："以后还要和爸爸一起积极参与课堂学习。"这不就是《礼记》中提到的"教学相长"的学习佳境吗？

为了激励学生每天认真听课，保证听课质量，每天所讲新课结束后，老师还进行"听课小能手"评选，及时为认真、积极发言的学生颁发"听课小能手"奖状，为了照顾到全班学生，对于不爱发言的孩子，如果积极参与课堂发言中，我们会及时表扬，并颁发"学习潜能小能手"奖状。现在的直播课堂中，孩子们争先恐后地发言，其背后就是孩子们思考的种子在发芽，这才是我们想要的结果。

二、严抓作业，让阶段性总结和表扬成为润滑剂

如果说课堂是"前线阵地"，那么作业就是"大后方"。最害怕的是"前线阵地"一片热闹，"大后方"一片乱糟糟。怎样让每个孩子都能认真完成作业，还能按时提交作业呢？我们的做法就是紧抓不放松，表扬需先行，提醒不能丢。

老师每天坚持汇总全班学生作业，并了解每个学生的完成情况。其实每个小组统计得已经很清晰了，但我们总觉得没有老师参与，不能真正起到监督督促的作用。整个寒假，包括延长版假期，我们每天都会当天汇总，当天反馈，目的是让学生感受到老师时刻在关注着他（她）。在汇总过程中，我们会把不同类的批点用不同颜色表示：出错点用蓝色标注，点评用红色标注，绿色代表优秀的做法，紫色代表需要努力，然后老师针对每天的不同情况，书写200字左右的总结。每天的汇总统计总结，老师都会写得密密麻麻，首先做到了自己心中有数，其次也在提醒学生，老师在持续关注他们。

有时发现个别学生的书写不认真，作业应付，我们就采用“奖励”的方式提醒他（她）要认真书写，认真对待作业，“奖励”的方法就是奖励他（她）再做一遍作业，单独发给老师过关。作业不能按时完成的同学也全部由老师管理，老师一对一负责到底。为了不再每天面对老师的约谈和一对一督导的特殊待遇，之后班里孩子的书写都很整洁，对待作业的态度也有很大的转变。

可喜的是，每天不管作业完成情况多晚汇总到群里，每名组长都会很积极地把反馈情况及时转发到各个小组，做好监督和提醒的同时，还不忘鼓励自己小组的孩子们。在这样的坚持下，不仅培养了学生的责任心，家长的责任心也在一天天地反馈中逐步增强。看着孩子和家长一起努力，我们常常感动万分。每天家长看到孩子当天在群里的被表扬或者被提醒信息后，我们发现，到了第二天孩子都会有明显的进步，连“钉子户”也开始慢慢交作业了，这就是老师时刻关注的效果。

我们要让阶段性总结和表扬成为润滑剂。现在，为了彰显小组凝聚力，不让任何一个孩子掉队，我们采用表扬个人和优秀小组相结合的方法。优秀小组评选标准是：作业全交，正确率高，书写工整，汇总点评及时。连续一周作业受到表扬的孩子，获评为“作业书写标兵”；连续一周保持优秀的小组被授予金灿灿的“奖杯”；对于认真负责的组长给其颁发“最佳组织奖”。从此，各个小组都蓄势待发，不甘落后。

另外，测试后老师及时批改并奖励。前两个单元学完后，为了检测学生网课学习效果，五年级统一进行了语文听写测试，为了让学生重视“在家测试”，同时也为了给学生接下来的网课认真学习给予提醒，电子照片版作业我们都进行了认真批改，圈点批画；然后，分小组反馈到各小组群，我们还在各小组群里对小组内的每个孩子逐一点评、总结；接着进行全班汇总、总结、评价，把整体情况反馈到班级群，对出错点认真讲评；最后，评选出一批学习标兵、听写标兵和书写标兵。听写标兵是听写 100 分的孩子，书写标兵是做到作业一字不涂画的孩子，学习标兵的标准是同时被评为听写标兵、书写标兵。通过测试和评奖，给学生带来了心灵的震撼，不管是作业质量还是书写质量全都上了一个台阶。

更喜人的是，家长们普遍反馈，由于坐在家中也能得到老师发的奖状，孩子乐坏了，现在孩子越来越喜欢上网课了，还有家长反馈孩子从来没有像现在这样喜欢上网课……这些鼓励的话语，让作为老师的我们倍感欣慰。

总之，线上教学如何提质增效？我们认为要具体做好以下四点：制定措施，确保学生人人听课；把学习的权利交给学生，在了解学情的基础上教授新课；作业每天精准跟踪；定期进行阶段总结并奖励。

多措并举，提升质量

清丰县幸福路小学　冯荣花

2020年，疫情来袭，举国上下凝聚起共同抗击疫情的磅礴力量，同时间赛跑，同病魔较量。“天使白”“守护蓝”“志愿红”冲在前线，绘出了中国最亮丽的色彩。那段特殊时期，我们坚守自己的岗位，担起自己的责任，守好自己的阵地，在对学生做好防疫知识宣传的同时，做好“非常时期，线上直播”的各项工作，多措并举提升教学质量，众志成城，共同演奏一部激昂奋进的抗疫协奏曲。

一、线上教学准备：坚守岗位，积极筹划

自疫情肆虐以来，孩子们的学习牵动着每个幸福路小学教育人的心！为响应省、市、县教育主管部门在疫情期间“停课不停学”的要求，减小线下教育教学暂停工作产生的不利影响，学校积极筹划部署，制订线上教学工作实施方案。我们迅速调整状态，以时不我待的劲头，投入工作中。

1. 组建网上备课小组，落实高质量备课

网上教学准备阶段，以各年级学科教研组为单位，组建网上备课小组。各年级学科教研组，在线上集体备课时，严格按照学科教学目标，结合学校“生成性幸福教育”课堂模式，充分利用网上备课资源，认真研究教材，把握教学重难点，合理制订教学计划。教研组内，统筹分配任务，统一进度，齐心协力，并肩前行，助力备课质量提升。线上教学开始前，一次次开展网络教研，深夜里整理教案的教师身影，是教师对教育的热爱和坚守。

2. 制订学生学习计划表，保障“停课不停学”

各年级学科教研组，在结合各平台课程资源、因地制宜制订教学计划

的同时，又专门为学生制订了详细的学习计划表。学生学习计划表，包括预习、早读、网上学科学习、作业布置、在线答疑、阅读、练字、文体活动、家务劳动等项目。教研组研讨制订学习计划表后，以周为单位，提前推送到各班级微信群。让学生根据学习计划，做好时间安排和课程预习。学生学习计划表的制订，为科学、高效地开展网上教学，保障特殊时期的教学质量打下了坚实的基础。

3. 录制指导视频，做好示范引领

为培养学生的朗读习惯，提高学生语文素养和朗读水平，丰富教学形式，弥补线上教学的不足，各年级语文教研组提前录制课文朗读指导音频和教学指导视频，从而让学生在教师的朗读指导下会读文章、读好文章，在朗读中感受语文的魅力。让学生在倾听教师的教学指导中，把握课堂学习的重难点，夯实基础知识与基本技能，弥补网上教学的不足。教师细致的讲解和生动的朗读指导，展现了幸福路小学教师对教育的精心、细心和兢兢业业。

4. 加强家校沟通，确保全员参与

由于家长文化水平参差不齐，教学准备阶段最困难的是指导家长下载各种学习平台。为解决这个难题，保障网上学习顺利进行，确保全体学生参与线上学习，班主任老师和任课教师加强与学生及家长的沟通联系，通过班级微信群，提前组织家长扫码下载企业微信、钉钉等教学平台软件，制定详细的平台操作指南，指导家长和学生学习使用平台操作方法，详细耐心地为每个家长答疑解惑，为网上学习做好准备。班级微信群里一遍遍提醒，电话里一声声叮咛，体现着我们幸福路小学教师对每个孩子的深深关爱。

二、线上教学阶段：多措并举，精益求精

线上教学过程中，针对线上教学单向性、缺少互动，学生对教学重难点把握不准，学生作业质量差，学生学习积极性不高等问题，我校教研团队积极研讨，制定出“三举措、两常规、一强化、一坚持”工作思路，积极实施，保障线上教学工作的学习效果，提高教学实效。

（一）三举措

1. 加强线上教研，做好课后强化

为提高线上教学质量，我们坚持进度服从效果、一课一得的指导思想，充分发挥教研的支撑力量。各年级学科教研组积极开展网上教研，交流研讨、总结明确了“课前布置预习，课中有效补充，课后总结梳理”的教学思路。除利用网上直播讲解外，各教研组结合课时教学重难点，团结合作，因地制宜，分任务、有重点地制作学法指导小视频、知识总结小视频、知识结构图等，以灵活多样的形式将教学重难点、易错点以更加直观的方式发送给学生进行二次强化。

2. 加强作业设计，做好知识巩固

作业作为常规教学的重要环节，既是课堂教学的补充和延伸，也是教学信息反馈的重要途径。为进一步落实“双减”政策，提高课堂教学效果，我校各教研组积极开展作业设计教研活动。全体教师转变观念，紧扣学科要素和教学重难点，精心设计预习作业，合理布置课后作业，做到难易适中，突出知识的巩固和检测作用，夯实学生的基础知识，提高学生的基本能力。作业超市、分层作业和实践性作业的设计，让学生在丰富多彩的作业中感受到学习的乐趣、合作的愉快、成功的喜悦。线上教学期间，我校组织开展的“展最美作业，学榜样风采”优秀作业展评活动，既进一步端正了学生学习的态度，加强了学生规范做题良好学习习惯的养成，也给学生们提供了展示自我和学习交流的平台。

3. 结合教学反馈，做好衔接预案

我们通过线上作业批改、答疑、单元过关，关注教学效果，及时总结每课时的重难点，做好单元重点总结。依据学生线上学习的情况，准确把握学情，做好开学衔接预案。

（二）两常规

两常规是指做好线上教学期间书写与阅读的常规教学。

1. 书写

为进一步端正学生的书写态度，培养学生良好的书写习惯和对汉字的浓厚兴趣，引导学生把汉字写得规范整洁，让学生从小练就一手好字，在线上教学期间，我们持续做好书写教学常规工作。学校教研室组织开展

“方方正正写字，堂堂正正做人”的书写活动。各年级语文教研组利用微信群和其他网上教学平台，在做好学生的书写指导的同时，积极开展班级内、年级组内线上书写展评活动。各年级组依据学段实情，确立本年级书写主题，其中一年级以“写好中国字，做好中国人”为主题，二年级以“提笔便是规范字”为主题，三年级以“写一手好字，为人生奠基”为主题，四年级以“写规范字，从我做起”为主题，五年级以“以写练字，以心写字”为主题，六年级以“用心练字，贵在坚持”为主题，开展活动，激发了学生认真书写的热情，提高了学生整体书写水平，确保了特殊时期学生的书写质量不断提升。

2. 阅读

非常时期，为促进学生形成良好的读书习惯，确保学生每天坚持阅读，与书为伴，学校教研室组织开展线上“读书‘战疫’与美好相遇”系列读书活动。各年级语文教研组结合教材推荐的阅读书目和学段阅读计划，制订课外阅读具体实施方案，落实课外阅读指导，开展班级读书活动。各年级通过多种形式的共读、竞读、赏读活动，营造浓厚的班级、家庭阅读氛围，培养学生高品质阅读的习惯，激发学生的阅读热情。

（三）一强化

一强化是指强化低年级学生家长的督促意识，强化高年级学生的自主学习意识和自我管理能力。针对低年级学生普遍存在的自主能力差、学习习惯不稳定、不能长时间进行线上学习等问题，我们家校共育，充分利用家长对学生学习、生活的督导与陪同作用，提高学生线上学习质量。针对高年级学生的年龄特点，组建线上班级学习小组，发挥组内互促互助作用，增强学生的自主学习意识和自主管理能力。

（四）一坚持

线上教学坚持德、智、体、美、劳、心六育并举，融合推进。教学内容以疫情防控知识和国家课程学习为主，注重加强爱国主义教育、生命教育和心理健康教育，鼓励学生锻炼身体、开展课外阅读。着力上好家国情怀课、生命教育课、防疫技能课、敬畏自然课、公民素养课等六类课程。

每天清晨，当网课如约而至，在教师引领的早读打卡中，同学们开启了一天新的学习生活。早读，网课，阅读，练字，体育锻炼，一切按部就班进行。没有学校的上课铃声，没有粉笔摩擦黑板的声响，在看似平静中，教师们坚守在教育的新讲台上。早读打卡，指导上课，线上答疑，批改作业，开展阅读活动，掌握学习情况，精准指导特殊学生群体……从清晨到日暮，借助网络，教师们用智慧和热爱，书写着青春无悔。在这场没有硝烟的战争中，我们虽然不能冲锋在抗疫一线，但“线上新讲台”就是我们的阵地，我们用自己朴实无华的行动践行着教育人的初心和使命。

坚守初心担责任，线上教学亦芬芳！

争做非凡岁月里的“小明星”

濮阳市实验小学　王利

在2020年那段不平凡的“停课不停学”的日子里，如何让学生高效学习、每天的学习生活多姿多彩、养成良好的学习习惯，成了我们操心、挂心而又需要耐心琢磨的课题。我们都知道，教育不变的真理是：以活动促提升，让孩子在活动中度过这段难忘的岁月成了我那段时间的目标。我以时间为轴，以星期为单位，谈谈我们班级“停课不停学”期间的美好时光。

一、争做值日小班长

2020年2月10日是我校“停课不停学”进行直播教学的第一天。在直播前的2月8日，我就跟同学们沟通了我们近段时间的学习方式——社团式学习。我们把全班66个同学分成了7个学习社团，我们指定每个社团内一名学生为小社团长，由他（她）负责本社团内学生的日常事务，如安排同学做值日、传达班级信息、督促各项任务的落实。被安排每天值日的同学我们称之为值日小组长。小社团长还负责对每日值日小组长的工作点评。

小社团长负责每天常规作业的点评，常规作业有以下几项：①7:00—7:30的云早读。②每天读书一小时。③做读书笔记。

小社团长每天下午六点以前对社团内每名学生当日作业做点评并总结，我们班是每天上午十点到十点半上语文直播课，下午四点到四点半是规定的语文学习时间，于是下午我们采用微信平台引领学生进行对上午直播课的巩固复习，或者第二天直播课的预习，或者从事综合实践活动等布置的任务，我们称这些为当日作业。每天下午六点以前由小社团长点评，六点半到七点半由老师来做点评总结。

为了让学生有上课的仪式感。我们举办了每日竞选值日小班长活动，值日小班长竞选的条件是：①云早读时认真朗读。②直播课积极参与互动，能提前十分钟进入云课堂。③常规作业、当日作业按时、高质量完成。④有责任感。

竞选办法是：每天下午五点半前学生先在学习群内进行自我推荐，自我推荐时写自我推荐表。老师聘请三名家长组成评审委员会，由评审委员会根据竞选条件进行评定，在班级群内进行评定人选公示，公示结束的时间是晚上八点半。公示期间有异议的学生可以私信老师，如无异议进行奖杯发放。

被评选为值日小班长的同学首先进行第二天的小视频录播，做开课前的信息传达以及对同学们的要求，值日小班长和老师一起参与对各学习社团、值日小组长工作的监督和对全班同学学习作业的检查。

当时刚刚开直播课，同学们对当上值日小班长热情高涨，不但作业认真完成，上直播课发言也很积极，在周末我们班的第一次“云家长会”召开时，不少家长反映孩子每天学习保持饱满的学习状态。

二、争做“直播小助教”

一周直播教学结束后，值日小班长的竞选活动步入正轨，但是全班66名同学每天只能选出一人，对有些同学来讲，奋斗了五天，还摘不到桃子，我想长期这样下去容易使学生沮丧。于是2月17日，第二周我又引领学生做“直播小助教”的活动。

首先，我告诉学生们，通过上一周的直播，老师收获特别大，信息技术操作技能快速提升，我可以自我录制视频、音频，在学生们面前把互联网功能渲染得很神秘，而且我还告诉学生们，我录制的课还传送给其他班级、其他学校的学生或亲朋好友的孩子分享。你是否也想和老师一起走进直播课呢？八九岁孩子的好奇心很强，他们一定在跃跃欲试，有了精神动力。然后，我又上了一堂“录直播课的小妙招”，通过这样的课程教给学生怎样录视频、录音频，怎样把录制的视频、音频发送给老师等，每天晚上十点以前，把录制的第二天和直播课有关的学习视频、音频，可以发送给老师。

老师确定直播内容后，为了能当上直播小助教，孩子们一整周可忙了，忙着录生字的讲解视频，录课文的朗诵音频。很多家长私信我说，为了当上直播小助教，孩子读课文，自己读了一遍又一遍，还上网模仿视频、音频朗读，所以本周不用操心学生懈怠的问题了。

三、争做鉴赏小达人

简单的生字朗读、读书录制视频对于一些优等生来说，一周下来已经是小菜一碟。无家长指引的学困生在一周后也都学会录制音频来争做直播小助教，他们有了进步，我也把他们录制的视频、音频选进了课堂教学中。因此，学困生的自信心大大提升，根据孩子们的情况，第三周初，2月24日，我们又开始了争做鉴赏小达人的活动。

上网课期间，手机、电脑都迅速走进了学生的学习生活，但电子产品往往也会让学生迷失自己，如何引导学生运用电子产品来做有意义的事情，对老师来讲已是当务之急。于是我向学生发出了这样的求助通知："周六、周日，老师家里没有电，没法上网准备周一的直播课件。求助，谁来帮老师讲解《古诗三首》?"三年级的孩子同情心极强，老师遇到困难，于是孩子们个个大显身手，想尽办法来讲解古诗。

曾静雯是我班上比较认真的一个孩子，她周六、周日先后八次发给我她所录制的讲解视频，并在我的一次次引导下进行修改，最后她录的讲解视频以非常完美的形式走进了我们的直播课。

我以曾静雯同学的例子，让学生们明白了怎样进行课文鉴赏，怎样搜集资料，怎样整理资料。我们开始了每节课的鉴赏小达人的征程。在活动中，我引导学生鉴赏课文可以用视频，也可以用音频推送，还提倡同学们用文字和图片相结合的方式制作鉴赏视频。

每节课我们评选出三名鉴赏小达人，被评为鉴赏小达人的同学还要写文字资料来申请学校鉴赏小达人的评选，这些鉴赏小达人的材料，每日上课前由值日小班长读给大家，从他们的材料中其他同学可学习鉴赏课文的小妙招。

这一周家长的反应更热烈，他们说孩子忙得很幸福!

四、争做“寓言故事小红人”

3月2日第四周要开始了，这周我们要进入教材第二单元的寓言故事学习，引导孩子走近寓言、热爱寓言是我们做老师的责任。于是，我首先带领孩子们走进教材中的快乐读书吧，让孩子们读这些寓言故事，再鼓励大家寻找自己喜欢而别人又不常讲的寓言故事，我们开展评选“寓言故事小达人”的活动，激发了孩子们每天坚持读书的热情。支子赫同学主讲的《截竿入城》的故事，获得“寓言故事小红人”比赛的一等奖。

五、争做“种植小仙子”

3月9日这一周，春天已来到我们身边，我们用“种植小仙子”活动拉开了本周的序幕。那年的3月8日是周日又是妇女节，我们全班相约为妈妈送一件特别的节日礼物——栽种一种植物送给妈妈。学生们种植的有蒜苗、绿萝、豆芽、小草莓等植物，我让学生不仅拍下自己种植的过程，还把种植的过程用文字记录下来，使用这种方式送给妈妈节日礼物，更有仪式感。

接着我又启发学生把学习小组内同学们的图片、文章组成活动记录，以美篇的形式做好，送给我们学习小组里所有的妈妈作为节日贺礼。同学们都很想给其他妈妈送礼物，所以66位同学都做了美篇贺礼。

3月8日这天，孩子们虽然忙碌了一天，但他们晚上与我网上交流时，用各种方式表达了他们一天来的喜悦之情。

六、争做“手工小精灵”

3月16日，“手工小精灵”活动来袭。随着疫情的好转，很多行业开始复工复产，在家待了将近两个月的孩子，绝大多数的父母都已开始上班了，家中只剩下自己。为了使孩子们的生活丰富多彩，我们开展“手工小精灵”大赛，每天做个小手工作品，用作文记录或美篇方式，在每晚的8:30以前发送到由十名家长组成的评审小组群里。每天设置一、二、三等奖，由老师来发奖金，这大大激发了孩子们的灵感。我们还设置了惩罚奖五名。以罚唱歌、罚背古诗等娱乐方式推送视频到学习群里，大家辛苦并快乐着。

七、争做"思维导图创作者"

3 月 23 日走进了新一周，孩子们已经学习了两个月的教材内容，应该进行知识的梳理了。用思维导图的形式应该是最符合低年级学段孩子的心理特点和生理特点，于是我们开展了争做"思维导图创作者"活动。全班每天对一个单元进行思维导图的设计，一共用了三天，这是在老师的指导下进行有序梳理，后两天孩子们在对前三天所做思维导图的评比中进一步激发了灵感。梳理这两个月的学习收获，可以是知识方面、体能方面、活动方面等，孩子们创作了很多让人赞叹的思维导图。

八、争做"健康小天使"

健康是我们教师最关心孩子的方面，从直播课开始以来，每节直播课后，我就向孩子们推送健康小练习视频，每天锻炼 20 分钟，从不间断。让他们快快乐乐，健健康康。

活动是孩子成长的载体，是孩子成才的摇篮，是孩子前进的扶手，我们开启智慧，让孩子们畅游在活动中，使他们对自己的成长生活留下深刻印象，使他们经历各项活动锤炼后成为出类拔萃的祖国接班人。

延迟开学居家教学，驰而不息同步直播

安阳市文明大道小学　张志华

2020年的这个寒假，注定是一个不同寻常的寒假。一场疫情搅乱了亿万中国人的心，也带来了发生在我们每一名师生身上的一场变革，那就是大家要改变传统的教和学的方式，走在与网络直播教学携手并肩的前行之路上。

说起网络教学，我们并不陌生，之前在我们的身边、自己的身上也多多少少地用到过网络教学。但是，由于新冠肺炎这一特殊的突发公共卫生事件，让广大教师要在短时间内一下子学会通过网络教学，人人会直播，并立马进入备战状态，这对于每一位置身其中的教师们来说，都是一个不小的挑战。

不过，庆幸的是，有压力的同时也就有动力存在，动力则能催化出新的能力。回顾一下自己的这段触网直播经历，从“探”字谈起。

一探网络授课技术。压力之下，必然前行。为了更好地践行上级“停课不停学”的要求，积极响应学校网上授课的号召，从接到通知起，我马上开始下载手机端、电脑端钉钉软件，积极聆听市、区教育局及学校组织的有关网络培训和讲座，学习钉钉的使用方法。为了实现钉钉网上直播，又在当时疫情管控封闭日渐严格的形势下，不顾风险，横跨全城，购置了直播所必需的摄像头和带话筒的耳麦。至此，我的直播前准备工作，无论是技术方法，还是硬件装备都解决了。

二探网络支持。接下来要探索的是我家的网络连接问题。我当时暂时居住的小区家里，因平时不用电脑上网，根本没有安装宽带，之前只是用手机上的流量上网。特殊时期，即使想让网通公司上门安装，小区的疫情管控措施也不允许外来人员进入。怎么办？找高手求助。我咨询网络高手，花费了近4个半小时的时间，拜托一个师傅在电脑端用QQ远程控制帮我诊断安装无线网卡，并实现了移动热点的启用，自此，我家的网络问题解决了。

三探网课新形式。本以为，网络开通了，钉钉直播技术掌握了，直播应该没问题了。没想到的是，直播第一天，我的直播课虽说也算完成了，但学生们普遍反映卡顿得厉害。我便就此询问高手，回复是：使用流量移动热点的特点就是会越来越慢。了解到钉钉对网速的要求要高于其他直播平台，所以，在深入探索钉钉直播的使用方法的同时，为了确保能更好更有效地上好网课，我夜以继日地探究了一些朗读小程序、掌门直播 App、微信语音直播、希沃白板 5 的直播及知识胶囊的录播功能。我跟同事分享自己多渠道探究网络技术的事，有人说，不应该贪多求满，只要用好一种直播平台，认真落实就好。是啊，我岂能不知以一胜多的优势？只是因为我家网络的现状，不得已而“探”之罢了。我的真实目的是想比较一下，究竟哪种直播授课方式对网络配置要求更低，更适合我和我的学生们。也正是本着想真正实现“停课不停教，停课不停学”的初心，所以，我们才一直走在探寻、探究、探索网络教学的路上。

经历以上“三探”之后，自己的网络授课技术水平明显提高了，对于如何更好地实施网络教学也有了更深的体会，概括为以下三点。

一、行动胜于一切

我们在实行网络教学的时候，不能仅仅停留在方案上，要真正行动起来。用我们的行动来引领家长、学生。比如在班上开展的“以读制毒，我在行动”延迟开学居家学的活动中，老师就和学生一起听书、朗读、互动、分享，以自己的实际行动身体力行，引领孩子们的向学之心、向上而行。为此，活动开展期间，我几乎每天都要从早到晚忙碌于听读活动，耗费自己大量的时间、精力，一点都不亚于在校上课时的工作量和工作压力。

二、认可大于技术

无论我们使用哪一种授课方式，都需要我们的施教对象学生，包括学生家长的认可和配合。在正式线上授课之前，我们教师务必要广宣传，多发动。让家长、学生都认可并学会操作方法。比如，为了让学生在家进行古诗、课文的朗读，我发出倡议，要学生们使用一些免费朗读的小程序，为了更好地让这些小程序发挥实效，我不但事先给学生家长发放了有关的倡议书，以及详细的小程序使用流程说明书，还提前建群解答使用中的常见问题，这些都大大提高了家长对线上授课软件或程序的接受与认可程度，并保障其使用。

三、“有效”大于形式

有比较就会有高下。在尝试使用多种网络方式授课的同时，我越来越认为，无论何种网络授课方式，适合的就是最好的，学生的参与度应该是衡量一种网络授课方式是否成功的关键。我们何时都不应该忘记：学生是学习的主体，我们教师只是教学的服务者。学生应该站在课堂的中央。但是，由于网速的问题，我们很多次直播课上并不能实现学生同步连麦互动，所以，我便尝试在直播课上利用微信语音与学生互动，实效还是比较好的。比如，我利用微信语音课，检查孩子们的听写、背诵情况，抽查孩子们空中课堂学习的效果，自认为取得了不亚于线下授课的效果。尤其是我们多次进行的听书分享活动、背诵分享活动、空中朗诵会等，老师和同学轮流主持，孩子们都乐在其中。

总之，千教万教，教人求真；千学万学，学做真人。只有我们教师真行动，真付出，捧一颗真心，驰而不息，就一定会步履铿锵地在网络教学之路上，一路向阳，越走越好！

爱的力量

濮阳市实验小学　任中娜

“妈妈，吃饭了！”二宝奶声奶气地喊道。

看着桌子上热气腾腾的饭菜，内心不觉有些惭愧，自从学校宣布“停课不停学”之后，我已很久没有时间为家人做一顿可口的饭菜了。

自从接到录制知识胶囊的通知，我开始慌了：设备！设备！设备！子曰：“工欲善其事，必先利其器。”我当时无设备可用。

“您好……您慢点说，让我记下来……谢谢！有不明白的地方我再请教您！”我正在打电话求助朋友在电脑上安装希沃白板。终于，重装程序完毕，希沃白板出现在了电脑屏幕上。那一刻，再没有哪一抹绿能比希沃的界面绿好看！

“喂，你好！请问您的耳机在家吗……还是谢谢您！”已经记不清这是我第几次失望地挂断了电话！坐在飘窗上，看着紧闭的小区大门，我沮丧到了极点！

“中娜，你借到装备了吗？我在别的小区借到了耳机！就是现在发愁怎么带过来。”亚萍老师的话给了我启发：可以求助其他小区的朋友、同事！扩大“搜索范围”！

眼看就要到年级组统一试播的时间了。可是，终无果！是夜，不能寐！看着小区门岗那微弱的灯光，我无力地拿起手机，组长肯定还在忙！“没事，中娜！你要是实在不能直播，咱们就重新分组……”组长的话犹如黑夜里的那盏灯，温暖着我的心！而我却像打了强心针，满血复活！

“喂，您好！好久不联系了……”为了借耳机，我更是和几近失联的朋友取得联系！

终于，2020 年 2 月 9 日，在最后时刻，耳机由值班的父亲联系朋友送过来。

终于，我们迎来了直播首秀——线上开学典礼。

终于，我和孩子们都沉浸在开学典礼带给我们的幸福体验中。

终于……

还没等我继续感叹新奇和美好！更大的考验已经来临！

“没进去呀！”

“有图像吗？”

“我的没有（图像），只有声音。”

“我的也只有声音。”

“为什么这样啊？”

“黑屏了。”

……

班级微信群里顿时炸了锅！

“今天早上8点全国各地学校集中开学，人数激增导致部分用户出现无法进入名师课堂的异常……”我赶紧转发信息安抚家长们焦躁不安的心。我很能理解他们当时的心情，当直播中断，网络瘫痪，名师课堂没有图像只有声音……因为我也期盼这一刻很久了！

身兼老师和家长双重身份的我，马上调整状态，叮嘱儿子安静学习后，开始编辑短信发给家长：“近期网上学习，大家可以错开网络高峰期，自主安排时间学习。温馨提示：请家长自行选择网络学习的途径，调试时可以让孩子先静心去完成语文作业。”

随即，睿智的窦校长更是用文字给了我们力量和解决问题的智慧：“这是一个满怀激动和期待的早晨，这是一个不同寻常的开学日。我们把家庭变成教室，把屏幕当作黑板，用一种陌生的方式与亲爱的孩子们热情相约。虽然我们的画面还不够流畅，声音还不太清晰，但是我们对孩子们的爱畅通无阻，我们线上教学的行动阳光灿烂。线上教学的困难仅仅是暂时的，只要我们心中有爱，我们就会有无穷的力量和智慧。相信自己，相信未来，延迟开学的日子，我们的水韵实小定会春风盈枝，花开满园。”

真正的考验才刚刚开始！身为两个孩子的妈妈，作为全班67名学生的老师，如何合理地规划自己的时间？怎样错开网络高峰期指导、解惑？怎样有效批改作业？都是我应该思考和急需解决的问题！

“儿子，这个手机给你，你用它按课程表准时上课……”大宝很好安排，毕竟他已经上初一了，而且孩子很懂事！看着我忙碌的身影，他点点头便走出了我用作“直播间”的房间。

最难的是二宝，他刚满三岁，因为是假期，我带他比较多，他很黏我。我跟他说妈妈在工作，需要直播，直播时千万不要打扰。他看着我的眼睛很认真地点头，可是前两次都没能忍住，先是跑过来说几句话，然后就站在我身旁不愿离去！于是，我尽量固定直播的时间段，让他养成习惯，每天总是这个时间段见不到我！只要直播时他不来打扰，备课、批改作业的时间我就可以随机调整了。经过一周的训练，初见成效！我心里的那块石头终于落地了。后来直播时，二宝都是蹑手蹑脚地进屋，等我下课后，才问我：工作结束了吗？看着他肉肉的脸蛋，眨巴的眼睛，我内心不禁一阵悸动：谁说我三岁的儿子不懂事？我深深明白，高质量直播授课背后还有家人的倾情付出。

为了错开网络高峰期上课，张老师和我商定：每天上午 7：40 上数学直播课，每天下午 5：00 上语文直播课。但随之而来的便是语文晨读时间没有了！什么时候晨读？虽然假期里我每日勤奋地录制《论语》音频，和孩子们一起诵读，但是听他们读的效果却不是很理想！我急需每天宝贵的晨读时光！我首先想到的是让孩子们上午自己规划时间，找个时间段读了就行。过了两天，我在听学生的朗读作业时，发现孩子们朗读质量依然提不上去！我把困惑告诉家委会的成员，陈云洋妈妈帮我想了个办法：通过微信视频聊天功能一起朗读！但是，问题又来了，微信视频聊天只能容纳 9 人同时视频，可是，还有三个组已经达到了每组 10 人。于是，大家只能自己排班，有一个人单独读了直接把录制的视频发到读书小组群内。方式有了，时间确定不下来，每个读书小组朗读质量依然参差不齐。于是，我们规定晨读时间：每天早晨 7：30 之前完成半个小时的诵读。这次，全班晨读问题终于解决了。看似已经平静而走上正轨的晨读，其实，还是不断有新的小问题出现。于是，我们又制定了新的规则：采用领读制，谁领读，谁就负责截取照片，发起视频通话。我们的目标：没有最好，只有更好！

怎样有效批改反馈作业？作业发到各自读书小组微信群里，我批改时，因为加的微信群多，所以总是重复进入同一个小组，浪费时间。再加上，语文、数学、英语三科的作业都传到小组微信群内。三个科目的所有学生作业，光看看都觉得头晕，更别说高质量批改了。于是，我让家长传语文作业到诵读群，为了统计名单，我们实行接龙的方法统计完成作业的人数。但是，问题又来了，作业上传加上接龙，导致刷屏。而且批改作业很麻烦，总是要批改到凌晨一点多。看着我这么辛苦，家长们嘴上不说，但心里已经很着急了，他们了解我，又心疼我！于是，我收到了这样一条短信："分享给大家一个上传作业方便又不刷屏的快速办法。就是在右下角'我'的里面，找'收藏'，'收藏'里边点'笔记'，将图片和视频添加即可，这样既方便老师和小组长批改，也容易保存。"我认真学习，反复实践，和学生家长一再实验！最后发现我批改起来还是很不方便！看来，此路不通！

"……我和他爸爸都在家，我的工作不太忙，他爸爸也没事。你看有没有需要我们帮忙的？"刘士博妈妈发来热心请战信息。

何沁楚妈妈则是"霸道"地帮我统计了需要加分的诵读名单！什么都不说，家长们用实际行动鼓励着我在直播和网上批改作业的道路上前行！

2 月 12 日晚上，我又收到了高菲凡妈妈的信息："任老师，班级优化大师里面可以上传作业，这样看起来不乱，谁的哪一项作业没有完成一目了然，不知道批改方便不方便。""照片、音频、视频都可以上传，这样便于您统计哪项作业没有完成。""希望对您有效，看到您熬夜批改作业，我们做家长的也都希望可以帮上忙，辛苦了！"看到这里，我已泪目！和你们在一起真的很幸福！即使再累也值得。

我想：也许是我对孩子们和家长先设身处地着想，站在他们的角度考虑问题，才有了他们的回报吧！也许他们是怕我如此连轴转，要不了多久便会提前倒下吧！也许他们只是有些心疼我这个有两个孩子的妈妈吧！也许，还有许多也许吧……

以前，在学校里，整日面对的是孩子们，即使与家长接触也是通过孩子。但是，现在"宅"在家里，面对更多的是各位家长，有时与孩子们交流也是通过家长。或许，正是角色的转变，正是有了这些更多的接触机会，才让他们对老师的辛苦和良苦用心有了更深刻的体会吧！

“妈妈，快来！我要挨着你坐！”

“来！”我伸出手，任由他拉我到桌前，我的儿，好孩子，吃饭挨着我坐，已很满足！

柔软的小手握在掌心，像极了柔软的内心！

“饭，好香！”我夸赞。

其实我更想说：谢谢你们，我的朋友，我的同事，我的家人！谢谢你们做我坚强的后盾，给我力量！

有爱有力量，共谱新华章！

给孩子们的一封信

新乡市朗公庙镇中心学校　张艳霞

亲爱的孩子们：

见字如晤！

这场突如其来的新冠肺炎疫情打乱了我们正常的生活，2020 年 2 月 9 日我们未能如约开学，我们通过网络举行了一场特殊的线上升旗仪式，当看到你们一个个系着红领巾，面对屏幕庄严敬礼的画面时，老师特别感动，也特别想念你们，想念每一个纯真而又充满朝气的同学，所以老师拿起笔写下了这封信。

迄今为止我们已经进行了一个多月的网络在线学习。我们一起克服了许许多多的困难，从刚开始的混乱无序到现在的井然有序，从最初的一筹莫展到现在的逐渐熟练，我们一同在摸索中改进，在困惑中前行。还记得我们第一天的网课吗？真的是让我们手忙脚乱，网络太卡，直播平台进不去，一会儿看电视，一会儿看手机，一会儿试电脑，聊天群里消息不停，一天下来问题不断，大家焦头烂额，筋疲力尽。还好第二天我们一切都步入了正轨。回头想想，这又何尝不是给我们当时枯燥的居家生活的一点调味料呢？

网课开始之前，老师一直很担心，你们是否能自觉学习，认真听课。可是当我看到你们按时提交的作业，工整的字体，我为你们感到骄傲！孩子们，好习惯的养成会影响一个人的一生，你们能够自觉自律地去学习新知识，培养好习惯，在学习中不断地充实自己，老师期待早日能见到归校后优秀的你们。

不知道你们有没有关注每天的新闻，看到那不断上涨的确诊病例数字，真的很让人揪心；看到全国各地医护人员和志愿者立下战书纷纷奔赴武汉，又觉得很暖心；看到医护人员那由于长时间佩戴口罩而伤痕累累的脸颊，真的很让人心疼；听到医护人员因感染而离世的消息，也会热泪盈眶，感到惋惜……孩子们，在这可怕的病毒面前，生命是如此脆弱，一种看不见的病毒就夺去了上千人的生命，多么可怕！但，有人不“害怕”，他们是最美的逆行者。试问他们心中难道没有担忧，不感到害怕吗？他们和我们一样是普通人，也会担心，也有恐惧心理，但他们为何选择逆行，因为他们有责任心，勇挑重担，因为他们心中有大爱……正是有了他们，我们才能安心。孩子们，不知道你的梦想是不是成为像他们一样的人，但老师希望你们努力成为像他们一样有责任、有担当、不怕困难、勇往直前的人。

上学期我们学习了梁启超先生的《少年中国说》：“少年智则国智……少年强则国强……”孩子们，你们是祖国的未来，老师真心希望经历了这场疫情的你们能深刻感受到“国”的强大，“家”的意义，从心底感激、感恩我们身边那些守护人民的英雄，是他们为我们筑起了一道安全屏障，保护着我们的生命安全。因此，孩子们，我们要心存感恩，感谢那些无私奉献的逆行者们，以及辛苦劳作还要照顾我们的学习和生活的家人。

海明威说，生活总是让我们遍体鳞伤，但到后来，那些受伤的地方一定会变成我们最强壮的地方。相信我们在疫情期间吃过的苦，都会变成今后成长路上的小幸运。

祝

天天开心，快乐成长！

永远爱你们的老师

2020 年 4 月 7 日

我的“网”事直播历程

商丘市示范区中州周庄小学 张俞

春天来了，窗外传来几声小鸟悦耳的叫声，仿佛在提醒人们春耕开始了。

若是经年，我们早已在美丽的校园，张开双臂，热情拥抱每一个可爱的孩子了。教室里，也一定是书声琅琅，歌声悠扬；操场上，应该到处是风一样奔跑的少年。

可是，2020 年的这个春天，因为一场突如其来的疫情，人们纷纷把春光关在门外。在静默的校园里，一群意气风发的耕耘者正在这里集结。老师们要在延迟开学的日子里继续耕耘播种，在孩子们的心田播种爱，播种责任，播种知识、敬畏与信心，播下立德树人的种子，不负春光，不误时节，唯愿疫散春浓时，师生携手，共聚校园。

受疫情影响，我校积极响应上级部门“停课不停学”的要求，推迟学生返校，采用网上教学。我校教师在校领导的统筹安排下，兢兢业业，认真在家备好课，上好课，扎扎实实做到停课不停教，停课不停学。

我校兰永坤校长经过多方考察，第一时间确定人人通和钉钉网络平台作为我校课堂直播平台。

我们的教学模式由三尺讲台变为线上“主播”，我的搭班韩艳老师甚至转型为一名“客服”，尽管如此，我们忙得不亦乐乎，不知疲倦，因为我们知道屏幕那头等待我们的是可爱的孩子们……

第一次直播教学，不同于讲台上的讲课感受，由于面对的是未知情况，心里同样会紧张。为了能顺利完成第一次直播教学，我几天前就把教参的重难点、课后题、检测题抄写在纸上理思路。确定了教学内容，理清了教学环节就开始编写教案，虽然前几天就已经整理出一个大概的方案，还是忐忑着怕说错话出洋相，干脆把要说的话一字一句念出来录音，转成文字再复制到教案上。想想还是不放心，把字体都调大两个字号，重要内容字体调黑体，要说的话字体变红，白纸黑字最后变成了“彩色涂鸦”。不行！还是不放心，对着电脑念了又念，改了又改，最后把所有文字都用笔落在了纸上才终于踏实了。

我每天利用人人通、钉钉直播和微信群与孩子们交流作业中存在的问题，针对重难点等孩子们掌握不牢的情况，我也会在网上找一些题型和小视频发在微信群中让孩子们观看。孩子们在网络直播课上反而不紧张了，由之前课堂上的不敢举手回答问题到现在有问题就在钉钉上私信我，这也是一个意外收获。对于一些基础较弱的孩子，我则利用钉钉打卡进行计算能力和知识点巩固打卡，这样对于一部分孩子来说也减轻了他们的课业负担。

网络直播虽不失为一种前沿的教学方式，但也存在一些问题，如直播课期间老师无法确认学生是否在认真观看，课堂效率无法保证等。对于这些情况我也没有放任不管，课下积极与家长沟通，不断寻找解决办法。

以上是我个人线上教学那段时间的“网”事经历，很忙碌也很充实，同时也看到了我们周庄小学的老师为了学生也是尽自己最大的努力去行动、去摸索。最后我想说，广大教师也是一支招之即来、来之能战、战之必胜的强大队伍！

“疫”路同行

信阳市平桥区第一小学　袁登芳

2020年，注定是不平凡的一年，突如其来的新冠肺炎疫情席卷全球，疫情给各行各业造成了巨大影响。全国学校响应教育部“停课不停学”的号召，开启网课模式。在这场没有硝烟的战场上，教师们心系学生，用技术跨越障碍，用智慧引领学生，用勤奋书写特殊时期人民教师的担当。“停课不停学，停课不停研”工作之余，跟随中原名师李桂荣工作室一路网络研修，让我们收获一路的成长，采撷一路的芬芳。

一、个人分享篇

网络研修第一期的活动是曹卫振老师分享的《我的读书生活》。曹老师是我们本次研修班的班长，团队中尽管他年龄最小，却事事冲锋在前。他用切身感受讲述了自己读书成长的几个阶段：如何培养家人养成读书习惯，在班级中如何开展读书会，给孩子、给家长推荐图书，在家里如何营造阅读环境，如何引导孩子读书。曹老师讲自己的读书经历时，特别提到读书笔记的重要性，令我印象深刻。那一本本厚厚的笔记本，密密麻麻记录着他读书时的摘抄、批注、总结……在我看来那些像学生时代的读书笔记，在快餐式阅读充斥的今天显得弥足珍贵，从曹老师身上，我看到了“知行合一”的力量，看到了醉心读书的魅力。“读书笔记真正的灵魂不是一本书的内容你摘录了多少，而是阅读后你产生了多少自己的新想法，优秀的老师都是在日积月累中沉淀下来的。”向年轻的曹老师学习，静心阅读，积蓄力量。

网络研修第二期，张志华老师分享的《心向阳光，一路花开》，围绕“遇见美好的自己”主题，从大力描绘身心健康的同心圆、劲力按下内在成长的自主键、强力振动专业发展的双飞翼三个方面进行了交流。身体是革命的本钱，硬朗的身体，是丰盈内心的根基，张老师用阳光的心态诠释了“好身体是幸福生活、快乐工作的根本”，只有画好这个身心和谐发展的同心圆，才能遇见更美好的自己。我深以为然，很多教师在繁忙的工作中常常会忽略自己的身体，加上工作的各种压力容易产生焦虑，导致亚健康状态。而教师的健康不仅关系到教师个人，也关系到学生的身心健康。戴尔·卡耐基在《人性的弱点》中说：“我们的疲劳通常不是由于工作本身，而是由于忧虑、紧张和不快。”所以，从现在起坚持一项体育运动，拾起一项兴趣爱好，享受一抹阅读时光，保持终身学习，活成一道强烈而有力的光，照亮自己，才能照亮别人。

网络研修第三期，卢红云老师分享的《脚踏实地，仰望星空》，从教师幸福的流逝、对幸福的理解、成为幸福的教师三个方面，讲述了面对繁忙的工作如何才能做一名幸福的教师。对于这个被无数老师反复提及的话题，一位教育名家曾说过：“教师是一个容易让人心灵结茧和蒙尘的职业。”的确，不管这个社会赋予教师多么耀眼、多么高尚的光环，都无法掩盖常态工作中焦虑繁忙的事实。唯有读书自我调节心态，寻找忙碌日常中的幸福点。正如卢老师所说：“当我们为了一堂精彩而成功的课堂展示，让学生获得最大的收获和满足时，教育是幸福的；当我们为了解决学生的思想疙瘩，让学生重新融入学习时，教育是幸福的；当我们与学生在课堂上为探求知识而结伴同行时，教育是幸福的；当我们和学生一起在操场上锻炼、嬉戏时，教育是幸福的；当我们和学生在图书室一起陶醉于书香时，教育是幸福的；当我们和学生为了一道难题，共同协作、忘情攻克时，教育是幸福的……”

我想：幸福的教师就是把工作当成生活，当成一种修行，在成就学生的过程中实现自身的幸福。

第五期网络研修活动中，鲁慧霞老师分享了《空杯心态，做一个勇于学习的人》，鲁老师由空杯心态的起源谈到教师在职业生涯中，要带着空杯心态勇于学习。“越丰满的稻穗，头垂得越低，人也应当如此，要学会倒空自己，学会弯腰，敢于清零，勇于超越。空杯心态是破茧而出的蝴蝶，告别昔日的束缚，开始崭新的生命；空杯状态是冉冉升起的红日，告别了黑暗的禁锢，开始又一天的使命；空杯状态是展翅高飞的雄鹰，告别了曾经的荣耀，开始飞向更高的天空。只有时时清空心灵的沉淀，时时刷新自己，才能收获满意的人生。”鲁老师富有哲理的语言，开启了老师们思维的阀门，她用发人深省的故事，深入浅出地为我们诠释了学习的真谛。

工作十七八年，我常感到没有上升期，有时会有职业倦怠感，难以突破自己的瓶颈期，如何让自己时刻保持旺盛的生命力，归零的心态真的很重要，昨天的成绩永远不能代替明天的功劳。所幸，我选择了教师这个终身需要学习的职业。职业的要求让我们对课堂心存敬畏，不敢有丝毫放松懈怠。学无止境，人生唯有学习不可被辜负。

第七期网络研修主题是《跟着闫学老师学散文》，付荣华老师从闫学老师的《上一节高阶阅读课》说起。从简介书籍《上一节高阶阅读课》、文章《我的伯父鲁迅先生》，闫学老师的文本解读与教学设想，课堂现场、名家点评及简谈对小学写人散文教学的认识六个方面阐述了自己的阅读思考，“学而不思则罔，思而不学则殆”，付老师在学习中研究，在研究中总结，理论联系实际，由书中闫学老师的课例内化迁移到同类型散文的教学方法：通读课文理思路，抓住事例识人物，拓宽路径求立体，读写结合习方法，等等，极富有创造力。

网络研修第九期，方媛媛老师结合自己的成长历程，解读她心目中的《教师人生与情怀》。分享了自己在业余时间是怎样通过阅读、练习书法、学习茶艺和插花来丰盈、提升自己的，她认为诗意地栖居是对教师情怀最好的诠释，教师只有热爱生活，善于发现生活中诗情画意的美，才能做到心有书香眼里有光。她提到自己的恩师于永正的课堂，提到苏霍姆林斯基的教育观，提到杨绛的读书观，……学习是教师终身的必修课，教师的文化素养决定未来学生学习的高度。张志华老师点评时，谈到陶行知先生的四问：“我们的身体有没有进步?”“我们的道德有没有进步?”“我们的学问有没有进步?”“我们的工作有没有进步?”再次把研修引向思考的纵深处。“……要沉下心向名师学习，向大家学习，做追求卓越的教师，一路向前，永不止步!”李桂荣老师的激励再次坚定了我们一路前行的力量。

第十一期网络研修的主题是《走近鲁迅》，司培宁老师现场朗读了几篇鲁迅的文章，悦耳舒缓的声音令人陶醉其中。她从女性的角度解读了鲁迅的有情有义，让大家对鲁迅有了全新认知。世人之所以对鲁迅的评价褒贬不一，是因为每个人的经历、喜好、观念不同。正如一千个读者就有一千个哈姆雷特一样，很多时候每个人的阅历不同，很难对别人的经历感同身受。我小时候不喜欢鲁迅是因为看不懂他的文章，看懂鲁迅时已是人到中年。鲁迅的作品文笔犀利，喜用幽默式讽刺，内涵极深，需细细品味才能感受他内心海洋般的深邃，他的作品中既有爱憎分明的个性展现，又有许多对现实的无奈。鲁迅冷眼看世界，是因为他看得通透，看得明白，强烈的民族责任感驱使他用手中的笔写下有力的文字，以唤醒当时沉睡的国人，不愧是万人敬仰的一代文豪！司老师腹有诗书气自华，精彩的分享让我们再次走近了鲁迅，重温了那些不朽的经典！

二、线上教学篇

网络研修第四期，孙利革老师及时梳理总结的《线上教学如何更高效》，从自身做法中提炼的经验分享，解决了老师们线上教学的困惑，为老师们线上教学提供了具体可行的方法。

首先，孙老师给班里的每个学生编号，课前、课中以及课堂结束后利用答题板签到，并逐一检查学生的听课笔记，对个别“漏网之鱼”进行电话联系，实时追踪他们的学习情况和作业完成情况，保证每个学生都能参与听课。其次，把握好课堂这条主线。上课是线上教学的关键，上好课的前提就是精心备课。孙老师通过课前充分备课，并及时了解学生的预习情况后，在课堂上有针对性地创建多种学习活动吸引学生注意力，比如“错字巧识记”“分角色朗读”“评选学习之星”“听课小能手”等活动，不断激发学生内生动力，为学生种下思维的种子。接着，做到作业每天精准跟踪。在坚守课堂这个“前线阵地”的同时，还要兼顾作业这一“大后方”。孙老师每天细致检查班内每个学生的电子版作业，逐一点评，及时反馈，人人过关。最后，孙老师提出要让阶段性总结和表扬成为润滑剂。孙老师每周评选“作业书写标兵”“最佳组织奖”，进行阶段性总结，还通过单元测试了解学生学习情况，逐一对学生的试卷进行圈点批改、汇总、讲评。通过这样的激励措施让学生不断进步。

“以铜为镜，可以正衣冠；……以人为镜，可以明得失”，学习孙老师的同时，也是内省提升自己的过程。全新的网络教学方式带给老师们太多的困惑，我想：凡事多去寻找解决问题的办法，总能拨开迷雾见云开。

网络研修第六期，尚淑丽老师的《小课程，大文章》以“润心”课程三部曲为中心，为学生自律助力。此外，尚老师创造性地开发课程，如宅家课程、体验课程、鉴赏课程，把疫情当教材，适时抓住教育契机，在活动中培养学生的多种能力。

第一部曲：抓住特别事件。利用疫情“这本教材”，引导孩子讲讲抗疫英雄的故事，举办“×××，我想对你说”征文大赛，来激发孩子们要有责任担当，居家不出门、好好学习就是疫情期间对国家最大的贡献。第二部曲：抓住特别形式。以徐校长给全校4000多名孩子写了一封信——《自律是孩子成长最好的疫苗》，同学们写回信为契机开展征文活动。第三部曲：抓住特别节日。在特殊时期的三八妇女节，和妈妈聊聊心里话，在感动中明白如何做到自律回报妈妈。“润心”课程三部曲，抓住不同时机让孩子讲一讲、写一写、聊一聊，增强了孩子们的自律性。

利用学校开设的不同学科的课程，尚老师将其融入线上教学。在孩子们一节课学累时，为孩子们推荐由音乐老师编排的“口罩歌”、体育老师编排的足球操、美术老师推荐的剪纸活动、英语老师推荐的双语故事、科学老师推荐的小实验……通过活动引导学生积累生活素材，拓展语文实践的空间，让学生们多积累、多运用。所以，尚老师能够留心生活的每一次时机，灵活地将之变为活学活用的教学素材，节日篇、美食篇、种植篇、小小解说家……居家期间正是学生有大量时间去阅读的机会。尚老师以学校推出的“校长杯学习标兵——鉴赏小达人”的评比活动为出发点，推荐学生阅读中国名著并学会鉴赏。

小课程里浓缩的是满满的教育智慧，每一次精心设计的活动都能给学生方法上的指导。学生的作品不仅画面精美，而且有思想、有深度，学生综合素养的提升源于老师潜移默化的用心引导。

网络研修第八期，王利老师做了题目为《茁壮》的分享。王老师以时间为轴，以“雏鹰争章”的形式，分享了班级“停课不停学”期间的美好时光。如争做值日小班长，争做直播小助教，争做鉴赏小达人，争做“种植小仙子”，争做“手工小精灵”，争做“健康小天使”，等等。争强好胜是小学生的天性，老师抓住学生的年龄及心理特点，通过开展丰富多彩的活动，让学生在活动中乐此不疲。

不禁使我想起了李烈校长提出的“双主体育人”：学生是学习活动的主体，教师是教育工作的主体，两个主体在不同的层面通过自育、互育，协调互动共同成长。王老师在班级开展的“八争”活动，就是充分让学生在参与中求体验，在体验中求发展。为王老师的教学谋略和智慧点赞！而王老师在其间有扶有放，有爱有光，从学生录制的小视频，制作的美篇文件，完成的思维导图……都可窥见一斑！所以学生种出的第一颗草莓首先想到的是送给王老师。我们常说父母与子女是人生的一场修行。其实老师和学生更是教育的一场修行，需要彼此成就，以爱育爱！

网络研修第十期，李玉萍老师分享的专题是《精耕细作待花开，守得云开见明月》，从课前准备、线上教学、线下作业、家校携手翔实分享了如何通过网络教学精耕细作，让老师、学生和家长都能守得云开见月明。李老师是全国模范教师，有几十年的从教经验，为一节预习课她录制了十几遍，一张 PPT 反复试讲，自己讲给自己听，讲完看回放，经常忙到凌晨四点却浑然不知，在已知天命的年龄，李老师这种精益求精的执着劲，怎不令人肃然起敬！李老师还将线下作业的目标直指学生核心素养的全面提升，遵循趣味化、学科化、生活化、综合实践等多种原则，精心布置一些游戏类、实践类、综合类作业。创新开展读写活动，诗词鉴赏擂台赛、每日晨读、书法大赛、征文比赛、汉字听写大赛……调动学生的多种感官，学生乐此不疲，学而不厌，李老师也享受着诲人不倦的快乐。定期微信视频会、钉钉直播家长会、家长育儿交流会等倾情付出换来家长的尊重和褒奖，家校携手打通最后一公里，促使学生居家学习步入快车道。可敬可亲！

三、专业提升篇

“烁玉流金共读会”——《第 56 号教室的奇迹》是中原名师李桂荣工作室推出的音频共读活动，看似简单，实则需要下功夫。每一期推送的音频折射出朗读者对所读章节的深度理解力，第一次尝试录音发现自己有好多需要学习的地方，好在前几期录制的小伙伴都能及时分享经验，使后面各章节录音少走许多弯路，大家抱团取暖的感觉真好！“三人行，必有我师”，团队力量的强大在活动中凸显成效。王淑兰老师、张俞老师、陆俊老师的主持大方得体，熊志晗老师、赵娟老师、李晓霞老师的点评金句连连，一路同行的老师有太多值得我学习的地方，感谢一路上有你们的陪伴！

研修期间，李桂荣老师及濮阳市实验小学的大爱情怀再次令我感动。李老师是这个团队的良师，更是益友，她说工作室就是为每位教师提供交流历练、提升成长的平台。所以，每周她尽可能多渠道地推送优质的教学资源组织大家学习研讨，在交流碰撞中每个人都能找到心灵的共鸣，每周工作室分享的研修课程已成为我们最期待的必修课。自 2019 年 10 月跟岗研修至今，濮阳市实验小学的教师们给我留下深刻印象，从学校推出的各项活动中，我能深切感受到水韵实小的魅力，无论是学校的顶层设计团队，还是一线教师，那份用心、用情做教育的执着精神，都值得兄弟学校潜心学习。

回顾每期网络研修活动，至今仍历历在目，内容丰富多样，过程策划精细，人人都有分工，不拘泥于形式，每周都有新内容。每期活动都能触及内心深处，干货满满！每次活动后，李老师的总结提升常会让人有种醍醐灌顶之感。我切实感受到这个团队里的每一个小伙伴都在李老师一路引领下拔节向上生长着，蜕变着……“一个人可以走得很快，但一群人可以走得更远！”很庆幸可以跟随李老师的团队向着光亮那方前行，感谢一路有您！

教学

探索课堂篇

写一手好字，绘精彩人生

濮阳市实验小学　宋彦菊

汉字是中华民族的骄傲，那一撇一捺都承载着中华民族深厚的历史底蕴。作为一个中国人，写好汉字是我们的责任，也是一种文化自信。

《教育部关于在中小学加强写字教学的若干意见》指出：规范、端正、整洁地书写汉字是有效进行书面交流的基本保证，是学生学习语文和其他课程，形成终身学习能力的基础；热爱祖国文字，养成良好的写字习惯，具备熟练的写字技能，并有初步的书法欣赏能力是现代中国公民应有的基本素养，也是基础教育课程的目标之一。

我们常说“字如其人”“字是人的第二张脸”。的确，一手好字，能给人赏心悦目之感；一手好字，能透出一个人的内在气韵。

把字写得正确、端正，书面整洁，并有一定的书写速度，养成良好的写字习惯，是每个小学生必须具备的基本素质。能写出一手漂亮的字，是一个人基本素质的体现，更有利于学习、工作和交际。

所谓“正确”，就是写得对。要求字形规范，按照笔顺规则写字，不增减笔画，字的形状和部件的位置不变。这是最基本的要求。“端正”就是写得好。要在写得正确的基础上，把字写得笔画工整，结构匀称，间架适度，字迹清楚；一行字、几行字要写得行款整齐。“整洁”指的是纸面平整、干净，没有乱涂乱画，纸面不折角。“有一定的书写速度”指在正确、端正的基础上，写得比较熟练，能在规定的时间里认真完成作业。这是较高的要求。“养成良好的写字习惯”包括认真的书写态度，正确的执笔方法和写字姿势，爱护并正确使用文具、注意卫生等良好的习惯。

作为语文老师，我们更明白，学生能写一手规范的汉字有多重要。因此，无论哪个年级，都应该重视学生的书写。下面结合自身的教学实际，跟大家聊聊作为语文老师，我对写字教学的一些做法和感悟。

低年级

写字是小学低年级教学的重点，也是难点。《义务教育语文课程标准》（2022 年版）对第一学段的写字要求如下：

掌握汉字的基本笔画和常用的偏旁部首，能按笔顺规则用硬笔写字，注意间架结构，初步感受汉字的形体美。努力养成良好的写字习惯，写字姿势正确，书写规范、端正、整洁。

对于低年级写字教学，有几个关键词不能忽视：基本笔画、笔顺规则、写字姿势、规范、端正、整洁。学生只有熟练掌握基本笔画的写法，以正确的写字姿势按照笔顺规则去写，才能把字写得规范、端正、整洁。现在中考、高考甚至小学毕业年级的学业水平测试都已是网上阅卷，提高学生的书写质量更显得迫在眉睫。

这两年教低年级学段，我很重视学生的书写，下面就我的几点看法和做法与大家分享。

一、笔画特点观察细

每一个字都由基本笔画构成，写好字的基础是写好笔画。常用汉字几千个，笔画写好最关键。写好一个字，就要写好它的每一个基本笔画。而每一个笔画都须经历起笔、运笔、收笔几个过程。在一年级语文教学中，在认识基本笔画的同时，还应该对学生进行严格的笔画指导，让学生打下扎实的基本功，为今后的写字教学奠定坚实的基础。

汉字中有六种单线条的基本笔画：横、竖、撇、捺、点、提。

横：横要上斜 5°至 10°；两个或两个以上的横画要平行。写字过程中除了让学生知道横画，还要分清短横、中横和长横。

竖：一定要垂直，不能有任何弯度。竖一般分为垂露竖和悬针竖，垂露竖要收笔，悬针竖要出尖。

撇：有斜撇、竖撇、平撇之分。

捺：分清斜捺和平捺，斜捺一般45°倾斜。

点：一般分为左点、右点（如“小”的左右两点）、长点（如“头”的最后一笔）。

提：有斜提和平提之分，大多情况是斜提，在“虫”里是平提。

我总结的这六种基本笔画的书写特点是：横平，竖直，撇出尖，捺有脚，点圆润，提出锋。

除了这六种基本的单线条笔画外，汉字里还有一些多线条笔画，都需要书写规范，比如：横折、竖折、竖弯、弯钩、斜钩、卧钩、撇折、撇点、横撇、横钩、竖提、横折钩、横折弯钩、横折折撇、横撇弯钩、竖折折钩、竖折撇。

二、基本结构明于心

要写好汉字，就要把汉字的基本结构明了于心。

尽管汉字纷繁复杂，但基本结构规律可以概括为：正、匀、中宫紧凑、收放有致。

正，就是要把字写得端正。这是最基本，也是最重要的要求。我们都知道字要写得横平竖直。其实，平，不是水平，而是右上大约10°左右稍斜的平。竖直却有多种变化。一个字中间的竖画一定要写直，因为这个笔画影响着字的端正，如：中、来、水、半；如果竖画在字的两边，竖画是可以略微倾斜的，边竖略斜有规律，左倾右斜如凳腿，如所有“门字框”的字；但需封口的横竖，则需向内倾斜，如：口、田、典等。偏斜结构的字，则需偏中求正，如“勿”，只有折下来的竖画左斜才能写得端正。上下结构的字，上下两部分的重心要在一条垂线上，保证上下对正，字才端正。总而言之，要写得正，就要做到横平竖直，偏中求正，斜中求正，上下对正。

匀，就是把笔画写匀。笔画写匀，字才美观。所谓写匀，就是相同笔画之间的距离均等。横画多的字，横画写匀，如：言、其、重、事等；竖画多的字，竖画写匀，如：山、而、侧、顾等；撇画多的字，撇画写匀，如：须、彩、勿、多等。有时知道要写匀，却常常难以做到，如“青”，有六横，很多人书写的时候，常常是上面的横写得很疏，而下面的横画写得太密，难以写匀。再如“勿”，要写匀就更难，难在横折钩要取斜势，撇画要与之平行，并且匀分。

中宫紧凑。中宫，指字的重心部分。汉字是按照不同的结构组合笔画的，书写时需围绕重心安排笔画，做到中宫紧凑。再说“青”字，它的中宫在上部，怎样体现中宫紧凑呢？上面的三横一定要写密，月部显得窄长，这样中宫就紧了。字形如同模特的身材，上身短下身长，这样的身材才美；否则字形如武大郎的身材，不符合美的规律。“博”字，中宫在字的右上部，怎样体现中宫紧凑？就要做到边竖内收。对于左右结构的字来说，中间部分要穿插避让，就是为了求得中宫紧凑。掌握了中宫紧凑的规律，就可以把字写得结实而不松散。

收放有致。笔画通过收放产生宽窄、高低、疏密的对比，从而使字看起来更美观。收放有致的特点在很多字里都有体现。横画、竖画、撇画多的字，都讲究有收有放，最长的横画，最长的竖画，最长的撇画在一个字里都只能有一个，而且必须明显。比如“我、成”，这两个字都有一个共同的特点，都是左收右放，而“相、和”都是左放右收。“官、容、安”虽然都有宝盖头，但是收放情况并不一样，“官”是上放下收，“容、安”是上收下放。总的说来，收放有致，就是主要的笔画要放，次要的笔画要收；中宫的笔画要收，外围的笔画要放。掌握了收放的规律，我们就可以把字写得舒展而饱满。

三、培养写字好习惯

《义务教育语文课程标准》（2022 年版）教学提示指出：“应重视学生的写字姿势，引导学生掌握基本的书写技能，养成良好的书写习惯。”从这个意义上也可以说，要指导学生写一手端端正正的字，也就是要培养学生良好的写字习惯。让孩子真正做到“提笔即是练字时，练字不忘好姿势”。低年级学生年龄小，自控力较差，注意力集中时间短。所以，学生提笔写字前要用好准备口令：调整——凳子，双脚——放平，身板——挺起，眼睛——一尺，胸部——一拳，笔尖——一寸，看仔细——再动笔。

尽管教师一再强调，可是，因为学生还没有学会分配自己的注意力，往往出现集中注意力写好字就不注意自己的写字姿势的现象。所以，学生写字时教师要不停地巡视，用适当的语言和动作鼓励学生把字写好。比如对写字能力较强的学生及时给予表扬，在受到表扬后会增强自信心，写字也会更认真；对写字时急躁、不停使用橡皮的学生可以轻抚他们的头，温和轻声地提醒他们不要急躁；对写字能力差的学生还应该个别指导。

四、示范指导效果优

一年级学生是学习写字的起始阶段，此时，教师的示范指导及时跟进，学生的书写质量才能得以保证。教学时，一定要遵循先入为主的原则，在学生提笔与要写的汉字第一次相见时，就让学生观察并感受汉字错落有致的结构美、笔画穿插谦让的和谐美，使学生对汉字产生无限的好奇和敬畏之心。

课堂上，我习惯于加大示范书写力度：一边在田字格里示范，一边做重要笔画的提醒。孩子们观察着老师书写的动作，模仿着起笔、行笔、收笔的过程，倾听着老师耐心的指导，感受着笔画的轻重缓急，匀称协调，然后再去临写，很多孩子写的也就有模有样了。这就要求我们语文老师练就一手规范、美观的粉笔字，以身示范，指导学生写好字，而不能用展示的写字课件代替教师的板书示范。

在示范指导的过程中，要做到“三加强”。一是要加强独体字的指导与训练，定准主笔。定准主笔，字的笔画位置就容易摆布。教学时，要注意引导学生认准并定准主笔，摆布好副笔，做到疏而不空，重心平稳。二是要加强偏旁部首的教学，揭示规律。偏旁部首大多是从独体字演变过来的，它直接影响到整个字的结构和重心。要注意提示学生独体字做偏旁部首时末笔的变化。三是要加强合体字的教学，把握部件的比例。要注意指导学生把握上下、左右、上中下、左中右、全包围、半包围等结构的合体字各部件的大致比例，交代清楚每个部件的高矮胖瘦、部件之间的穿插避让，使学生的书写比例恰当、穿插合理、避让得法、匀称美观，并能够举一反三，触类旁通。逐步过渡到学生丢了老师这根示范书写的拐杖，依然能通过学到的写字方法写好汉字。

五、表扬、鼓励激发学习热情

即使教师的指导挺到位，因学生之间的差异真实存在，有的学生观察感悟力强，模仿起来像模像样，有的学生这方面的能力相对较弱，还有的孩子可能会在听课的过程中开一会儿小差，书写时就达不到我们的要求。这时候，就需要教师的激励措施及时跟进。学生写字时，教师要走到学生中间逐个检查，挨个指导鼓励进步的孩子，表扬写得好的孩子。这一过程中，重点关注平时写得不太规范的孩子，哪怕他们只有一个字写好了，也及时给予肯定，对于写得不到位的字，就进行一对一的指导。一是再进行单独示范让学生观察，二是把着学生的手书写。此外，把写得好的和进步较大的作业用视频展台进行全班展示，鼓励孩子把字写得一个比一个好，一次比一次棒，树立孩子写字的信心。

小学生天性好胜，“好表扬”是其重要心理特点，表扬是鼓励他们学习的重要手段，成功的喜悦往往能带给他们无穷的力量。在写字教学中，教师就要捕捉、赏识他们的闪光点，尽可能运用表扬的武器，充分肯定，热情鼓励，挖掘其身上的潜能，使其不断体验到写好字的喜悦，从而把字写得更好。

中高年级

因为写字是小学低年级学段的教学重点，老师们普遍比较重视。等学生上了三年级后，会习惯性地认为学生已经初步具备了独立识字写字的能力，教学重点就要由识字写字转移为阅读和习作。但这里说的是教学重点的“转移”，并不是说识字写字就可以完全放手给学生。特别是中年级学段，识字和写字量都很大，如何在有限的时间内指导学生写好字，仍需要引起老师们的重视。

记得前几年我送走毕业班后，接过一个四年级，一开始还真有点不太习惯。和毕业年级的学生相比，四年级的学生书写速度慢，字体不是很规范，记课堂笔记时很多字不会写。但静下来想想，这就是四年级的正常情况，说是四年级，其实刚从三年级上来，还停留在三年级的水平，无论是识字量还是写字量都还不够，手的发育还不完全，写字速度慢也是正常的。

可是，四年级的语文教学，不允许我们在识字写字上占用过多时间，毕竟阅读和习作是更重要的。怎样解决这一矛盾呢？此时，窦桂梅老师带领清华附小的老师们编著的《小学语文质量目标指南》进入了我的视野。这套书最大的一个亮点就是具有明确的学科质量目标体系，即“一手好汉字”“一流好口才”和“一篇好文章”。我急切地翻开“四年级目标指南”寻找“一手好汉字”部分，看看窦老师是如何定义四年级写字目标的，我又该朝哪个方向努力。

质量目标：我们小学阶段，“一手好汉字”的总目标归纳为“正确、规范、美观”。在兼顾这三个目标的基础上，四年级侧重“正确”和“规范”，渗透“美观”。

“正确、规范、美观”是整个小学阶段对写字教学的总目标，对于四年级的孩子来说，是应该有所侧重的，既不能降低目标，也不能过度拔高，“正确”和“规范”是重点，“美观”适当兼顾即可。

所谓“正确”，就是读准字音，认清字形，能正确书写。而写字的“规范”需要注意以下两点：

（1）在横格里书写，做到横平竖直，笔画规范，字体大方，字迹清晰；能正确使用修改符号修改错误，不使用涂改液或胶条；错字率应低于2%。

（2）学习用钢笔写字，写字速度至少能达到每分钟15个字。

回想学生写语文作业，基本上是在田字格里写生字，在方格里写作文，在横格本里书写得比较少，因此，学生遇到试卷上在横格里书写时，有的做不到行款整齐，有的字间距过大或过小，整体看来就不够好看。看来我们应该教学生在横格里写作业。还有写字速度每分钟至少达到15字，有部分学生也达不到。我发现这些学生在抄写时要么是一个字看一眼，甚至一个字就要看几眼才能写下来，还不能做到看一个词或一个短语然后完整地写下来，看似不起眼的多看几眼，实际上无形中就浪费了很多时间。

这是我们提高学生写字速度需要特别注意的。

再说说写字的“美观”：

帮助学生养成认真的书写习惯，尽量把每一个字写得正确、规范，做到横平、竖直、点顿、撇有尖、捺有脚、折有角、弯要圆、钩要尖，结构协调，布局合理，笔法有轻重缓急变化，稳定。使学生熟练把握合体字各部件的比例，注意每个部件的高矮胖瘦，部件之间的穿、插、挪、让。

“美观”的这一目标有点高，四年级的孩子也许一时半会儿达不到，但我们应该指导孩子朝着这一目标前进，为小学高年级达到这一目标奠定基础。

现在学生写字时出现的最大问题就是学过的字不会写，同音字张冠李戴，字体不规范，还有执笔姿势或写字姿势不正确。

针对这些情况，我从以下几个方面加强了指导。

（1）指导学生对于同音字，借助字理、自编口诀，巧妙而准确地理解字的意思或者出处，降低了错误率。

（2）和数学建立错题本一样，建立错字本，指导学生分辨字形，分辨易错字的重要笔画并写在错字本上。

（3）引导学生加强课外阅读，在大量阅读中反复识字。其实，识字和认人是相同的道理：有的人和陌生人见一面就能记住，有的人需要多见几次才能记住。学生认字也是这样，有的学生在学习课文中就能记住新字，而有的学生就需要在其他地方多见几次才能记住。如果学生能养成良好的课外阅读习惯，就能在阅读过程中时常见到学过的生字，见面的次数多了，就能记住它了。

（4）引导学生全部用汉字写作业，不使用拼音，遇到不会写的字养成勤查字典的习惯。

（5）指导学生熟练掌握偏旁、部首的笔顺和写法，以及它们在字中的搭配关系，做细心的老师，及时纠正学生出现的问题，特别是一对一，个别指导纠正。

（6）和家长建立督导联盟，每次写作业，都要关注孩子姿势是否正确。如果孩子姿势还不能一直保持规范，每隔几分钟就提醒一次，从而使其形成正确的写字姿势，养成良好的书写习惯。

（7）充分利用“实物展台”，展示优秀的作业，树立班内榜样，形成比学赶超的氛围。

因为有了明确的写字目标，再加上随时随地的细心指导，一个学期过后，学生的书写就有了明显的提升。

写字教学在语文教学中占有举足轻重的地位，指导学生写一手好字是语文老师的职责。只要方法得当，常抓不懈，学生的书写能力一定能稳步提高。

小学低年级绘本阅读教学模式初探

鹤壁市淇县前进小学　杨艳云

阅读一直是小学语文教学的核心。《义务教育语文课程标准》（2022年版）对低年级学生的阅读提出了明确要求：第一学段阅读总量不少于5万字。喜欢阅读，感受阅读的乐趣。借助读物中的图画阅读。阅读浅近的童话、寓言、故事，向往美好的情境，关心自然和生命。

曹文轩曾说过：“文学一开始就是满足人们感情需要的。”绘本是儿童早期阅读的最佳读物，它绘制精美，文学性和艺术性都非常强，图画充满童趣，用独特的图画语言讲述故事娓娓道来；文字精练，语言风趣，用简短的文字勾勒出一个个跌宕起伏的故事。绘本阅读非常符合孩子们的天性，符合低幼年级孩子的语言习惯和成长需要，已成为全世界儿童阅读的时尚，并逐步被纳入小学语文课程体系。我们很快发现，当绘本进入我们小学低年级课堂时，学生真是对绘本一见倾心，二见钟情。

我们创建的“悦读乐成长”绘本阅读五环节教学模式，是以尊重学生生命成长为理念，将绘本自身的特质与低年级儿童成长规律相结合，建立丰富的儿童生命成长的链接，以儿童的视角为立足点，以激发阅读兴趣为主导，以扩大阅读视野、增加阅读量为目的。在绘本阅读中，丰富儿童的心灵世界，强化儿童的阅读感受，不断积累，珍视体验，在思想的交流与碰撞中促进儿童成长，享受生命成长的乐趣。

本教学模式共分为五个环节，即：

读图导课，激发兴趣 → 观察插图，放飞想象 → 图文共享，悟趣明理 → 创意表达，提升素养 → 拓展阅读，滋养生命流程简介如下。

一、读图导课，激发兴趣

封面犹如绘本的眼睛，透过这本书的“眼睛”，可以捕捉到许多信息，比如：故事的主人公、作者、译者、出版社等。这个环节我们教师可以利用这些有价值的信息，让学生从观察封面中的文字、图画入手，加上教师声情并茂的导课和对封面内容的提问，最大限度地激发学生阅读兴趣和阅读欲望，在学生心里种下一颗美丽的阅读种子。

如《逃家小兔》这本书的封面上两只兔子在草丛里对望，好像在说些什么。教师让学生先仔细观察封面上的信息，紧接着问：“猜一猜，这对小兔子在说什么？是谁要逃？为什么要逃？它们又要逃到哪里呢？”这样的提问迅速调动了学生的兴趣，也使课堂更加生动有趣。

二、观察插图，放飞想象

（一）感受环衬，激发阅读欲望

环衬是封面、封底与书芯之间的一张衬页，书芯之后还有一面裱贴于封底里之上，这就是前后环衬，又被称为蝴蝶页，它的颜色、图画通常和故事息息相关，能够升华故事的主题，在阅读中绝不可以一带而过。此环节，一定要重视让孩子观察环衬画面，激发其想象力，让孩子体会绘本所表达的主题。

例如：《蚯蚓的日记》的环衬上印有蚯蚓在不同时期的照片，有第一天上学时的留影，有和家人、好朋友的合影，还有自己的成绩单和教师的评语等，孩子们结合环衬进行想象，好像看到了小蚯蚓的成长记录，虽然还没有开始阅读故事，但已经被这些可爱的画面深深地吸引住了。

（二）品味扉页，开启故事之门

翻过环衬之后，便看到了扉页，扉页上一般写着书名、作者、绘者、译者和出版社等信息，扉页不仅是通往正文的一扇门，往往还会把主人公展示给读者，甚至还会讲故事。因此教师一定要引导学生仔细观察扉页，观察的同时结合教师巧妙的提问，开启学生的想象之门，激活学生思维，让学生对正文的阅读充满期待。

例如：《猜猜我有多爱你》的扉页后面，紧接着是一个跨页。在扉页上，作者画了一只小兔子骑在一只大兔子的脖子上。教师可以问孩子观察到了什么。其实这时的大兔子是不动的，并且大兔子和小兔子的头都望着书外，老师问："他们在看谁，又在说些什么呢？"当翻过扉页，孩子们会观察到三幅小图——大兔子背着小兔子抬起了后腿、准备起跳、猛地往斜上方一蹿……"这一跳，两只兔子跳到哪里了呢？"这富有动感的画面把学生的视线牢牢地锁住，这时再开启正文的阅读，想不深入思考、想不看下去都难。

三、图文共享，悟趣明理

（一）指导读图，体会意象之美

图画是绘本的灵魂。许多绘本的图画都是由世界著名的漫画家、插图家所画，无论是颜色的搭配、线条的运用、空间的布局还是绘画的技巧，都给人以美的享受。孟纪军也指出："每个孩子都是读图的天才，读图其实就是读心的过程，眼看、耳闻、心想，感同身受，给人一种直抵心灵的温暖与感动。"只要故事在图画上表现出来，那么学生的眼睛就会发现它们，他们能发现画家没有发现的破绽，能读出成人料想不到的意思。

此环节教师授课时应注意以下几点。

1. 培养有序观察能力

仔细观察是感知图画的基础，只有了解图画内容以后，才能以图片内容为想象支点带动思维进行表达。教师引导学生学习正确看图的顺序，即从上到下、从左到右或者从中央到四周，按照一定的顺序大致了解图画的主要内容，再让学生自主观察，发现图画的时间、地点、人物、事件。当学生弄清楚并有了自己的想法以后，再出示正文部分，这样在潜移默化中培养孩子有序观察图画的能力。

2. 注重观察细微之处

图画中的细节虽不太引人注意，却蕴含着独特的价值，对凸显绘本的内涵起着关键性的作用，比如色彩的变化、反复出现的事物、细致描绘的细节……如在《爷爷一定有办法》一书中，随着观察约瑟的小毯子的变化，老鼠一家在使用布料的过程中也在发生着不同的变化，还可以观察约瑟的纽扣掉在了哪里，等等。

在这个环节中，应尊重每个孩子观察时的不同感受，这样绘本阅读才能最大限度地调动学生的阅读兴趣，激活孩子的潜能和灵性，让孩子享受阅读的快乐。

（二）咀嚼语言，感受文字魅力

每一本优秀的绘本都不是简单的图画+文字，而是图画×文字。绘本的每一幅图画都能给读者以艺术享受和美学陶冶，而文字则充分显示了作家的文学功力，表达了作者丰富的情感。其中，文字的大小、形态、色彩、位置等布局的编排，也处处体现着作者的独特用意。

叶圣陶先生认为："语文教师教语言要注意培养学生正确的敏锐的语感。"教学时师生共同赏析绘本文字，在师生共读、教师引读、看图讲述、故事接龙等过程中，在多种形式的学习中，让学生感受语言的魅力，可以采用模仿、表达、表演、积累等形式，锻炼并提高学生的语言表达能力。

（三）大胆猜想，擦亮思维火花

绘本在给孩子们讲述故事的同时，那些简单明了的文字内容和温馨、细腻的画面，有助于丰富孩子的想象力，并结合他们的想象力来遐想文字和图画之外的东西。教师要积极鼓励孩子认真阅读绘本中的图画和文字，边阅读边猜想后面将要发生的故事，教学时不要把故事情节一股脑儿和盘托出，而要引导孩子们关注图画背后发生的故事，积极鼓励和引导他们参与到故事情节推演和猜想中去，让故事情节在孩子们丰富的想象中实现最终的衔接和连贯。

例如：《我有友情要出租》中，教师要求学生寻找图画中的动物，或观察大猩猩面部的表情，根据表情的变化来鼓励学生猜测它们的心理活动，进而猜测故事的发展和结局，这样既能丰富情节，又能深化主题，强化学生的阅读体验。

（四）感知内涵，陶冶美好情操

绘本的价值和魅力在于它没有教条，却能满足孩子的成长需要；没有一丝说理，却能启发孩子深入思考；没有一点喧闹，却能激起孩子会心一笑；在绘本阅读中让"孩子像个孩子"。这里提到的感知不是智力先行，而是让活跃的五官先发挥作用。教师轻松地讲述，在不经意间让学生领悟，这才是绘本给予阅读最重要的资源。

本环节教师用自己富有感染力的声音、真挚的情感给学生们讲述故事，学生随着教师的不断讲读，逐步深入故事情节，然后结合自己的生活实际和情感体验，理解故事中深刻的人文内涵。绘本包含不同题材充满童趣的故事，轻轻捧起，慢慢读来，有利于塑造学生形成真善美的理想人格。

例如：在《彩虹色的花》一书阅读结束时，学生一致认为这朵彩虹色的花早已不仅仅是外表漂亮，它更是一朵乐于助人、心地善良、无私奉献的花，它的这种精神正像书中那个光芒万丈的太阳一样永远温暖着孩子们的身心，照亮他们成长的道路。这样，在轻松愉快的阅读中，至善的人格逐步形成。

（五）解读封底，延续未了之意

合上绘本，故事并没有结束，而是为孩子们的想象力留下了空间，此处教学环节千万不能忽略。如果说封面像书的脸，那么封底就像书的背影，即绘本的封底和封面合成一幅图画，相对独立而又浑然一体，教师千万不要忽略对封底的解读。

我们通常这样做：若封底和封面是相同的图片，要加深学生印象；单独创作图画的封底，要呼应故事；封底是内文精华的一页，要着重赏析；封底与封面连起来或者相结合的，要合并阅读；封底是故事内容的延续，要补充阅读。

本环节的五个步骤不是独立的，而是互相融合、互相促进的，在教学中根据实际需要灵活运用。

四、创意表达，提升素养

阅读绘本，应该给每个孩子创造表达的舞台。加拿大学者培利·诺德曼在《阅读儿童文学的乐趣》一书里说道：“一本图画书（即绘本）至少包含三种故事：文字讲述的故事，图画暗示的故事，以及两者结合后所产生的故事。”画的创作与文的写作相结合，为孩子们的表达留下了很多空白点。此环节我们可以采用：

1. 文字表达

改写故事结局或改编其中故事情节，在扉页处写前言，写信给书中人物或作者，谈谈阅读的心得体会等。

2. 图画表达

学书中的图画，布置学生完成绘画日记或伙伴合作制作绘本等。

3. 语言表达

讲故事，演故事，画故事，续编故事等。

4. 综合形式

以上三种形式相结合，开展班级家庭分享交流或综合性实践活动等。

在这个教学环节当中，教师要把绘本创意表达训练点放在文字设疑处、故事转折处、文本留白处、图像“失语”处、图文互补处、细节描绘处、前后对比处、结尾延伸处等。在师生一次次的品读中，在学生一次次的创意表达中，让学生感情得到升华、能力得到提升、思维得到升级。

五、拓展阅读，滋养生命

此环节意在结合不同的主题，推荐具体的绘本阅读书目，引导孩子们在课下围绕某一特定主题进行有针对性的课外阅读，从而提高课外阅读的效率，拓展阅读的宽度，滋养生命，快乐成长。可以推荐：同一主题的绘本，同一作家的绘本，同一风格的绘本，相同议题的绘本。

例如：教学《我是霸王龙》一书时，可以推荐关于宫西达也的其他绘本《永远永远爱你》《你真好》《你看起来好像很好吃》等；教学《我有友情要出租》一书时，可以推荐“和你在一起”主题绘本《狼狼》《你跑错书了》《警官巴克尔和警犬葛芮雅》等。

以上五个环节需要依据具体情况灵活运用、相互整合，不一定是每一本绘本、每一节课都按照这样的环节来组织教学，可增可减，以达到师生共成长之目的。

回顾往昔，我们实践“悦读乐成长”绘本阅读五环教学模式已九年有余，孩子们从课堂上每一次独特的发言到阅读后每一篇个性化的感悟；从积极踊跃地参与到情不自禁地手舞足蹈；从阅读满足后的会心一笑到阅读中情到深处时的潸然泪下，点点滴滴，记录了我们为实现孩子们的阅读梦想而付出的努力，也留下了绘本伴随孩子们生命成长的点点足迹，这条路我们会一直走下去！

低年级识字单元的趣味教学

濮阳市实验小学　彭芳慧

识字教学是小学低年级语文教学的重点，也是阅读和作文教学的基础。《义务教育语文课程标准》（2022 年版）第一学段的阶段目标对识字的要求是：喜欢学习汉字，有主动识字、写字的愿望，认识常用汉字 1600 个，学习独立识字等。怎样让学生喜欢学习汉字，有主动识字、写字的愿望呢？新课程标准在具体教学提示中明确指出，识字教学应结合学生的生活经验，采用形象直观的教学手段，创设丰富多彩的学习情境，综合运用随文识字、集中识字、注音识字、字理识字等多种识字方法，逐步发展学生的识字能力。“生活经验”“形象直观”“学习情境”这些关键词已经给我们如何进行识字教学指明了一条高效的途径。现以统编教材小学语文二年级下册第三单元这一识字单元为例，共同探讨趣味识字的教学方法。

一、创设真实情境，激发学生兴趣

创设真实有趣的情境，能够在进入课堂时迅速激发学生兴趣，并且随着情境的不断推进，使学生一直保持识字兴趣。比如学习《中国美食》一课，课前播放歌曲《生僻字》（美食版），吸引学生进入美食氛围中。然后创设“美食居家秀”活动，展示学生课前所做的美食集合视频。欣赏视频后，鼓励学生带着这些美食，参加学校即将开展的“儿童美食节”活动，这样就进一步激发了学生的主动性。紧接着，提出参加美食节的一系列要求，分别对应整节课中的不同学习活动：准备一些参赛的美食（出示美食图片和名称，采用多种方式读菜名）、在美食节上为评委们报菜名（报菜名识字）、了解美食的制作方法、美食推荐和解说、制作美食标签（指导写字），结合“儿童美食节”活动要求和本节课的学习目标，以层层递进的情境创设吸引学生轻松愉悦地一步步掌握知识。

在学习本单元的《传统节日》一课时，也可以创设“过传统节日，说传统节日”的活动，在预习时提出这样的要求：“亲爱的孩子们，我们刚刚度过了中国传统节日春节和元宵节，清明节、端午节也马上就要到了，我们班要开展一次‘过传统节日，说传统节日’的活动，你能做好传统节日的小讲解员吗？那就选择一个你最喜欢的节日查一查资料吧，也可以问问爸爸、妈妈，还可以背诵一些相关的诗句和儿歌，学习完《传统节日》这篇课文，我们要评选出金牌讲解员，期待你的展示哦！”

二、结合教材特点，多样趣味识字

教育无痕，教师应该隐藏起来真正的教育目标，让学生在不知不觉中掌握知识和技能。在识字课上不明确提出关于识字、写字的要求，通过趣味识字活动和方法调动学生的多种感官来主动识字。

1. 读图片识字

在学习《中国美食》一课的时候，首先依次出示3道美食的图片和名称，分别是凉拌菠菜、香煎豆腐、红烧茄子，请学生跟它们打个招呼，叫一叫它们的名字。然后让美食上桌，一道道美食逐渐摆满圆桌，设置抢读菜名的学习活动，学生主动抢读菜名的过程其实就是初读菜名，与生字见面了。

再比如在学习本单元《神州谣》这首儿歌时，也可以请学生欣赏一组祖国美丽风光的图片，请学生为图片配上相应的文字。尤其是出示“黄河奔，长江涌，长城长，珠峰耸”的时候，不仅能够通过图片识字，还可以直观感受到不同的壮丽景观。

2. 报菜名识字

在《中国美食》一课中，在学生自由朗读和同桌互测的基础上，可以创设小组“开火车报菜名”的比赛，哪个小组读得最清晰、最准确，用时最短就可以在美食节上为评委们报菜名啦。过程中播放紧张刺激的计时音乐，赛后为胜出的小组颁发奖杯。这样以比赛的形式“开火车报菜名”，帮助学生读准字音，初步认识字形。

为进一步巩固识字效果，还可以配上简单的节奏和动作，这样报起菜名来就更有趣了。可在教师示范之后，请学生用自己喜欢的方式报一报菜名，学生自己编节奏，加动作，再一次认识字音和字形。

3. 在生活中识字

统编版语文教材中非常关注在生活中识字，也就是关注学生的生活经验，主张识用结合。比如，“炸酱面”的“酱”字不容易识记，但在生活中很常见。教师可引导学生回忆，生活中你在哪里见过这个“酱”字？学生很快就会想起在超市的货架上和家里的厨房里见过，随即出示超市的货架图片，请学生说一说见过什么酱，比如番茄酱、芝麻酱、香菇酱、辣椒酱等，在反复读这些商品名称过程中认识“酱”字。

4. 字源识字

字源就是汉字被创造出来的那一刻所要表达的意思，从象形文字入手，从汉字源头学习汉字，事实上就是让孩子体验汉字创造出来那一刻的情境，而这也正是孩子探索世界的源头。比如《中国美食》一课中的“粥”字，除了生活识字、熟字相加等方法，我们还可以追根溯源，通过查资料得知，最早的“粥”字，中间就是米放在锅上煮，而两边的曲线代表袅袅上升的炊烟，散发的热气。后来随着汉字的演变，根据形状演变为“弓”。

5. “识字小达人”分享妙招

二年级的学生已经积累了很多识字方法，通过“识字小达人”活动分享的小妙招自主识字也是一种好方法。在课前预习时，引导学生给生字分组，按照生字条的顺序从前往后，4 个字为一组，从中选择一组来分享识字方法。这一组中的 4 个生字有难有易，学生可以选择不同的方法来讲解生字。这样就避免了学生避重就轻，引导学生动手动脑认识新字。

6. 归类识字

本单元中《“贝”的故事》一课是对归类识字的学习，用“贝”做偏旁的字大多与钱财有关，比如“赚、赔、购、贫、货”。本课的课后题中也引导学生看偏旁归类识字。带有金字旁的字多与金属有关，带有王字旁的字多与珍贵的玉石有关系。

在学习《中国美食》一课时，引导学生了解每道美食的制作方法，并给这些制作方法分类，学生很快就总结出，“火”字旁的字分为一类，带“灬”的字分为一类，通过猜一猜、播放视频、查字典验证带有“火”和

“灬”的字都与火有关系，通过偏旁归类认识了字形。

另外，在本单元的语文园地中“我的发现”这一板块也指向归类识字的方法，可以在本课中有所拓展。

7. 利用识字小手册识字

《中国美食》一课中与“火”相关的字很多，在引导学生归类识字后，为巩固识字效果，可以制作“火”字大家族的“识字小手册”，这个识字小手册中包含所有带“火”和“灬”部首的字，并把每个字的偏旁变红，教师一边说一边演示，学生的记忆尤为深刻。本单元学习结束后，进行“识字小手册”评比展示活动，在活动中反复识字。

8. 儿歌识字

《神州谣》《传统节日》是本单元中两篇朗朗上口的儿歌，在学习时可以引导学生在反复诵读的儿歌中识字，可以采用小组过关读、开火车读、比赛读、加动作读等趣味方式。当然还可以创编儿歌，然后跟着音乐打着节拍一起唱读儿歌，多种感官的刺激可以让知识记忆更牢固。

9. 设计书签

学完《中国美食》一课后，可以学做书上的美食，也可以选择自己喜欢的美食，制作成美食书签，这一活动简单容易操作，学生也感兴趣。再比如在学习完《传统节日》一课后，在进行了“过传统节日，说传统节日”解说比赛后，还可以趁热打铁，请学生课下选择一个传统节日，制作成精美的传统节日书签，写上节日名称，配上图片，配上相应的儿歌或诗句，在创作中掌握知识。

除以上识字方法外，还有随文识字、字族文识字、音韵识字、在阅读中大量识字等方法，适用于课上与课下、课内与课外，多种方法可以灵活使用，恰当选择。

三、善于使用多媒体，让识字教学“活”起来

丰富有趣的形象感知可以帮助学生迅速在大脑中建立知识模型，多媒体课件的制作就起到了这样的作用。关注细节，制作每一页课件时都应本着精益求精的原则，把学习重难点有趣形象地呈现给学生。比如，课件上要字体标准、颜色统一、图画合理、动画巧妙、全屏铺满，同时要遵守多媒体

课件的辅助作用，避免喧宾夺主，尽量用最简单的界面展示最生动的知识。

在教学过程中根据需要可以多利用动画、音频、视频等资源让课堂活起来。比如，在学习《中国美食》一课报菜名活动中，可以把书中的美食名称制作成一份精美立体的菜单，再配上紧张的计时音效，争分夺秒的报菜名活动就开始了；在帮助学生认识美食的制作方法时插入高清的动图和背景音乐，吸引学生眼球的同时，也能抓住学生的注意力。

四、提升自身素养，辅助识字教学

1. 练好基本功，打牢基础

教师基本功是教学的基础，也是教师个人素养的基本体现，语文教师尤其要提高朗读和书写水平。掌握好书法技巧，在日常教学工作中把基本功练习常态化，把学习当作和吃饭、睡觉一样自然的事情。

2. 研读教材，落实目标

一节生动有趣的语文课必定是立足教材、紧扣目标而设计的。对于每一篇教材中的课文，都应深入研读教学内容，确定教学目标和重难点，根据这一目标设计实用的教学活动，用丰富的学习活动吸引学生，更要提出具体要求和方法引导学生掌握知识。

3. 整合资源，精益求精

青年教师身边有很多学习资源，有经验丰富的领导和前辈，有权威期刊中的优秀课例，还有自己积累的一些经验，如何进行有效整合需要智慧的思考。许多精妙的想法可以拿来即用，但有些想法还需要根据自己的思路来整合内化，我们需要对身边的资源进行整合，学会精益求精。

苏霍姆林斯基说过：“只有当识字对儿童来说变成一种鲜明的激动人心的生活情境，里面充满了活生生的形象、声音、旋律的时候，读写结合过程才能变得比较轻松。”这启发我们在识字教学时应尽量避免让学生枯燥乏味地机械识记，开设创造性的课堂，让低年级识字教学变得活泼有序，趣味横生。识字的方法还有很多很多，识字教学课堂还有很多种模样，教师要因学而教，通过正确的教法，让孩子爱上识字，从而愿学、好学、乐学、勤学，最终形成独立学习的能力。让孩子们在课堂上快乐学习、自主发现和探索，是一名教师最幸福的事。

让小学生爱上习作

濮阳市实验小学　闫昱臻

我们都知道，培养学生的听、说、读、写能力是语文教学的重点，而作文教学更是语文教学中不可缺少的重要部分，既是重点，也是难点。对学生而言，普遍感觉习作难！每周的习作课成了他们望而生畏的一节课，两节习作课的时间有的孩子咬着笔，眉头紧锁；有的孩子写一写，愣一愣；还有的孩子在全神贯注地查字数，达到字数要求后长舒一口气，仿佛完成了一件大事。每次作为老师坐在讲桌前观察写作的他们，都会忍不住发笑，这群可爱的孩子仿佛都在经历两节课近80分钟的劫难，有的历经百般“修炼”终于修成正果；有的历经重重“磨难”之后还在顽强挣扎。老师们，是不是你们的眼前也浮现了自己学生时代习作时的画面呢？学生面对作文题目无从下笔，无话可说，即便是写出来的文章，有时也是内容空洞，言之无物，没有真情实感。对于我们老师而言，习作教学也难！绝对不是一句简单的“写吧”，也绝对不是几篇范文的展示，更不是比喻、拟人、对比等修辞手法与好词好句生硬的堆砌，而是一种“授人以鱼，不如授人以渔”的方法传授；是一种从“我会写”变为“我爱写”的兴趣培养。那么该如何指导孩子们去写好习作呢？我结合自己平日的教学，进行了以下几个方面浅显的总结，希望能对老师们有所帮助。

一、生活寻趣，有话可写

叶圣陶老先生曾经说过：“生活犹如泉源，文章犹如溪流，泉源丰盈，溪流自然活泼泼地昼夜不息。”我们应当确立“作文就是说真话，作文就是写事实和叙真情”的习作教学理念，引导和鼓励学生写出真情实感。在教学中，应鼓励学生“我手写我口，我口言我心”，写出原汁原味的社会生活、人物形象。如在指导学生写《记寒假里的一件事》时，我会先启发学生回忆："一个寒假不知不觉又过去了，大家都长高了，现在老师很想知道，你们的寒假生活过得开心吗？"学生们一个个满怀激情、滔滔不绝地谈开了，他们越说越起劲。赞可夫说过："只有在学生情绪高涨，不断要求向上，想把自己独有的想法表达出来的气氛下，才能产生出使儿童的作文丰富多彩的那些思想、感情和词语。"正当他们对寒假生活充满着美好的回忆，津津乐道的时候，我追问："寒假大家过得这么愉快，这么开心，老师就让你们写假期中的一件事，好写吗？""好写！"学生们异口同声地回答。由此可见作文指导首要的一点是激发学生的写作兴趣，在宽松的氛围中畅所欲言，让他们感到有东西想要表白，有事可写，不必搜肠刮肚、绞尽脑汁、面壁虚构。这样使学生由敢说、想说，发展到想写、会写、乐写。

还有在三年级上学期的时候，孩子们刚刚从写作二年级的小练笔过渡到三年级的大作文，他们普遍感到无所适从。一次偶然的机会，我发现只要时机对了、方法对了，孩子们其实很会说、很会写。当时正好是周三上午，我正在办公室批改作业，听见窗外传来一阵阵兴奋的欢呼声、爽朗的笑声，忍不住走出去看一看，原来是体育老师冯老师在带孩子们丢沙包。我笑着在旁边站着看了一会儿，突然脑海中一闪，下午是两节作文课，而之前第八单元习作主题"那次真好玩"，孩子们写得都不太理想，要么是过程叙述不清晰，要么是写不出自己的真实感受，那何不以这次丢沙包的经历为题来写一写呢？想到这儿，也为了能更好地引导他们写作，我心头一动也加入了丢沙包的队伍。在玩的过程中，我也故意将自己的动作幅度放大，跑、跳、躲、闪、接……在无声中对他们进行动作细节的提示。过了一会儿，我转战到了观赛区，发现旁边观战的孩子们兴致勃勃地谈论着，我当时也不说话，只是笑着听他们叽叽喳喳地交流着。

下午作文课上，我并没有直奔主题，而是和孩子们聊起来了上午体育课上丢沙包的趣事。"回想起上午的体育课，大家感觉怎么样呢？""开心！""好玩，还想再玩一次！"他们余味无穷地说着。"那如果别的同学想加入我们的游戏，可是他不知道怎么玩，谁能给他讲讲游戏规则呢？""我来！""我来！"因为这次习作首先要求就是把游戏规则写清楚。"哦，原来，丢沙包是这样玩的啊！"我装作恍然大悟的样子。当时孩子们见状，便有了当小老师的自豪感，争先恐后地继续补充。我又急忙追问道："怪不得你们今天表现得这么棒，看来对游戏规则很清楚嘛！那在游戏过程中，谁给你留下的印象最深刻呢？"孩子们一听到这，一个个更激动了，眉飞色舞地说着。"我觉得王奕斐玩沙包最厉害，每次看到往上扔的沙包他唰地蹲下躲开了；对于往下扔的沙包，他像一只调皮的猴子，轻轻跳起来，让沙包无奈地从脚下溜走。"……几乎所有孩子都在连说带比画地介绍着他心中的"玩沙包高手"。而且他们都可以不在我的提示下，用这么生动的语言来说出自己的感受。于是，我赶紧抓住这一契机，大大赞扬地说道："孩子们，你们说得实在太棒了！在你们的描述中，闫老师听到了很多对细节的描写，比如动作词、象声词、比喻手法等，这些如果写到文章里都可以使文章增色不少。"以此来引导那些还不知如何去描写的孩子，让他们可以去仿写。在"那次真好玩"习作中的重点肯定是要写清楚自己的心情及感受，我又让孩子们说一说自己的玩耍过程和心情。

第二节课上，我看到的不再是孩子们眼巴巴地看着 300 字那条线的可怜模样，而是一个个奋笔疾书，脸上还洋溢着笑容的模样。此时，坐在讲台上的我也是幸福感十足，我真切地意识到：并不是孩子们不会写作文，他们每个人的小脑袋里都装着一些我们意想不到的金言妙语，重要的是我们老师要通过一定的办法巧妙地将其激发出来，使之成为一篇篇令人惊喜的文章。

二、创设情境，积极调动

所谓情，就是指一个人所要表达的思想，在认识客观世界时所产生的情感。所谓的境，则指环境氛围境况。《义务教育语文课程标准》（2022 年版）指出："要充分利用现实生活中的语文教育资源，优化语文学习环境，创造性地开展教学活动。"尤其作文教学，更要紧密结合情境来进行，没有了"情"，没有了"境"，更谈不上什么"文"了。而我们当前的作文教学，大多仍沿用着传统的教学模式，即教师当堂布置作文题目，接着给一些指导，最后便留一段很长的时间让学生写作文。在这种模式的长期压制下，学生的作文变成了"榨文"，文章既无新颖的立意，又无充实的内容，更谈不上妙笔生花了。

善于创设习作情境，能够激起学生的习作灵感。如果我们的课堂把灵感当作中心任务，学生一定不会被字、词、句、段、篇、修辞所困扰，因为灵感会全面调动学生的思维，会主动调取学生素材库中的素材，也会自动生成新的话语，平日积累的作用将得以充分展现。也可以说个人的写作才华，是在活动的过程中绽放出来的。在活动中，学生是主角，是主体，既可以是活动的参与者，还可以是活动的具体组织者和设计者，教师只是活动的创设者，只起着对活动的促进和辅导作用。

统编教材小学语文四年级下册中第五单元是习作单元，课文《记金华的双龙洞》和习作例文《颐和园》《七月的天山》都按照一定的游览顺序介绍了一次游记，并将印象深刻的景物写清楚了。所以，如何让学生在自己的这篇习作中实现这两个难点，是这节习作指导课的最终目的。当时，在学习习作例文时，首先，我给孩子们创设了一个“祖国河山一日游”的情境，引导学生找出例文中的过渡句，根据过渡句的提示画出作者的游览路线图，使其明白巧妙地使用过渡句，可以自然而又清晰地感知游览顺序。其次，在习作指导课之前，我又给孩子们布置了一次“最佳小导游”评选活动，让孩子们选择一次自己印象最深刻的旅游，先画一画路线图，再以小导游的身份说一说游览过程，拍摄成小视频发到班级群里。活动一发出，孩子们兴趣颇高，有的甚至还戴起了帽子，拿起了小旗，指着自己绘画的游览路线，像模像样地介绍着。在课堂上，我又将评选出来的优秀视频和游览路线图与相对不足的版本，放在一起让学生来评价，在比较中学会如何写好此篇习作，这样也能认识到自己的不足之处，互相学习改进，最终达到自主学习、自我纠错、自我评价、掌握和运用语言的目的。

三、学会观察，抓住细节

生活是写作材料的源泉，观察是写作的路径。学生的学习生活内容极为丰富多彩，在学校里，有各种各样的学习活动；在家里，有生活、娱乐等多样性的活动……因此，我们要引导学生随机观察、随机关注日常生活中有意义的、有趣的事物，让他们养成观察生活的习惯，使他们捕捉生活素材的能力不断增强。写作文时便会文思泉涌，得心应手。教师可以根据生活实际，组织学生参加某项活动，重点引导学生观察实际过程中的喜怒哀乐之情。学生通过自己的细致观察，可以获得许多别人未能发现且富有特点的材料。

管建刚老师的《我的作文训练系统》一书，在“动作力”一节中写道：“动作，要用眼睛看，看了之后，再用脑子想，转化成内部的语言，内部的语言再转化成外部的、写出来的话。”对于大多数孩子来说，“笼统性动作”是通病。比如，对于统编教材小学语文四年级上册第六单元《记一次游戏》的习作，为了激发学生乐于写作的兴趣，为了让孩子们能够写出自己做游戏时的真实感受，我设计了在课堂上和他们一起玩一次“挤眉弄眼吃饼干”的游戏。可是在写的时候我却发现多数孩子在写吃不到饼干时，出现的普遍问题是都写道：“我怎么做都吃不到。”可是，究竟用了哪些动作吃饼干呢？只用了一个“怎么做”就把所有的动作概括进去了，由此看来，“笼统性动作”是大多数孩子都容易出现的问题。那么究竟怎样才能让孩子把动作写具体呢？我认为，一是引导学生仔细观察每一个细微的动作；二是可以把动作录下来，然后反复回放，让学生多次观察；三是教给学生写动作的时候，不妨想想当时的情景，然后自己试着多做几遍，揣摩一下当时的动作。于是，我又带着孩子们把这个游戏玩了一遍，在这次的过程中两人一组，一人做，一人观察，然后再彼此交换，我也会拿手机及时拍下来有趣的画面，然后播放出来，让大家一起来说，看一看谁说的动作最符合画面，谁说得最细致，这样还愁写得不够细腻吗？

“我仰着脸，伸着下巴，把饼干放在眼睛上，疯狂地眨着眼睛，挤着眉毛，歪着嘴巴。接着，后脑勺小心翼翼地抬起，下巴缓缓下落，好让饼干顺势下滑。我屏住呼吸，心在跳，腿在晃，脸部肌肉在动。饼干快到嘴里啦，可是我一不小心用力过猛，饼干轻轻一晃掉在桌子上了。”这个小作者通过“仰、伸、放、眨、挤、歪、抬、落、屏、跳、晃”一系列的连续动作，把他的小心翼翼表现得非常充分。

细腻的动作描写来源于细致的观察，很多时候还需要在写作文的时候，反复地揣摩当时的动作。相信孩子们有了一颗细腻的心和认真观察的习惯，一定能写出鲜活的文章！

四、从读入手，以读促写

读和写是紧密联系、相辅相成的，读是从外到内的收获，写是从内到外的表达。还是叶老说过的一句话：“阅读得其方，写作之能力也随之增长。”以读促写首先要做到大量阅读，联系对照，大量阅读即多读，指读的篇章多，篇数多。但应该强调一点，这样的阅读不是机械地“死读”。阅读课文或优秀文章，主要是学习理解内容，学习作者观察事物、分析事物、表情达意的方法。故而，读文章时要仔细认真，勤思多想。读文章的过程中，想想作者怎样围绕中心谋篇的；读完后再想一想，这篇文章好在哪里。通过琢磨咀嚼，收到心领神会、潜移默化的效果，所谓“读书破万卷，下笔如有神”说的就是这个道理。指导学生阅读，最初应放在课内，在作文教学的课堂中，我们可以通过课前搜集到的范文和学生一起品读、欣赏，学习借鉴文章的写作方法。

《义务教育语文课程标准》（2022 年版）指出：习作起始重在培养学生的习作兴趣和信心。比知识更重要的是方法，比方法更重要的是兴趣，兴趣是更好的老师。古人云：“知之者不如好之者，好之者不如乐之者。”提高学生的写作能力，培养学生习作的灵感，充分激发学生的想象力和积极性，我们任重而道远。

认真研读教材，树立专业自信

安阳市滑县教育教学研究中心 侯建华

教材又称课本、教科书，是依据课程标准编写的、系统反映学科内容的教学用书。我国近代教育家陆费逵曾说："立国根本，在乎教育；教育根本，实在教科书。"可见教材的重要性。作为一名教师，首要任务就是要研读教材。要理解与把握教材的编排意图，了解教科书的体系结构、栏目设置及主要内容，清楚教科书中一些概念的内涵和意义。这是教学目标定位、教学内容、教学方法和教学手段选择与运用的前提。《义务教育语文课程标准》（2022 年版）强调，要强化教研、科研的专业支撑，帮助教师准确把握课程改革方向，钻研课程标准、教材，改进教学。如何引领教师研读教材呢？以小学语文教材研读为例，引领教师从横向、纵向两个方面去进行。

一、横向三研

（一）什么是横向三研

横向三研指的是研读整本教材、研读单元、研读文本。通过横向三研，让课程标准、教学参考书、教材三者在教师心中建立起系统的概念，让教师能够站在课程的高度看待教材、看待文本，建立专业自信。同时，对于教师探索大单元教学，积极开展主体化、项目式学习等综合性教学活动也有着积极的促进作用。为了让教师真正深入研读，围绕横向三研，我们设计了三张表，如下所示。

整本教材研读表

单元主题	单元内容	单元要素	课程目标在单元中的落实
第一单元：			
第二单元：			
第三单元：			
……			

单元研读表

单元主题	文本题目	课型	单元要素在每课中的体现	课程目标在每课中的落实	重点	难点
第一单元：						
第二单元：						
第三单元：						
……						

文本研读表

文本题目	文本结构	在本单元中地位和作用	语言特点	背景知识、资料	学生已有知识经验

（二）设计三张表的目的

设计整本教材研读表的目的有三个：一是梳理整本教材的内容和结构；二是整体把握教材的语文要素；三是分解课程总目标和学段目标在一本教材、一个单元中的具体落实和体现。

设计单元研读表的目的有三个：一是梳理一个单元的内容和结构；二是分解学段目标落实到每个文本中；三是分解单元语文要素在每个文本中的落实。

设计文本研读表的目的有三个：一是了解文本结构和语言特色；二是搜集文本以外有关的课程资源；三是了解学生的年级特点及学情准备。

（三）如何使用三张表

首先，利用整本教材研读表对教材进行整本书研读。研读的内容主要包括“单元主题”“单元内容”“单元要素”“课程目标在单元中的落实”等。通过梳理一册教材的“单元主题”“单元内容”和“单元要素”，教师就能抓住整册教材的人文精神、语文要素和知识脉络，对教材编排体系一目了然。

“课程目标在单元中的落实”这一栏，是本表的重点。要求教师把语文课程标准学段目标进行分解，再结合单元教材内容特点和单元语文要素实际，在单元中具体化落实。这样可以使课堂教学目标的制定有据可依，遵循课程目标要求的整体性，使各个学段相互联系，螺旋式上升。如统编教材小学语文三年级上册第一单元，分解课程标准第二学段目标要求，发现有 8 项可以在本单元落实：①养成主动识字习惯；②用硬笔熟练地书写正楷字，做到规范、端正、整洁；③初步学会默读，学习略读，粗知文章大意；④初步把握文章主要内容；⑤积累文中优美词句、精彩句子；⑥乐于书面表达，注意把自己觉得新奇有趣或印象最深、最受感动的内容写清楚；⑦尝试在习作中运用自己平时积累的语言材料，特别是有新鲜感的词句；⑧策划简单的校园活动，如兴趣小组等。完成整本教材研读表如下。

整本教材研读表

单元主题	单元内容		单元要素	课程目标在单元中的落实
第一单元：学校生活	教读课	《大青树下的小学》	1. 阅读时，关注有新鲜感的句子 2. 体会习作的乐趣	1. 养成主动识字的习惯 2. 用硬笔熟练地书写正楷字，做到规范、端正、整洁 3. 初步学会默读，学习略读，粗知文章大意 4. 初步把握文章主要内容 5. 积累文中优美词句、精彩句子 6. 乐于书面表达，注意把自己觉得新奇有趣或印象最深、最受感动的内容写清楚 7. 尝试在习作中运用自己平时积累的语言材料，特别是有新鲜感的词句 8. 策划简单的校园活动，如兴趣小组等
	教读课	《花的学校》		
	略读课	《不懂就要问》		
	口语交际课	《我的暑假生活》		
	习作课	《猜猜他是谁》		
	练习课	《语文园地》		
第二单元：				
第三单元：				
……				

其次，利用单元研读表，在整本教材研读表的基础上，把整册教材的每个单元逐一研读。通过研读，教师对本单元中几篇课文的课型有所了解，在教学时，就可以针对不同课型进行有目的的施教；通过研读，每节课需要重点落实本单元的哪些语文要素，也清晰明了，不至于每篇课文都抓要素，结果反倒是眉毛胡子一把抓，哪项都没落实好；通过研读，学段课程目标如何有侧重地在每篇课文具体落实，就有了清晰的眉目。还以统编教材小学语文三年级上册第一单元为例，研读后填表如下。

单元研读表

<table>
<tr><th>单元主题</th><th>文本题目</th><th>课型</th><th>单元要素在每课中的落实</th><th>课程目标在每课中的落实</th><th>重点</th><th>难点</th></tr>
<tr><td rowspan="6">第一单元：学校生活</td><td>《大青树下的小学》</td><td>教读课</td><td>1. 阅读时，关注有新鲜感的句子
2. 体会习作的乐趣</td><td>1. 初步学会默读
2. 积累文中优美词句、精彩句子</td><td rowspan="6">1. 阅读时，关注有新鲜感的句子
2. 体会习作的乐趣
3. 结合每课特点，再确定更具体的教学重点</td><td rowspan="6">根据重点和学情确定难点</td></tr>
<tr><td>《花的学校》</td><td>教读课</td><td>1. 阅读时，关注有新鲜感的句子
2. 体会习作的乐趣</td><td>1. 初步学会默读
2. 初步把握文章主要内容</td></tr>
<tr><td>《不懂就要问》</td><td>略读课</td><td>阅读时，关注有新鲜感的句子</td><td>1. 初步学会默读，学习略读，粗知文章大意
2. 积累文中优美词句、精彩句子</td></tr>
<tr><td>《我的暑假生活》</td><td>口语交际课</td><td>体会习作的乐趣</td><td>尝试在表达中运用自己平时积累的有新鲜感的词句</td></tr>
<tr><td>《猜猜他是谁》</td><td>习作课</td><td>体会习作的乐趣</td><td>1. 乐于书面表达，注意把自己觉得新奇有趣或印象最深、最受感动的内容写清楚
2. 尝试在习作中运用自己平时积累的语言材料，特别是有新鲜感的词句</td></tr>
<tr><td>《语文园地》</td><td>练习课</td><td>关注有新鲜感的句子</td><td>策划简单的校园活动，如兴趣小组等</td></tr>
<tr><td>第二单元：</td><td></td><td></td><td></td><td></td><td></td><td></td></tr>
<tr><td>第三单元：</td><td></td><td></td><td></td><td></td><td></td><td></td></tr>
<tr><td>……</td><td></td><td></td><td></td><td></td><td></td><td></td></tr>
</table>

注：整本教材研读表中“课程目标在单元中的落实”一栏的“养成主动识字的习

惯”和“用硬笔熟练地书写正楷字，做到规范、端正、整洁”两项目标，贯穿整个单元教学，在单元研读表中“课程目标在每课中的落实”一栏中不再一一列举。

通过对整本教材研读表、单元研读表的使用，课程标准的学段要求和单元语文要素，就具体地落实到了每篇课文中。

比如，《大青树下的小学》一课，除了识字写字基本教学目标外，就可以围绕这两个教学目标去设计教学流程：①初步学会默读，关注有新鲜感的句子并把它积累下来；②体会习作的乐趣，并在习作中尝试运用新积累的句子。

《花的学校》一课的教学目标就可以确定为：①初步学会默读，把握文章主要内容；②阅读时，关注有新鲜感的句子并积累；③体会习作的乐趣，并在表达练习中尝试运用新积累的句子。

《不懂就要问》一课的教学目标就可以确定为：①默读课文，关注有新鲜感的句子并积累；②初步学习略读，粗知文章大意。

这样的目标，有据可依，随着每节课教学目标的完成，学生的语文素养就会根据课标的设定螺旋上升。

最后，通过文本研读表，让教师对每篇课文的文本结构、在本单元中的地位和作用、语言特点、背景知识和资料以及学生已有知识经验进行研读。通过研读文本结构，教师理清了文章脉络；通过研读在本单元的地位和作用，教师看到的不再是一篇篇孤立的文本，而是在单元中承担前后联系的教学任务，甚至在孩子一生的成长中，每节课都有着举足轻重的作用，我们就是通过一堂堂的课来培养未来栋梁的，孩子们就是从这一个个的知识点，获取营养长大成人的；通过研读，了解文本语言特色，感受祖国语言文字的魅力；通过研读学生已有知识经验，才能有针对性地确定教学难点，而不是站在教师想当然的立场，以教师为中心施教。

二、纵向四研

所谓纵向四研，就是在研读教材实践中，鼓励教师按识字与写字、阅读与鉴赏、表达与交流、梳理与探究四大板块，对整个小学学段 12 册教材进行纵向立体研读。这样的研读分两个方面：一是梳理，即通过研读归纳教材呈现的现象；二是对现象的分析，即教材这样编排的理论或课标依据。

比如，“识字与写字”板块，单从识字量方面去研读，把一至六年级12册教材的识字与写字量做了如下柱状图。

识字与写字量柱状图

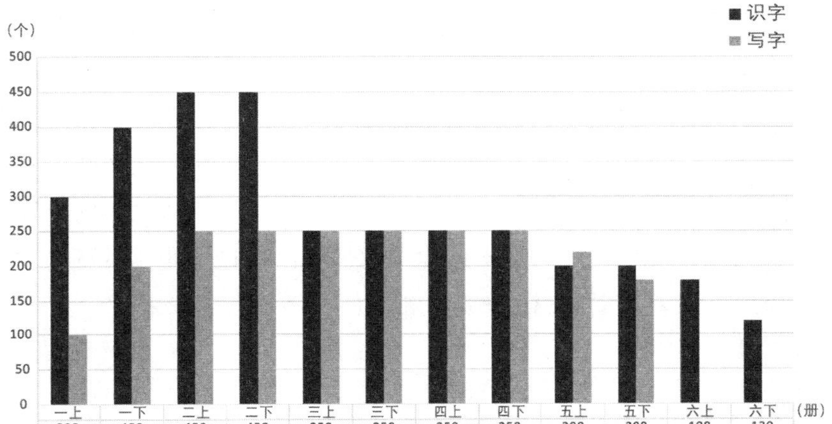

	一上	一下	二上	二下	三上	三下	四上	四下	五上	五下	六上	六下
识字	300	400	450	450	250	250	250	250	200	200	180	120
写字	100	200	250	250	250	250	250	250	220	180	0	0

上图研读如下。

现象	依据
1. 一至六年级都有识字写字任务	1. 识字写字是阅读和写作的基础，是第一学段的教学重点，也是贯穿整个义务教育阶段的重要教学内容
2. 低年级段学生“会认”与“会写”的字数量要求有所不同，比如一年级上册认识300个字，会写100个字	2. 多认少写，认写分开，先认后写
3. 小学阶段累计认识常用汉字3000个左右，识字任务安排到五年级下册结束，六年级不再安排识字任务	3. 提前完成小学识字要求，便于学生尽早进行大量的课外阅读，完成小学不少于145万字的课外阅读总量要求
4. 一、二年级识字量1600个，占整个小学阶段识字量的一半还多	4. 之所以这样安排，是因为1600个常用字，加上汉语拼音，二年级学生就可以具备独立阅读能力
……	……

除了从“识字与写字”“阅读与鉴赏”等四大板块进行研读外，还可以从“人文主题”“语文要素”“习作要求”等方面，进行纵向立体研读。这样的研读，可以让教师清晰地感受到一个个知识体系是如何循环往复地

存在于教材中的，每个学段的要求是如何螺旋式上升的。让教师的研读，从教材到课标，到学生年段特点，达到“课标—教材—课标—教材”的循环往复，对《义务教育语文课程标准》（2022 年版）和 12 册教材就能了然于胸。只有心中有课标，心中有教材，心中有学生，才能站在课程的高度，真正做到用教材教而不是教教材，才能真正创造性地使用教材。

总之，通过认真研读教材，梳理隐在的知识体系，使之自然而又扎实地体现在自己的教学中；体察编者意图，凸显教材价值；让教师拥有专业的自信，通过专业的思考，关注一节课在整个学科知识体系中的位置，关注一节课在学生知识、能力习得过程中的位置，站在学科体系意识、学生成长体系意识的高度看教材，教师才能站在当下，着眼未来。

单元视域下的读写之美

濮阳市实验小学　于文玲

一、读写结合存在的误区

读写结合目前出现了泛写和盲写的误区。泛写就是指过量、不加节制地写，造成了学生的恐惧心理。盲写就是习作没有指导，随意写，学生的习作质量不高，浪费学生读书时间。无论是泛写还是盲写都造成了学生过重的课业负担。

二、新视域下的读写新要求

教师是学习活动的组织者和引导者，应转变观念，更新知识，钻研教材，不断提高自身的综合素养，创造性地理解和使用教科书。积极开发课程资源，精心设计教学方案，灵活运用多种教学策略，引导学生在实践中学会学习，因此，统编教材就成了教师当下钻研的首要任务。

统编教材“双线组元”的结构设置，兼顾了人文性和工具性的统一。每一个单元导语页都清清楚楚地呈现两个语文要素：一个是阅读，一个是表达。这就告诉我们读与写是语文教学的两翼，不可偏颇。教材上的课文、课后习题、口语交际、语文园地、泡泡语等各个栏目之间和语文的读写有一定的内在联系。这就要求我们站在新的视域下进行大单元的整合，用大视野去解读文本，用最新的理念、最优的教学模式进行教学改革。

三、统整单元资源进行读写

要先弄明白什么是整合资源。整合资源进行大单元读写就是打破教材编写顺序，把一个单元或者几个单元的各个板块之间的内容统一调整，为读写铺路架桥，实现读写价值的最大化。

那么，怎样整合资源呢？在教学中，可以采用“课文+×+×+×”的方式进行整合资源。如统编教材小学语文五年级上册第五单元是习作单元，本次习作要素是“搜集资料，运用恰当的说明方法，介绍某一种事物”。这是学生第一次进行说明性习作。为了让学生从课文中领悟写法，我们教学的第一步是学习《太阳》一课，用科普性文章的写法进行仿写。

环节一：采用课文+初试身手+交流平台+仿写“一种静物”

活动一，创设情境，激发兴趣。课始，老师为太阳代言，请学生评价。“太阳离我们很远很远，它很大很大，它的温度很高很高。”请学生评价老师是否把太阳说清楚了。学生们兴趣十足，马上就进入评价环节。以往都是老师给学生打分，这次把打分的主动权交给学生，学生的兴趣空前高涨。转换角色天地宽，这为接下来的教学任务打下了感情基础。

活动二，小组为太阳代言，畅说太阳特点。每个小组先确定一个特点，画出体现这个特点的句子，自己认真读一读，然后小组内练习代言，最后推选出一名最佳代言人。通过读、画、讲等形式，学生多次与文本对话，在潜移默化中理解课文的内容，了解说明文的特点。

活动三，解码说明方法，交流平台前置。作者是用什么说明方法把这个特点说明白的呢？通过与原课文阅读比较，体悟如何运用多个说明方法才能把事物说清楚、讲明白。此时展示交流平台上关于说明文的特点以及说明方法的内容，这样学生对说明文领悟得更深刻，为接下来的“写”打下坚实的基础。

活动四，拓展阅读，强化学习效果。首先展示结合习作单元“初试身手”，作者是用什么方法把电视塔说明白的？展示文字：“这座电视塔高368米，大约有120层楼那么高。它的外形像一个待发射的火箭。”让学生用恰当的说明方法说清事物的特点。

活动五，优享好物推荐，学以致用。试着用今天学到的说明方法，借助一定的资料为自己感兴趣的静物写推荐词，写清楚这个静物的特点。

环节二：课文+课文+交流平台+仿写“一种动物”

学完《太阳》一课后，再学习本单元的第二课《松鼠》，围绕课后习题对比阅读了解科普性说明文和文艺性说明文的不同，使学生初步了解习作要有对象意识，不同的对象了解的内容不同，关注的内容也不同。接着让学生体悟描写动物外形、行为表现、搭窝的特点，出示交流平台的相关内容，让学生明白：说明性的文章通常抓住鲜明的特点进行具体说明，使我们清楚了解事物。然后拓展阅读《鲸》，强化一定要抓住事物鲜明的特征来写。最后初试身手，让学生练习写自己喜欢的一种小动物，可以从外形、行为的特点、搭窝、捕食等方面进行描写。

环节三：习作例文+仿写“一种小制作”

学生已经掌握了静物、动物描写的一般方法，如何介绍一种制作方法或者实验过程。借助习作例文《风向袋的制作》，让学生首先学习例文，明白可以从制作风向袋的意义、制作风向袋需要准备的工具、制作的先后详细步骤，以及使用情况说明等几方面来写，就能说清一种事物的制作步骤。然后让学生把自己制作的物品、用具、玩具拿出来，按照习作例文的方法，介绍自己的制作过程。接下来师生评议，根据学生的介绍情况有针对性地提出修改意见，最后形成习作。

整个教学过程是站在单元视域下，采用整体设计、稳步推进的方式，把课文教学和单元的助学系统有机整合在一起，给学生搭建了习作的脚手架，降低了学生写作的难度，提高了习作的质量，读与写实现共生之美。

巧用信息技术，构建生态课堂

濮阳市实验小学　崔改艳

教育信息化时代，信息技术成为影响教师教学行为方式的重要组成部分。传统的“一支粉笔进课堂”时代已经一去不复返了，教师除了需要具备应有的教学专业学科知识以外，对信息技术的应用水平也直接影响着教师的教学效果，良好的信息素养也成为高水平教师的必备素养。教师要学会运用信息技术，为学生构建一个充满生机与活力的生态课堂。

一、利用丰富的信息资源，优化教学设计

现在教师备课时，常常穿梭于各大教育类网站，观摩名师教学视频，借鉴优秀案例。优质的教学资源为老师们进行课堂教学提供了无限可能，也为课堂教学增添了很多生趣。但是在教育教学过程中，我们不能单纯地将网上教育资源拿来就用，要积极地思考与理性地判断，要基于学科教学的目的来合理地利用信息技术，优化教学设计，重构各种教育资源、各个教育要素，使其与教学环节互相融合、互相促进，从而提高教学质量和效率。

数学老师在执教《厘米的认识》一课时，为了更好地促进教学，教师用多媒体以动画的形式呈现小裁缝用拃测量做衣服的情景。课堂教学时，当动画情景一出现，孩子们立即精神起来，坐得端端正正，眼睛睁得大大的，当看到动画中徒弟用自己的一拃测量着做衣服，顾客的衣服被做小的原因时，孩子们都把小手高高地举起，不约而同地说：“一拃的长短不一样。”动画情节中渗透着用身体一部分去测量物体带来的麻烦，也为需要统一度量做铺垫，从而自然而然地就引出“尺子”。可以说用动画设置情景导入，在引发孩子们的注意力的同时，也激发了孩子们的学习兴趣，让孩子们明白“尺子”的来历，也知道了一个事物的发明或出现都是在矛盾

和需要中产生的，都是在不断的实践中归纳总结出来的，同时让孩子知晓了尺子的发明是我们古代劳动人民在生产生活中智慧的结晶。孩子们不但学会了一些数学知识，同时也了解了数学文化，更渗透了爱国主义情感教育，可谓是一举多得，达到了事半功倍的良好效果。

美术老师在组织学习《星空的联想》一课时，用希沃白板展示“嫦娥奔月”“神舟十二号载人飞船发射升空”的视频，在此基础上展示神奇美丽的太空图片，模拟火箭升空的场景，介绍航天飞机如何进入无垠的星空，让学生感受遥远广阔的宇宙空间美，学生似乎置身于浩瀚的宇宙之中，有身临其境之感，从而激发学生对宇宙科学的兴趣。正是因为多媒体技术的辅助教学，营造了有利于创造性思维的情境，实现了学生视觉、听觉及其他感觉的综合调动，提供了更多原型启发，唤起了学生的创作灵感。

二、利用信息技术突破重难点，训练学生思维能力

课堂教学时，一切教学活动都是要围绕教学目标来进行的，都需要认真地研究课程教学目标和教学内容，当传统的教授法不足以透彻讲解知识点时，就可以借助现代信息技术手段找到突破口，从而精准地实施课堂教学，达到解决重难点的目的。

课堂教学中常常涉及一些科学原理，单纯从语言的角度无法解释清楚，这就要学会利用信息技术来进行直观的演示，如语文教师在执教《小马过河》一课时，老牛和松鼠对河的深浅有着不同的看法，如何让孩子们清楚地认识到这一点呢？老师利用多媒体课件设计了这样一个环节：分别拖动老牛和松鼠到河里，让孩子们直观感知两者之间的差距，从而理解不是河的深浅在变化，而是动物自身的身高不同造成了认知上的偏差，从而突破了教学难点，为课堂教学的顺利进行提供了良好的基础。学生们学着老师的做法边讲边演，对课文的认识又上升了一个台阶。

体育课堂上，传统的教学模式是老师在前面示范讲解，学生在后面模仿练习，可是有些复杂的动作仅通过老师的简单演示，学生们很难把握其中的动作要领，特别是那些动作构成复杂、变化很快的运动项目。如果使用现代信息技术多媒体教学来进行演示，可以更为形象更为精准地传递一

些运动的关键动作，指引孩子们做一些体育运动，能够增强教学的灵活性。如老师在进行“蛙跳”的分解动作讲解时，巧妙借助 Flash 动画将复杂的动作逐个分解、演示、慢放、讲解，将该动作的关键信息精准地传递给学生，指导学生做出相应动作，增强体育教学的灵活性，把青蛙跳跃的真正活动影像呈现在学生们面前，且依照学生们的自身状况适当地回放、慢放，还有暂停等。老师在讲解的时候，对一些动作要领和注意事项进行说明，使得学生易于把握，影像实例讲解完成以后，学生就能够主动地对动作进行相应的模仿练习，进而可以得到更突出的教学成效。

三、开展信息化教学，培养学生创新创造能力

源源不绝的创新能力是一个国家生存与发展的基础。对学生创造力的培养也是我们课堂教育教学的一大目标。在新课改实施的过程中，集声音、图像、视频三位一体的多媒体技术为课堂教学注入了新的活力。

1. 围绕学科知识，扩充通识知识和相关资源

在学科教学实践过程中，教师要注意收集学科相关知识，扩大学科知识应用范围及增加深度，将学科知识与生活实践相结合，了解学科知识的形成过程及科技前沿知识，做到源头之水长流。在《3D 打印——青花瓷》一课中，教师将青花瓷烧制技艺视频引入课堂，孩子们在欣赏炉火纯青的制瓷工艺过程中更被古代人的智慧所折服。在讲解旋转操作时，教师将数学中的“点动成线，线动成面，面动成体”的概念引入教学，生动形象地展示了数学教学中难以理解的概念。在讲述青花瓷上色的过程中，教师展示精美的青花图样，将美术学科中的纹样引入课堂中，让孩子们在创作过程中体验古典美的独特魅力。

又如，数学老师在执教《分数的简单应用》一课时，在练习环节中展示 12 个苹果图，让学生试着平均分一分、画一画、想一想，可以用哪些分数表示其中的一份或几份。学生展开想象分图形、写分数，这样的练习答案是不唯一的，利用信息技术手段就可以允许学生充分发挥，写完一种答案后，动画卡通小天使就奖励一颗金豆子，并鼓励学生想出别的方法，只要学生分的和写的分数一致，小天使就给学生肯定的反馈，错了就给学生鼓励。这样使学生很快地了解自己的学习情况，加深学习体验，而且教师

也可从中获得教学反馈信息，及时采取补救措施，学生明白了都是一份却有不同的分数表示的意义，又明白了整体可以是一个，也可以是多个，使学生既进一步理解分数的意义，拓展学生思维的空间，同时也培养了学生的想象思维能力。

2. 联系学科知识和生活实际创设情境，帮助学生转移知识

在教学过程中，教师要将收集到的知识活学活用，将知识与课堂情境相结合，增强课堂趣味性，调节课堂氛围，调动学生学习的积极性。进行课堂教学时，可以将时事新闻引入课堂，有内容的支撑会让课堂生机勃勃。科学课堂上教师巧妙地将宇航员“天空课堂”与学科教学联系起来，由宇航员在太空中为孩子演示太空“冰雪”实验、液桥演示实验、水油分离实验、太空抛物实验，在传播普及太空科学知识的同时，激发了孩子们不断追寻科学梦、实现航天梦的热情。

3. 设置项目学习，选择与学科内容相结合的教学点

以点概面，通过开发与学科课程密切相关的课题，引导学生在独立探究的过程中自主获取知识，解决实际问题，发展创新能力。在《制作旅游宣传手册》教学时，教师让孩子独立思考制作旅游手册所需材料，并进行收集整理，课堂上引导孩子对文字和图片进行合理创作，让孩子进一步学习掌握复制、粘贴文本的多种方法，并对各类资料进行分类整理，最终制成一本旅游宣传手册，在此过程中孩子收获的不仅仅是计算机操作技能，更提升了解决和处理实际问题的能力。

四、巧用信息技术评价手段，形成科学评价体系

新课改积极倡导评价方式的改革，力求构建多维立体的评价体系，客观公正地评价学生。现如今，学习者利用资源自主学习，在数字化的环境里自主发现，学习利用互联网通信工具进行协商交流、合作讨论已成为普遍趋势。相对应的评价方式也应呈现多元化趋势，如在课程教学过程中，教师利用“班级优化大师”可以精确记录每名学生的学习效果及学习能力，根据学生参与课堂互动的积极度以及回答问题的质量形成动态评价，综合量化学生成绩，从而形成科学的评价体系；教师还可以通过学生提交的作品对学生的学习成果进行评价，学生通过参与作品评价，可以深入思

考其自身的学习表现和结果，在赏析作品、评价反馈、反复修改、思想碰撞中，不断发展交流和反思的能力；教师也可以在教学过程中将积极举手回答问题、帮助师生解决问题、勇敢展示作品、完成作品的程度等方面都记录到学习过程评价表中，使评价的内容面向整个学习过程，充分提升学生在课堂学习中的参与度，以评促学，从而使信息技术在课堂教学实践中发挥作用，进而提高学生的信息素养和实践能力。

如上所述，在“互联网+”时代，教育完全打破了时空界限，拓宽了学生汲取知识的渠道，使以信息为载体的优质教育资源不再受时间、地点、空间的局限，这就要求教师积极主动地利用信息技术创建教育环境，提高学生的学习热情，利用信息技术建立合作平台，深刻了解学科教学的根本目的，了解教学中的重点、难点所在，了解传统教学的优点和局限性，清楚信息技术的优势和不足，并将信息技术与本学科教学有机地结合起来，从而建立学生和教师的良好互动关系，利用信息技术培养学生的交互能力，建立一个教师乐教、学生乐学的生态教学环境，全面提高学生的综合素质。

以活动促教学

濮阳市实验小学　任中娜

《义务教育语文课程标准》（2022 年版）在课程理念中指出："义务教育语文课程实施从学生语文生活实际出发，创设丰富多样的学习情境，设计富有挑战性的学习任务，激发学生的好奇心、想象力、求知欲，促进学生自主、合作、探究学习。"学生尤其是小学生在他们迅速成长的时候，往往是通过自身的活动去认识世界、体验生活、学习本领的。他们总是喜欢亲眼看一看，亲耳听一听，亲手摸一摸，亲身试一试，而且有研究表明，通过亲自体验获得的知识、明白的道理更易长久记忆。因此，在语文教学中，教师要注重联系学生的生活实际和学生的生理、心理特点，以活动促教学。如何设计活动才能让学生常有新鲜感，对课堂有期待呢？

一、借助课后习题设计活动

统编语文教材的课后习题进一步明晰了课文要落实的语文要素，是语文要素的融合和落实，也是检验学生学习成果的主要内容之一。语文教师在教学的时候，借助课后习题设计活动，这样才能达到教学目标，提高语文课堂效率和教学质量。这些课后习题的设置其实有规律可循。

1. 注重朗读，积淀语言

一般在每课课后练习第一题，统编教材针对不同课文内容，提出了"正确、流利地朗读""朗诵、背诵课文""默读课文"等不同的读书要求。教材编者的用意是：把朗读放在首位。朗读可以丰富学生的语言积累，培养语感，熏陶情感，这是语文的基本功，也是课程标准的具体落实。

比如，统编教材小学语文五年级上册《四季之美》的课后习题："反复朗读课文，体会作者笔下四季之美的独特韵味。背诵课文。"我围绕这个练习设计了活动："为自己喜欢的文字选配乐。"具体操作如下：默读课文，作者分别写了四季的什么独特景物？用心读，大胆想象，说一说你仿佛看到了什么，听到了什么。学生从整体上感知课文的主要内容后，通过引读、指名读、评价读、想象读、师生合作读、齐读等多种形式，让学生把课文中的语言文字内化成自己的语言，从而达到背诵和积累语言的目的。在展示背诵第一自然段前，我播放两段风格截然不同的音乐，一段是慷慨激昂的进行曲，一段是舒缓引发人想象的轻音乐，学生很快选出自己认为适宜的音乐，边想象画面，边背诵，那动感的画面仿佛就在眼前。"初步体会课文中的静态描写和动态描写"是本单元的语文要素，这样的训练也落实了语文要素。

2. 找准切口，洞悉全文

越到小学高年级，教材中课文的篇幅越长，教学的"点"很多，但一节课又不能面面俱到教授，必须突出重点。怎么办呢？这时，我们需要找寻一个"切入点"精准地切入，用"一发"牵动"全身"，这时，我们可以参照课后习题。

以统编教材小学语文五年级上册《父爱之舟》一课为例，课后习题是："默读课文，说说在'我'的梦中出现了哪些难忘的场景，哪个场景给你的印象最深。"这个问题就是很好的"切入点"，依据这个练习设计教学活动，可以把课文串起来。课堂上，老师首先抛出问题："默读课文，找出父亲为'我'做了哪些事情。"学生各自梳理后四人小组内交流，共汇报梳理出九个充满着浓浓父爱的生活场景。这九件事不能平均用力，需要有重点研读。于是老师顺理成章地抛出第二个问题："这几件事中让你印象最深的是哪件？多读几遍，体味文字中蕴含的情感。"然后选择重点研读"想为我换房""逛庙会""缝补棉被"三个细致描写的场景。如此设计教学活动，牵一发而动全身，思路清晰，重点突出。

3. 细细咀嚼，习得方法

阅读教学，在理解课文内容的基础上一定要领会和学习表达方法。课后练习都是教材编者根据课标、依据学生年龄特点和认知规律而设计的，大都紧扣语文要素，集聚单元训练重点。因此，教师要引导学生细细揣摩文本，领悟语言的魅力，学会阅读或写作的方法。

例如，统编教材小学语文五年级上册第五单元《太阳》一课后习题第二题为："读下面的句子，结合课文内容，说说作者是运用哪些说明方法介绍太阳的，体会这样写的好处。"可以把课后习题设计成有层次、有深度、有力度的学习活动。课堂活动一：为太阳代言。每小组选择确定一个特点来学习并画出能体现这个特点的句子，在小组内交流，选出小组最佳代言人。课堂活动二：探寻成功代言的密码。让学生明白文章是用什么说明方法把太阳的特点说明白的，掌握说明方法。课堂活动三：初试身手，巩固所学。借助教材中《松鼠》一课后"初试身手"栏目的第一题，体会用多种说明方法说明一种事物的特点。再结合《语文经典读本》第 66 页《南州六月荔枝丹》（节选），梳理出作者运用了什么说明方法，体会运用说明方法的好处。课堂活动四：为自己喜欢的事物代言。用刚才学到的方法练习写小练笔，写完后修改。这样从习得方法到巩固运用便水到渠成了。

再如，《父爱之舟》这一课，课后习题："读下面的句子，回答括号里的问题。"这道练习题旨在引导学生领悟字里行间的情感。在品味课文中"父亲想为我换房"语段时，老师可以"扶一扶"，抓住关键词句品味细节，找到父亲为"我"找来茶房、动心换房间的语句，引导学生表演父亲和茶房的对话，还原当时的情景，借助学生表演深度想象，还原场景体悟情感。再追问学生如何理解父亲的心理、儿子的心理，这样，场景中父亲对儿子的疼爱呵护、儿子对父亲的体贴理解，相互呼应，真情洋溢。在此基础上，让学生再次朗读课文，通过朗读表达出这份情感。运用朗读外化表现后，及时带领学生梳理出"一找、二想、三读"读书法。从而让学生真正体验方法的运用，并经历总结方法的过程，从真正意义上习得方法。

二、依据阅读提示设计活动

统编教材的一大编排特点是每篇略读课文前都有"阅读提示"小栏目。阅读提示语明确提出了本课学习的重点内容及要求，为师生指明了教与学的方向。学生可以从中定位学习课文时的目标，明晰本篇文章需要解决的问题。

例如，统编教材小学语文五年级上册第八单元以"阅读"为主题编排了三篇课文，其中《我的“长生果”》是略读课文，本课的阅读提示为：“用较快的速度默读课文，说说作者读过哪些类型的书，从童年读书、作文中悟出了哪些道理。”我依据本单元的语文要素“根据要求梳理信息，把握内容要点”，紧扣“梳理”两字展开教学，精心设计了两个学习活动：

活动一：用较快的速度默读课文，圈画出作者在什么时间读过哪种类型的书，分别是怎样读的。学生通过快速默读课文圈画出信息，并梳理出来填到时间轴上，但梳理程度仅限于此还远远不够，老师还要引领学生感悟梳理的意义。老师要继续引导学生认真观察时间轴，说出自己的发现。当师生一起由作者的经历侃侃而谈，又联系到学生自身的阅读经历的时候，学生们的阅读兴趣更浓了，老师也把阅读的种子“润物细无声”地种在了学生的心田。

活动二：圈画、摘录并梳理作者写“阅读对写作带来好处”的语句。课堂上，为了让学生体验学习的过程，让他们用心思考，当他们梳理出阅读对写作带来好处的句子时，老师提供树状图、书页图和表格，让学生选择自己喜欢的方式提取关键词完成进一步梳理。老师请学生在黑板上完善树状图，当学生们用自己的语言表达出阅读和写作的关系时，作者想要揭示的道理和蕴含的情感已不言自明。

这样，学生在学习活动中轻松完成任务，老师也圆满完成了教学目标，落实了语文素养。

三、借助习作设计活动

写作教学应贴近学生实际，让学生易于动笔、乐于表达，应引导学生关注现实，热爱生活，表达真情实感。教材中的习作训练需要我们用心设计活动，从而让学生亲历其中，从中受益。

例如，统编教材小学语文五年级上册第五单元是习作单元，习作主题是“介绍一种事物”，这里的“事物”包括了多样性的理解：动物、植物、物品、美食或其他学生感兴趣的内容。“介绍”也包括多种风格：语言平实，语言活泼，操作说明等。为了防止学生面对更多习作内容的选择而无所适从，可以分类分次举行活动以进行作文指导。第一次习作指导：“介绍一种熟悉的植物或动物”，举办“我是最美植物（动物）代言人”活动。

因为是说明文的写作，所以搜集资料是重要的环节。这时，老师可以引导学生利用网络或书籍等资源自主搜集资料，并指导学生如何筛选资料，最后再用自己的语言积累转化并且应用这些资料。学生紧紧围绕习作主题，完美完成了写作任务。为了“介绍一个小制作或一道美食”，模仿习作例文《风向袋的制作》，可以引导学生完成科学小制作，还可以制作一道拿手美食，从而把生活中每日接触的美食写出来。于是，第二次说明类习作活动应运而生：举办“我是美食博主”“我是优秀制作小达人”活动，最后班级评选出的最佳小制作，就有机会参加年级举办的小制作博览会。第三次习作指导：“介绍一件居家生活用品”，举行“‘双十二’购物节专场”活动。“双十二”购物节到了，老师可以以此为契机开展“‘双十二’购物节专场”活动，介绍一件居家生活用品，让学生为别人的居家生活购物提供自己的建议。

每次习作活动后，更要重视反馈评价。习作评价可以从学生的生活需要出发，达到某种交际的目的。每次习作活动的开展，老师都可以努力创设一个真实的交际语境，例如：把自己熟悉的植物介绍给同学们，比比谁能成为最美植物代言人；看谁制作的美食可以吸引别的同学为自己投票，成为最佳美食；筛选出优秀的科学小制作举办一次博览会；“‘双十二’购物节专场”活动中，比比谁是最佳推销员。

习作教学，在活动的承载下，化整为零，化难为易，让学生在平时的练习中积蓄力量，领悟到有效的写作方法，不断改进并完善自己的习作，从而提升自己的写作及修改能力。

总之，像这样适时开展各类活动，以活动促教学，一定能够在活动中落实语文要素，提高教学质量和实效，发现、体味语文的精髓、趣味。

用心打造幸福班级

滑县留固镇西街小学　周杰

班主任工作林林总总，烦琐细碎。不仅要教好课，抓好班级日常管理，还要搞好班级文化建设，培养一个健康向上的班集体。那么，在班级管理当中，班主任应该把管理的重点放在哪里？

一、利用课前十分钟，让学生展示才华，锻炼胆量

活动育人是构建幸福教室的一个有效途径。为培养学生的自信心，营造自由和谐的班级氛围，从三年级起，我在班内精心设计了“课前三分钟”卓越口才训练活动，开设形式有：朗诵、演讲、唱歌、演小品、情景剧表演等，也可以讲自己每天听到、看到、想到的事，形式和内容不限，只要走上台、张嘴说就行。

这项活动在学期之初即公布计划，活动负责人提前一周排好次序表，力争每月全班学生轮流一次。学生可以提前准备稿子，也可以即兴发挥。每一轮结束后，推选出若干名“优秀表演之星”，进行颁奖表彰，给孩子们一个满满的仪式感。

为引领学生用自信点亮生命，除此之外，我还通过各种渠道为孩子们搭建平台，带领他们到电视台、网络平台、情景剧或诗朗诵舞台参加比赛、诵读经典。我和孩子们共同录制诗歌、散文作品，通过网络平台传播到千家万户。如此丰富的班级活动，既激发了孩子们的艺术热情，又为他们单调的学习生活带来了无穷乐趣。

二、构建班级团队管理体系，设立最美小组奖项

一个班级要想走得远，飞得高，必须构建一个科学合理的班级团队管理体系。根据班情我建立了若干个既有合作又互相竞争的学习兴趣小组，

采取民主选举与师生推荐相结合的方式选出组长、组员，制定组名、组规。

大组内又细分为 A、B 两个小组，每个小组内四人，设两个小组长。一名小组长负责学习，一名小组长负责纪律。定期召开大组长和小组长会议，定期进行综合评比，实行周总结、月表扬、期末颁奖典礼等形式，将颁发印有“最美小组奖”的流动红旗放在组长桌上醒目位置，以激发学生的集体荣誉感。

三、打造“励志文化墙”，开辟“真善美”专栏

真正的教育首先应该是人性的教育，是真善美的教育，是世界观、人生观、价值观的塑造。为构建一间幸福教室，我在班内打造“励志文化墙”，在教室一角开辟“真善美”小专栏，寻找“发现美的眼睛”。

每个年龄段的孩子都有每个年龄段的特征，我在教室后黑板上开辟专栏，让学生把每天发现的“真善美”事迹写在上面。写清楚发现的时间、地点、人物、事件或事迹感动之处，以及发现人的姓名，此项活动找专人负责统计并定期公布。

比如，星期三上午放学，王嘉奇把教室里所有的电灯、窗户都关了才离开——发现人：王冠程；星期四下午放学路上，小书迷王梦涵边走边看课外本，因为太投入，还一头撞在了树上——发现人：倪艺晨；星期五早读课上，张奥晴和范冰琪在领读时，张艺隆也奇迹般地张嘴读了——发现人：范正昊。

一间教室很普通，但因为有了我们的用心和孩子们的爱心，教室变得更加温馨。我为学生创设自己教育自己的机会，让学生成为对生活充满希望和理想的人。

四、围绕学生成长，开好自主班会

每周再忙，也要一周召开一次自主班会。班会上各组派代表上台发言，总结上周本组情况。各组发言内容要具体、有细节，本组其他同学也可就本组情况补充发言。班主任就具体情况点评补充，也可就共性问题指导激励。

五、走进学生心灵，用心用情“私人定制”

在日常管理过程中，除了需要临时处理班级突发事件，我还经常为个别学生（后进学生、问题学生）进行思想疏导，定期沟通。针对问题学生，与之进行面对面的交流。内容不固定，可以唠家常，也可由学生来定话题，最困惑的事、心结都可聊。总之，给予学生肯定和鼓励，帮助孩子制定近期小目标，引导孩子寻找不足，给孩子积极的心理暗示。

六、偶尔制造小惊喜，溅起“生活涟漪”

授人以鱼，不如授人以渔。作为班主任，让学生主动地热爱学习、热爱生活尤为重要。为此，我把自己当作学生，站在学生的角度观察生活，时不时在班内制造一些小惊喜、小意外，使学生波澜不惊的生活泛起一丝涟漪。例如，我家里枣树上的枣儿熟了，就摘一些当作奖品；从外地学习回来时买一些小礼物送给同学们；奖励学生看一场电影；挤进学生堆里跳绳；等等。

再比如，2022 年元月的一场大雪如约而至，将美丽的校园装扮成一个银装素裹的童话世界。我何不利用这场难得的大雪，和孩子们体会一把冰雪带来的奇妙乐趣？当天第一节早读一下课，我故意问孩子们：“你们早起都玩雪了吗？”答：“没有！”问：“想玩吗？”全班异口同声：“想！”“好，那现在咱们班就集体玩雪去吧！”我大声说。“哇！”全班欢呼起来！在这次“与雪共舞”的活动中，我们五二班的孩子们走进大自然，走进冰雪世界，用自己的行动表达对冰雪的喜爱之情，同时也体会到身处这个班级大家庭的幸福与温暖。

苏霍姆林斯基说：“集体是教育的工具。”要想让班级具有很强的凝聚力，多组织一些活动是很有必要的。通过这样的活动，相信同学们能以更轻松的心情投入学习和生活中，会更加热爱这个集体。

七、师生共写教育随笔，随手记下班级点滴

构建一间幸福教室，还需要师生共同书写教育随笔，随手记下班级的点点滴滴，记下自己灵光闪现的瞬间，不求技巧，不为发表。自 2017 年 9

月，我在手机上下载写作软件——简书以来，便通过简书随时记下自己的教育生活。三年来我陆续写了 45 万字，编辑教育随笔 380 余篇，收获了 240 多个粉丝，获得了 1000 多个赞。《课堂飘香是茉莉》《你能做最好的班主任》记录着我读书的感悟；《像一朵花，等待春天一样》《让儿童成为更好的自己》记录着我任教班级的点滴；《你们毕业了》则诉说着与孩子们相处六年的美好时光，孩子们毕业时的不舍。其间，我在“滑州杏坛”公众号上发表作品 33 篇，在“徐洁本真教育”“河南省杏坛网研社”“新网师”等公众平台发表作品 20 余篇。

在这样持续的写作中，我确认着自己对教育的理解，找寻着构建幸福教室的密码。我自己读写，也鼓励班里孩子共读共写。鼓励孩子们用日记记录班级事件，鼓励孩子们创作现代诗，书写班级事。我开办了属于孩子们的班级公众号平台，利用公众号定期推送孩子们的读写作品。

八、随时抓拍教室里的独特风景，用手机记录班级正能量

构建幸福教室的第八个小妙招是用手机记录日常。我现在教的这些孩子，自一年级起，我就为他们开辟了“教室里最美的风景”专栏。课前课后，有事没事到教室内外走走，随时准备抓拍教室里独特的风景：几个孩子在走廊上读书，孩子们在整理图书角……用手机随时抓拍任何具有正能量的场景，然后发到班级微信群里，命名为“教室里最美的风景”，以此激励和影响更多的家长和孩子。闲暇之余，再选些照片配上文字，收录到简书上，就是一篇篇题材不错的教育叙事文章。

当然，构建一间幸福教室，培养一个健康向上的班集体，班主任要想做得更好，还需要用更多的爱心、耐心、细心和智慧。比如构建黑板一角“温馨提醒制”。孩子玩起来啥都忘，还经常丢三落四，每天在教室醒目位置更新值日生名单，及时温馨提醒大家。比如开展“爱心大比拼，领养小绿植”活动。买几盆绿萝、多肉植物、常春藤、菊花等作为某组某人的奖品放在教室窗台上，或者自己带来一盆，或者自己动手种点小植物，哪位学生表现好把保管权奖励给谁。

幸福教室需要构建，更需要引领。语文课上，允许他们放松，不介意学生们根据课文剧情把语文课堂变成小小音乐厅、话剧场、泼水节现场。

每个学期期末，自己掏钱为孩子们购买童书，奖励那些热爱读书、助人为乐的学生。

幸福教室需要浇灌，更需要创造。仅仅关注分数的教育，不是好的教育。春天来了，就和他们去咏柳、去踏青；夏天到了，就带他们去聆听大自然的美妙；秋风习习，就将课堂搬到校园里，和他们一起聆听秋的声音；雪花飞舞时，大自然创造了一个粉妆玉砌的世界，我就带领他们走进冬天，书写冬天，品味多彩多姿的童年。

有人说："教育就是一个不完美的人，带领一群不完美的人，走向完美的过程。"让我们去做那个拥有智慧力的班主任，为构建一间幸福温馨的教室而努力，为创造一种幸福的教育而努力，让我们用自己的努力，成为那点星火，星火燎原。

课内课外齐发力，构筑一处“育人场”

濮阳市实验小学　杨文娟

日常的教学中我时时在思考一个问题：如何构筑一处“育人场”？“育人场”简单来理解就是适合学生成长的一种氛围、一种状态、一种隐形的能量。那这样的“育人场”如何才能构筑呢？结合自身教学实际，可以用三个关键词来概括：和谐、积极、同频。

一、和谐

作为语文教师，牢牢守住课堂就是守住阵地。语文不是独立割裂的学科，它的范围极广，可融度极高，可创造性也极强。在课堂教学中我非常注重营造一堂课的整体氛围。不同特点的课文，或激情洋溢，或沉静舒适，和谐氛围的营造能让学生沉浸其中，在不知不觉中完成学习目标，高效提升语文素养。

比如，统编教材小学语文五年级上册的《月迹》一课是一篇整体氛围良好、非常美的文章。而对于营造氛围，音乐是再好不过的帮手了。于是语文和音乐携手，便能带学生踏上一个美妙的寻月之旅。

《月迹》这一课的学习目标：默读课文，能说出月亮的足迹都出现在哪里。把你觉得有趣的地方找出来，体会作者细腻的感受和动人的描写，再有感情地读给同学听。

结合学习目标，我开始全方位营造课堂氛围。首先是课前活动——听歌答题，借鉴了肖绍国老师的课堂，以《听妈妈讲那过去的故事》等带有月亮的歌曲，老师唱，学生听，听完以后回答月亮在哪里，这与本课第一个学习目标相契合。让学生在感受音乐之美的同时，融入大脑的思考。

学生回答问题时，答对有奖，奖励什么呢？课文中提到了桂花树，把桂花味的香水喷在学生的手心，这清甜的味道在学到桂花树这段时，怎能不助学生身临其境？

在有感情地朗读课文、体会作者细腻的感受和动人的描写时，就更离不开音乐的辅助了，动态描写活泼轻快，静态美展现出的柔美恬静，让孩子们选择合适的配乐，不同的语言、不同的特点配以不同的音乐，就能读出不一样的感情。

除此之外，还有一处小心思点缀。上课时硬邦邦的师生问好，变成了一句句欢快的歌唱："老师好，老师好。杨老师，您好。""你们好，你们好。同学，你好。"而下课则变成了"下课了，收拾好，文明玩耍了"。

一个个小细节的处理，一个个大环节的设计，学生始终在美丽的月色下，在柔和的音乐声中，自在地朗读、感悟，寻找着月亮的足迹。

在教学《少年中国说》一课时，联系统编教材道德与法治五年级上册第三单元《我们神圣的国土》一课，引导学生简单了解我国的地理位置、领土面积、海陆疆域等，体会祖国的每一寸土地都神圣不可侵犯。再辅以历史资料，帮助学生了解历史上八国联军阴谋瓜分中国的野蛮行径，而当时国内一些人自暴自弃、甘为亡国奴的社会背景，在此基础上更能引发学生情感共鸣，更能理解课文磅礴的气势、充沛的感情，更加深刻地感受到作者对祖国繁荣富强的热切期盼。

而当疫情来临，我们不得不进行线上教学时，虽然隔着屏幕，我却始终努力营造出现场感。课前十分钟在网络教室和同学们聊聊天，就像我们在学校教室的课间聊一样；每节网课前，我还会搜集与本课关联的小视频或者小故事播放给大家或者讲给大家听，润物无声地渗入本课的学习内容中；课件中插入上课铃声，提醒学生线上课也一样要端正态度；下课时，学生在对话框中打出我们常用的下课口令；等等。一切都和之前在教室上课时一样，孩子们既新鲜又熟悉，学习热情始终不减。

二、积极

这方面，很多教师都有自己的妙招，创设了很多的学习活动来调动学生的积极性，我也来分享一些自己的小设计。

（一）课时性活动

结合每课学习内容，围绕本课学习目标设计周期短、趣味浓的学习活动，在完成学习目标的同时，采用新颖、有趣的方式激发学生的学习积极性，增加学习深度。如在教授《古诗三首》一课时的“为古诗配插图”、在教授《花钟》一课时的“花历设计师”活动、在教授《四季之美》一课时的“为我最喜欢的季节画插图”活动等。

（二）阶段性活动

结合学生阶段学习内容，进行阶段性的巩固与检测。既不加重学生负担，又能寓教于乐，学生乐意做、做得好。如在单元学习结束后，指导学生制作单元知识梳理思维导图，鼓励学生用自己喜欢的方式对单元知识内容进行全面的梳理。每学期举行两次“汉字听写大赛”，为汉字听写大赛“冠名”，给常规的学习内容增添新鲜感。在疫情期间，结合网络学习特点，举办“线上词语听写大赛”并颁发奖状；“古诗词鉴赏小达人”“知识胶囊特别分享”活动鼓励学生自己将假期生活所得与同学分享。疫情期间还开展了“‘自助餐’小主播”活动：从班里挑选30名朗读、背诵能力较强的孩子组成小主播队，录制“自助餐”中必背篇目的视频。每期两名主播齐上阵，一篇故事加一篇现代诗。小主播们不仅字正腔圆、感情饱满，还精心制作每段视频，加入了音乐、动画、字幕等。每天早上老师将当天小主播视频发到班级微信群，供其他同学欣赏、学习，剩下的孩子经过不断练习，提高自身水平后，也会获得下次成为小主播的机会。“‘自助餐’小主播”不仅帮助大家矫正字音，了解篇目内容，提高朗读能力，同时还能取得先进带后进的效果，激发学生的展示欲和参与实践活动的积极性。

（三）长期性活动

这类活动周期较长，需要学生前期进行长期的准备，能够帮助学生更好地积累与沉淀，比如诗词大会。至今我们已经举办了多期，学生们全员参与进来。最初有这个想法还是看到了央视的中华诗词大会，以这样的方式来引导孩子们对学过的古诗词进行梳理、积累，岂不有趣？有了想法，践行是关键。结合当时孩子们的古诗词掌握程度，我们设计了填空题、判断题、挑字组诗、看图猜诗名等类型题目，孩子们三人一组组成代表队，想队名，设计口号，轰轰烈烈，我们还购置了抢答器，有裁判组、礼仪组，一切都如在电视上看的那样正式、丰富。每期报名异常火爆，学生们报晚了就抢不到参赛资格。自此，孩子们学习古诗词的热情空前高涨。

（四）学科外活动

当然积极不仅仅是在学习方面，更重要的是面对生活要有一种阳光、向上、乐于进取的心态。每一次的集体活动都是我们磨炼品质的好时机。“阳光大课间”背后是无数次训练的汗水，“拔河比赛”活动中孩子们被麻绳磨得通红的小手显露出大家永不服输的劲头。说到这里，不得不提拔河这件事。每当体育文化节时，我们班都是我们年级的拔河种子队。四次参加比赛获得三次冠军、一次亚军，靠的不仅仅是身体素质方面的优势，更重要的是那种坚持到底不放弃的态度。多少次，当象征胜利的红绳一点点朝对面挪去，让人觉得没有希望了的时候，那红绳最终却奇迹般地被拉回到了我们的阵营。武子晧、张博宇同学双手磨破了皮都不肯松手，潘昊峻同学比赛后累得抽筋。虽然不过是学校一次小小的拔河比赛，但每一次全班同学以胜利者的姿态走回教室，那种油然而生的自豪感，那种面对困难努力拼搏到底的精神都值得我们久久珍藏。

三、同频

作为教师，育人是目的，但了解学生是必不可少的前提。教师要仔细观察学生，掌握他们现阶段的理解程度，模仿他们的思维方式，适应他们的表达习惯，进而调整自己的教学模式，也就是说“大白话”，揣摩“小心思”。同频这个关键词可以分为三个阶段来说：我为学生，我与学生，学生为我。

（一）我为学生

作为一名小学教师，我始终觉得仪式感和新鲜感必不可少。开学时的惊喜小礼物；期末考试或者公开课后的录视频发抖音庆祝；六一节“教室观影会”过一把在学校敞开吃零食的瘾，砸金蛋，用扑克牌抽零食……

理解孩子们内心真正的喜好，容许他们偶尔开小差。看着孩子们满脸的笑容，我会觉得自己也是一名无忧无虑的小学生，弥补了自己单调无味的小学生涯的遗憾。

（二）我与学生

渐渐地，孩子们长大了，我们常常会进行合作。比如在进行异步教学时，我会征求孩子们的意见，问问他们喜欢哪一课，说一说理由。尊重孩子们的意见，确定讲课篇目，那么孩子们的主人公意识会更强，自己选的课听得更认真。

再比如前面说到的拔河比赛，很多人觉得拔河时大家按照节奏使劲拔就行了，其实不然，我们全班一起认真研究过，从双脚站位，甚至绳子在身体的位置，膝盖的弯曲度，到上身后仰的角度，双脚挪动的步伐，都很有技巧……我们还选了替补队员作为陪练，在实战演练中一点点熟练技巧、习得要领。每轮比赛结束后，还要开战术会议，总结上一轮比赛的得失，研究下一轮比赛的应对策略。比赛时，还有老师专门为我录了视频，说文娟，你看学生拔个河，把你累得不轻。我一看，可不是嘛，当时累得嗓子都已喊不出来声，全身甚至连脸部肌肉都在用力。当胜利的哨声响起，我与孩子们抱成一团，这胜利属于我们全班每一个人。

（三）学生为我

慢慢地，学生不仅仅是学生，更能成为帮手甚至是导师了。还记得之前我去参加全省班主任基本功展示活动，其中有一个才艺展示环节。短短的三分钟时间，我以视频为衬托，融合了课内外知识、才艺技能、时事要闻。这段视频不是我一个人完成的，中间的串联视频以及第一个迷你 MV 都是学生来帮我共同演绎和录制的。当时刚刚萌发这个想法的时候，其实是被我瞬间打消了的，因为实在是过于烦琐。可当我在班里给孩子们说了之后，孩子们却纷纷鼓励我："老师，您拍吧！我们帮您！咱们一遍拍不好，就拍两遍、拍三遍，拍十遍都没问题！一定要帮您拿到一等奖！"有了孩子们的鼓励，我才下定决心去啃下这块硬骨头。从场景设计到台词、服装的选择，孩子们贡献了不少新点子。有的孩子是群演，有的孩子帮忙打光，还有的孩子帮忙录像。功夫不负有心人，我们得到了一个满意的结果。更大的收获其实是此后当难题再出现时，我和孩子们都不会再逃避，而是会尽最大的努力，冲击最高的目标，做最好的自己。

当然，我以上所述的想法和做法还有很多不足之处，但千里之行，始于足下，只要瞄准目标去做，总有到达终点的那一天，正如歌中所唱："时间会回答成长，成长会回答梦想！"

线上自然教育实践活动

信阳市羊山新区第二小学　方媛媛

2020年的春节，注定了要被我们所有人铭记。我想，我们每个人也都在那个新年里深深感受到了特殊的宁静。静下心来居家隔离，慢下心来生活，每天除了关心疫情，也开始关心粮食和蔬菜。所有人不得不亲自动手煮汤做饭，不禁让我想起陶行知的“生活即教育”和杜威的“教育即生活”。2019年全国教育工作会精神：“让立德树人回归社会、回归家庭、回归生活，以新的方式推进立德树人工作，培养德、智、体、美、劳全面发展的社会主义建设者和接班人。”所以开展线上学习后，我每周也会结合现行的语文教学单元主题，把灾难当教材，把生活当教材，引导孩子们去做一些综合性语文实践活动。我看到，孩子们乐在其中，也学在其中。唯愿：春种一粒粟，秋收万颗子。一起来看看孩子们那段时间每周的实践学习单和探究成果吧。

实践学习单（一）：由一幅字说起

这幅字被热心的卉沙爸爸在学校公众号上发现后，转发到了班级微信群里，感谢大家纷纷点赞。我想大家赞的不一定是我的字写得怎样，更多的应该是跟我一样，对这种高雅文化的欣赏。所以，我们就从方老师的这幅字引申开来，引导孩子们说一说，相信孩子们定会脑洞大开。

下面表格中的内容是我对这项实践活动的提示，家长可以引导孩子从不同方面，以不同形式来展示探究学习的成果（文章、配乐诵、手抄报、音视频、手工展、剪粘贴、亲子共读、亲子共写等）。没有做不到，只有想不到，每个孩子都可以根据自己的兴趣自由选择某一个或某几个方向去探索学习，家长有兴趣也可以和孩子一起参与。

方向	内容
书法（篆书）	这几个字为“山川异域，风月同天”，你知道这是什么字体吗？你知道中国书法还有哪些字体吗？你能记住不同书体的样子吗？你也能学着写一写毛笔字吗……
诗词	你知道这句话的意思吗？你知道这是一个什么句子吗？上网查一查这样的句子还有哪些，可以读一读、抄一抄、记一记……
历史	你知道这句话为什么这么火吗？你了解这句话的出处吗？你知道这句话背后有什么故事吗？……
疫情	这几个字是韩国给中国的捐赠物资上写的，从新闻中你还了解到哪些抗疫故事？疫情期间，你的生活有了什么变化？你有什么感受？又有什么想说的呢……
自然	也许从来没有一个时候，比此刻更让人向往大自然，想去看草生长，想去看鸟飞翔，想去看云徜徉……经过这次疫情，你对大自然有什么新的认识吗？今后要怎么做呢……
……	……

实践学习单（二）：由一张图说起

下面这幅图是2020年因疫情停课期间，我去学校值班时拍的。看着这幅图，看着操场此刻的空旷，孩子们是不是也会想起往日操场上那些快乐的体育时光，想起美丽的校园，想起体育锻炼时的满头大汗和身心舒畅……

下面表格中的内容是我对这项自然实践活动的提示，家长还可以引导孩子从更多其他方面，以不同形式来展示探究学习的成果（文章、配乐诵、手抄报、音视频、手工展、剪粘贴、亲子共读、亲子共写等）。没有做不到，只有想不到，大家可以根据自己的兴趣自由选择某一个或某几个方向去探究学习。

方向	内容
疫情	你每天关注新闻联播了吗？你知道还有哪些国家出现疫情了吗？你知道我们国家在疫情防控上采取了哪些有力措施吗？作为中国小公民，你是不是为我们伟大的祖国感到骄傲呢……
健身	多出汗、多运动才能让身体越来越强壮，增强免疫力。居家的日子里你进行体育锻炼了吗？都是以什么形式进行锻炼的呢？你每天有计划安排吗？又学会什么新的体育技能了……
学校	还记得班级里悬挂的《小学生守则》吗？还记得守则的内容吗？还记得校园里最吸引你的一处景色吗？还记得我们的那些大型英语节、运动会吗？可以回忆着背一背、写一写、画一画……
老师	你想念老师了吗？可还记得每个老师的特点？记得老师对你的教导、说给你的悄悄话吗？你会给她（或他）写封信或打个电话或发个信息表达思念吗……
同学	想念班上同学了吗？想念同桌了吗？是否想起同学给你带来的快乐和帮助？经过这次疫情，你以后还会因为一些小事跟同学闹不开心吗？你可以给想念的同学打电话、写信、发信息，可以给他唱支歌、跳个舞，还可以做个礼物拍成照片送给他……
理想	疫情结束回到校园你会怎么做呢？宅家的日子里相信你看到了很多也听到了很多，你有什么理想吗……
……	……

实践学习单（三）：由一朵花说起

鲜花，不会因为疫情的存在而迟开。又是一年繁花似锦，想拍其中独特的一朵其实并不易。于孤寂中怒放的这一朵，雨露未干，突然就让我想为她写首小诗——《遇见》：

春天的花，
多姿多彩，
多得晃眼，
每一朵都是春天。

如果，
你得不到游人的眷恋，
别急，
花俏枝头，
自会有蜜蜂的流连。

如果，
蜜蜂忘了来，
不要慌，
还有阳光和雨露为你轻唱。
待到花开日，
与君笑靥扬。

下面表格中的内容是我对这项自然实践活动的提示，家长还可以引导孩子从更多其他方面，以不同形式来展示探究学习的成果（文章、配乐诵、手抄报、音视频、手工展、剪粘贴、亲子共读、亲子共写等）。没有做不到，只有想不到，大家可以根据自己的兴趣自由选择某一个或某几个方向去探究学习。

方向	内容
品种（山茶）	你认识这是什么花吗？如果不认识也没关系，可以打开手机百度App扫一扫，百度会告诉你答案。还会告诉你有关它的特点、它的习性、它的花语、它的诗词，有兴趣的同学还可以试试……
春花	春来百花盛开，蜜蜂闻香而来，你知道春天都有哪些花会开吗？你知道它们都是什么颜色、什么样子，它们的开花时间、开花顺序吗？记一记，写一写……
诗词	在这“人面桃花相映红”的季节里，百花盛开，也看醉了游人。从古到今，咏花的诗词数不胜数，搜一搜，集一集吧……
百花园	作为土生土长的信阳人，不可不知百花园，你知道百花园是哪一年建成的吗？你了解它的规模和布局吗？你知道“十二园”的主题吗？你能用画笔绘一绘、写一写吗……
创诗	春花繁盛中，你最喜欢的是什么花？还记得我们学写《问号里的诗》吗？试着像方老师一样为你喜欢的花写首小诗吧……
艺术	春花烂漫，春意盎然，可以采撷些许制作自己的艺术花板。还可以学学插花，将草木花朵带到自己的书桌前，一缕香飘万里春，想想就很美好……
……	……

实践学习单（四）：由一盘菜说起

时值春分时节，春来万物复苏，人也似乎跟着这个季节渐渐活跃起来。春季要特别注意养生保健，再加上现在疫情还并未完全消除。民以食为天，春分时节最好的蔬菜有香椿、荠菜、豆芽、莴笋、韭菜……那我今天就自己动手丰衣足食，炒一盘好吃的香椿炒蛋吧！

买来新鲜的香椿头洗净去老根，将水煮沸，香椿焯烫溶出亚硝酸盐，沥水捞出并过冷水，然后直刀切碎倒入打好的蛋液中，放上少量的味精、食盐、白糖、白醋和料酒搅拌均匀。接着将锅烧至七成热，倒入油并摇一摇，倒入鸡蛋香椿，大火翻炒至熟。这道菜不仅能清热解毒还能健胃理气。怎么样，听方老师这么一说，你是否闻到了香椿炒蛋的香味呢？

下面表格中的内容是我对这项自然实践活动的提示，家长还可以引导孩子从更多其他方面，以不同形式来展示探究学习的成果（文章、配乐诵、手抄报、音视频、手工展、剪粘贴、亲子共读、亲子共写等）。没有做不到，只有想不到，大家可以根据自己的兴趣自由选择某一个或某几个方向去探究学习。

方向	内容
营养	疫情让我们每个人都增强了顺应自然、敬畏自然的意识。当整个中国按下暂停键，我们才真正意识到身体是革命的本钱，健康是生存的关键。民以食为天，我们都要保护好自己的身体，要吃得营养、吃得健康。人体必需的营养素有四十余种，这些营养素必须通过食物摄入来满足人体的需要，其中有六类物质最重要，你知道是哪六类吗？你知道哪些食物中含这六类营养物质最丰富吗？你知道每个季节的时令蔬菜、水果都有哪些吗……
美食	全国各地的美食数不胜数，每个地方都有每个地方的特色和风味。你可以试着搜一搜你最想去的地方都有哪些既营养又健康的美食，为你将来的旅游出行做好充足的准备……
节气	二十四节气是我国劳动人民独创的文化遗产，它能反映季节的变化，指导农事活动，影响着千家万户的衣食住行。顺着节气养身体，还能让身体不生病或少生病呢。你知道都有哪二十四个节气吗？你知道每个节气的来历、农事活动、风俗和跟节气有关的诗词吗……

续表

方向	内容
劳动	在这个加长版寒假里，你是否也学会了做自己喜欢的饭菜或美食？都有哪些步骤呢？当爸爸妈妈上班或忙碌的时候，你是否学会了自己的事情自己做，或帮爸爸妈妈做一些力所能及的事情呢……
……	……

实践学习单（五）：由一首诗说起

“清明时节雨纷纷，路上行人欲断魂。借问酒家何处有？牧童遥指杏花村。”

很多人知道杜牧，是因为这首诗。为何这首诗这么有名，深受人喜爱？最主要的原因应该就是它跟清明节联系到了一起。那天正是清明节，诗人杜牧在行路中间，碰巧遇上了下雨。清明，虽然是柳绿花红、春光明媚的时节，可也是气候容易发生变化的时间。远在梁代，就有人记载过：在清明前两天的寒食节，往往有“疾风甚雨”。若是正赶在清明这两天下雨，还有个专名叫作“泼火雨”。诗人杜牧遇上的，正是这样的日子。而时间过去一千多年，现在的清明节依然经常下雨，就像我们现在的天气，前段时间还春光明媚，可清明节前的这几天，阴雨连绵，气温骤降，大家不得不把收起的棉袄又穿在身上。上天似乎是为了衬托“清明节”这个哀思的节日，暂时收起了明媚的阳光。大家知道吗？在二十四节气中，既是节气又是节日的只有清明。

下面表格中的内容是我对这项自然实践活动的提示，家长还可以引导孩子从更多其他方面，以不同形式来展示探究学习的成果（文章、配乐诵、手抄报、音视频、手工展、剪粘贴、亲子共读、亲子共写等）。没有做不到，只有想不到，大家可以根据自己的兴趣自由选择某一个或某几个方向去探究学习。

方向	内容
清明节的由来	清明既是二十四节气之一，又是中国的传统节日之一，你知道它的由来和传说吗？你知道清明节每年大概都在什么时间吗？你知道跟它联系紧密的寒食节的传说吗……

续表

方向	内容
习俗	查一查清明节都有哪些习俗……
诗词	清明节是一个感伤的节日，虽然有各式各样的踏青春日活动，可诗人们还是很惆怅，他们忧伤岁月，感慨人生沉浮，诉说着内心的坎坷与无奈。查一查，背一背与清明节有关的诗词……
英烈	在这样的特殊时期，我们要响应学校继续居家隔离防控的号召，以网上祭扫为主要形式。祭扫的同时，别忘了查一查我们要祭奠的英烈有哪些，了解他们的感人故事……
传统节日	你知道清明节被定为我国的传统节日是在哪一年吗？除了清明节，你还知道中国有哪些传统节日？都是什么风俗习惯呢……
……	……

实践学习单（六）：由一杯茶说起

好山好水出好茶，信阳是著名的绿茶之乡，1958 年就被评为全国十大名茶之一的信阳毛尖，又称豫毛峰，产于信阳市浉河区的车云山、集云山、云雾山、天云山、连云山、黑龙潭、白龙潭、何家寨，因条索紧直锋尖，茸毛显露，故取名“信阳毛尖”。

一到春天，漫山遍野一垄垄的茶山，美不胜收。枝丫上露出雀舌般的新芽，嫩得腻人，翠得欲滴。冲泡好的毛尖茶馥郁清香，送到鼻端闻一闻，茶香清高纯正，使人心旷神怡。品一口，回味无穷……

下面表格中的内容是我对这项自然实践活动的提示，家长还可以引导孩子从更多其他方面，以不同形式来展示探究学习的成果（文章、配乐诵、手抄报、音视频、手工展、剪粘贴、亲子共读、亲子共写等）。没有做不到，只有想不到，大家可以根据自己的兴趣自由选择某一个或某几个方向去探究学习。

方向	内容
种类	中国茶品种繁多，茶叶的分类方法也多种多样，你知道流传最广的分类方法是将茶分为哪几类吗？选一类你感兴趣的茶查一查，其中又包括哪些品种呢……
功效	很多人都喜欢泡茶、喝茶，你知道茶叶中都含有哪些对人体有益的成分吗？你知道为什么晚上喝茶容易睡不着吗……
工序	每一种茶从栽种到采摘再到加工成成品茶，都要经过很长时间、很多道工序才能完成，了解我们信阳毛尖茶的生产工序，体会茶农的艰辛和不易，珍惜劳动成果……
茶具	我国茶具，种类繁多，造型优美，既有实用价值，又富有艺术之美。你知道茶具按质地可分为哪些类型吗？说一说你最喜欢哪一类……
茶艺	中国的茶文化源远流长，茶艺，也是一种文化，而专业的茶艺表演更能给人带来美的享受。欣赏冲茶、泡茶的茶艺小视频，学着给辛苦的父母泡杯茶，以慰藉他们一天的疲劳……
……	……

就这样，我每周结合教材内容和生活内容给孩子们设计一个实践学习单，孩子们在家长的帮助下，学会了上网查资料，学会了归纳整理数据，也把对疫情的担忧和恐惧以及学习的负担抛在一边，取而代之的是乐此不疲，完成的作品也多种多样，有书法作品、诗歌、文章、手工艺品、小视频等，丰富多彩。我也会利用工作室的有利平台，展播孩子们的作品，给孩子和家长们以莫大的鼓舞，其间还有两个孩子的文章被《信阳晚报》选用刊登。

雨落成花，时间白马。在这场特殊的求知之旅中，我深信，也看到，每一次成长，都是一次拔节……

作文，从亲身经历的事情写起

濮阳市实验小学　李玉萍

将课外阅读融于戏剧表演是濮阳市实验小学开展的特色润心教育课程。每个学期，各班语文教师都会带领学生深入阅读一个个故事、一本本书籍，然后对学生们心仪的故事进行改编。学生们则通过角色扮演、虚拟情境等戏剧方式，将课内外读物中的精彩篇章展现在大家面前。从剧本设计到动作编排，从道具制作到音乐剪辑，教师们都会进行精心策划与筹备。与之前单纯地读故事相比，现在学生们通过表演重现故事中的人和事，对故事的内容和意义都有了更深层次的理解。学生们的每一句台词、每一个动作、每一种表情都是对阅读的深度理解和诠释，在融合学习中体会着慧读慧演的乐趣。

经典历史故事《花木兰》《将相和》，红色经典故事《小英雄雨来》，民间故事《猎人海力布》《牛郎织女》，俏皮可爱、童趣满满的绘本故事《驴小弟变石头》，科普童话《小蝌蚪找妈妈》，激励孩子探索宇宙奥秘的绘本故事《月亮的味道》，充满童真与趣味的图画书《一园青菜成了精》，赋予教育意义的绘本故事《没有牙齿的大老虎》，激励孩子们发奋读书、报效祖国的词作《满江红》……都被我们一一搬上了教育戏剧的舞台。

看，舞台上，小演员们一个个挥洒自如，创意的演出和夸张的演绎把戏中人物丰富的情感表现得淋漓尽致，可圈可点。舞台下，一个个小观众目不转睛，时而捧腹大笑、乐不可支，时而屏住呼吸、凝神深思。各班展演的形式丰富多彩、匠心独运，可谓是好戏连台，给观众奉上了一场场极具感染力和震撼力的视觉盛宴。

戏剧的魅力在于表达与展示，学生们通过一次次表演、揣摩，能感同身受地理解文学作品的内涵，更能让他们对阅读产生浓厚的兴趣，激发内在的进取心与求知欲。教育戏剧既丰富了学生的课余生活，又激发了学生对语文学习的热爱之情，为学生提供了一个展现自我、培养自信的舞台，使学生获得更多的勇气与自信，全方位地培养了学生的综合能力。

临近年末，一年一度的教育戏剧展演又如期而至。这一次，我们班要表演的教育戏剧为《孔门论贤》，讲的是孔子要挑选优秀学生和他一起去宋国讲学的事。因为当时处于暑假期间，我领着学生们已经将《论语》精读了一遍，每一篇还挑选了一些名句进行背诵、积累等。开学后，班级每天的晨读时间依然诵读《论语》，每天读一篇，边读边评赏。论语共有二十篇，每四个星期就可将《论语》读一遍、评赏一遍。此时，学生们说起孔子的弟子如数家珍，津津乐道。

这一届学生我已经教了五年了，每年一次展演，将要举办的是他们的第五次展演。以往挑选演员，我会根据学生的特点，孩子们适合演什么角色直接分配角色。这一次展演，我想破例一次，换种方式。这次我准备借孩子们都喜欢的教育戏剧，为他们创造“有话可说，有话要说”的感情环境，精心组织一系列习作练习，让学生在戏剧筹备、表演过程中产生写作的乐趣，在轻松愉快的氛围中积累鲜活的作文素材。

首先，我让学生以《我想（不想）参加戏剧表演》为题，写一写自己内心最真实的想法。特别想参加戏剧表演的学生，要用文字打动我，先过我这一关。

生活是写作的源泉。果不其然，让写作与生活的通道打通，孩子们有了真实的生活，也就有了真实的内心感受，自然就能写出流露真情的文章。看，他们这样写道：

韩宜杉：我渴望参加教育戏剧展演，犹如极度口渴的人渴望水一样。我声音洪亮，吐字清晰，有着丰富的演出经验，我曾在去年的《愚公移山》演出中扮演过愚公妻子，我在演的时候轻松自然，没有怯场；我的代入感也很强，无论是18岁的少女，还是80岁老人的角色，我都能轻松驾驭；如果剧情需要我女扮男装，我也能立马扮演一个壮实的小伙子或老态龙钟的大爷；我能控制自己的情绪，可以前一秒还在哭，下一秒就在开怀大笑。老师，请您相信我，我一定能胜任戏剧中的任何一个角色。

陈浩东：我们学校一年一度的教育戏剧展演，每个班都要准备一个节目，然后在学校若水大讲堂里表演，全校直播，有好几千人观看，所以我们班以往都是选最机灵的同学参加，而这次我们老师换了一种选人方法：写作文申请，谁写的最能打动人，就可以入选本次演员阵营。这本是我们不太机灵的孩子的福音，可不知道为什么，总觉得自己演不好，不太自信，所以我写的是不想参加。

刘星汉：我很会演，无论男女老少，都能演得像模像样。我曾演过执着的愚公、骄傲的铁罐，还说过字正腔圆的旁白。这次是我们这届学生最后一次参演教育戏剧了，如蒙不弃，我愿全力以赴！

荣潇：我特别渴望参加今年的教育戏剧表演，我想参加的理由是：第一，我在二年级的“六一”联欢会上当过小主持人，我举止大方，吐字清晰，声音洪亮，我的主持得到了校领导、老师和同学们的一致称赞。第二，我的姐姐在美国上学，从来没有看到过学生们演的教育戏剧，我想把这最后一次的演出录成视频发送给姐姐，如果姐姐看到演出的视频里有我，一定会为我竖起大拇指，而且一定特别开心，姐姐肯定会把视频分享给她的同学，让她的同学也了解到中国的传统文化。我猜这些大哥哥、大姐姐看到这个视频的时候，一定会赞不绝口地说“Very good”。第三，我还没有参加过一次教育戏剧表演，我很想参演教育戏剧，因为这样可以提升我的语言表达能力、表演能力，让我变得更自信。如果能被老师选上，在老师的精心指导下，我的愿望一定会成真，这样我的小学生活就不留遗憾了。

说到就要做到，这次我真的按照约定，挑选了26个能把自己的演出意愿情真意切地表达出来的孩子作为本次教育戏剧的演员。接下来，我们就开始了一次次的排练，每次不管排练多长时间，孩子们都乐此不疲，最后的展演也是预料之中的圆满、精彩。演出结束后，我又组织全体学生，针对这次戏剧展演的始末，写一写自己最真实的感受。

精彩依旧，看看这些题目吧：《付出就有收获》《一个没有台词的角色》《我真的很后悔》《渴望与努力》《一次难忘的教育戏剧表演》《机会，是留给有准备的人》……

是不是很容易引起读者的兴趣，再来看内容：

张佳怡：时间回到两天前，李老师带着我们演员排练，我多次被老师点名背挺不直，我心里十分不甘心，回到家读书时还保持着腰板挺得直直的状态。第二天排练时，我下定决心要把腰板儿挺得更加笔直。每排练完一遍，站起身来时都会有一阵一阵酸痛感向我扑来，但我却觉得这一切都是为了明天的演出，虽然我没有一句台词，但作为一个配角也很关键。苔花如米小，也学牡丹开！一想起自己在台上自信微笑地看着台下的观众时，浑身就充满了力量。

王若菡：天色昏暗，路灯闪着耀眼的光芒，偶尔有几束光柱拉着汽车在马路上飞快地穿行，我和爸妈乘坐的汽车也被那明亮纯洁的乳白色光柱拉着往学校赶去，此时约为六点。我在车中昏昏欲睡，紧张的心还悬着，好似回到了教育戏剧选人之前——“王若菡，这次你不用参加，你看这次要演《孔门论贤》，你这么胖，穿古装怎么好看？再说了……”伴随着妈妈急促的声音，我知道自己的不足，我咬着牙，听着妈妈表达对我的不满之情，好多次我都差点放弃，我痛恨自己过慢的写字速度，痛恨自己的大大咧咧和偏胖的身材，等等。可是人无完人，谁又能做到十全十美呢？很多次我鼓足勇气去劝说妈妈，终于，妈妈答应了。老师的那一关也顺利通过了。

转眼间，我已经站在了打粉底那长长的队伍中，脑海中又回想起排练时候的辛苦劳累，在一遍一遍地练习中，时常让人口干舌燥，但我们的演出水平也一直在提高，为了在台上的精彩表演，再苦再累也值了。

韩宜杉：“成功的花儿，人们只惊羡它现时的明艳。可当初，它的芽儿，浸透了奋斗的泪泉，洒遍了牺牲的血雨。”经历这次教育戏剧表演的全过程，让我对这段话有了更深刻的理解。

…………

轮到我们上场了，我与同学们穿着古服鱼贯入场，将垫子放好，轻轻扯起衣角，优雅地坐了下去，快速打开了竹简，跟着同学们听着录音一起大声背了起来：“子曰：里仁为美……”我的每一根神经都紧绷着。只听舞台上孔子说：“选出一些优秀的学生来。”天哪！这么快就要到我表演了?！我一边想一边说道：“老师，您说过……”说完，按照剧本向孔子深深作了一个揖，站在孔子旁边。整个节目表演十分顺利，中途没有一个环节出差错，也没有一个多余的小动作。我们的节目赢来了热烈的掌声。我的心里像开了花一样……

说得没错，“台上一分钟，台下十年功”。没有台下的辛苦努力，哪有台上的光鲜亮丽！

雷温思钊：我们学校这学期的教育戏剧又开始了，我又一次荣幸地入选本次表演。

…………

我们缓步走上台，看着台下的同学和校领导，黑压压的一片。我心中又犯了嘀咕：不会因为没有台词而没有观众看我吧。可很快我就不这么想了，我用余光看到一名摄影师将摄像机对准了我，“咔”的一声拍了张照片，那一刻我觉得一切都值了。一切都按着排练时一样进行，时间一分一秒地过去，仅仅12分钟的戏剧，我好像被时间减速魔法给击中了，感到时间过得好慢。我看着主角们交谈甚欢，我像一个木头人一样端坐着，时刻提醒自己：坐端正，背挺直，绝不能因为我而将演出给搞砸了。主角们收获了台下同学和老师雷鸣般的掌声，我羡慕不已。随着演出的结束，我心中悬着的石头落了下来。

这次表演我虽然没有一句台词，但我要努力提高，争取在下次表演中当个主角，也要吸引别人的目光。

张徵羽：在这次戏剧表演中，我只有一句台词。刚开始我觉得很简单。但是通过一次次排练，我却发现演好这个角色其实没有那么简单。因为表演不光要背会台词，还要知道自己要站在哪个位置，什么时候说话，和别的角色怎么进行眼神、动作的配合。这可真是一门大学问啊！这次一句台词的演出让我爱上了表演！

李飒：虽然我是一名群演，但这毫不影响我对教育戏剧的热爱，我每天在家都会练习背诵和发声。因此我得到了一句金贵的台词：“知之者不如好之者，好之者不如乐之者。”虽然只有短短的一句，但我已经很满足了！

有人会说，这么短的句子排练起来应该很轻松吧？不，看起来简单，做起来难呀。如果只是单单把句子背熟，这未免也太生硬了。每个人还要为台词设计一个专属动作，要是做不好这个动作，你的台词就会“跑”到别人的手里。我为此十分苦恼，因为上周五排练节目时，老师不下五次纠正我的动作，看着老师的眉头越皱越紧，我的心里也打了个结。终于意识到了我如果再做不好动作的后果——失去台词，于是隔天我一上午都在练习我的动作。功夫不负有心人，我的动作得到了老师们的认可，也算解决了一个大难题。

终于等到了演出那一天，马上就到我们上场了，真可谓“台上一分钟，台下十年功”啊，我安抚着自己紧张的心情，生怕我把那仅短短的一句台词说错，引来台下哄堂大笑。“下面有请五三班表演教育戏剧《孔门论贤》。”到我们了，我深吸一口气，面带微笑，缓缓走上台。“子曰：里仁为美。择不处仁，焉得知……”我打起精神，挺起腰板一次次默念着。我端坐着，突然我的脚开始麻了，可我硬撑到了最后环节。不知不觉已经轮到我前面的同学表演了，眼看就要到我了，我的心跳得很厉害，那位同学坐下了，我起身开始说我的台词，动作到位了，声音也就到位了，坐下时不要太快，慢慢地，我在心里默默念着。整个表演过程我十分满意，心里的大石头终于放下了。

我们演完了，台下掌声雷动，一种说不出的自豪感顿时涌上心头。这一次的演出可以说是十分完美。如果我没有参演，可能永远也体会不到这种自豪感，下次教育戏剧演出我还要积极参加！

最后，我想重点说说王康尧这个孩子。这个孩子平时性格有些内向，写作水平在班里中等。这次的作文他却写出了自己的最高水平，可以说是超水平发挥。字字含情，句句入心，堪称佳作。他的这篇文章只字未改，被《濮阳日报》刊登。

葫芦课程的融慧之美

濮阳市实验小学　孙志伟

小葫芦，大世界。“快乐城堡说葫芦”系列活动精彩绽放，先后荣获濮阳市中小学综合实践活动课程成果一等奖、河南省中小学综合实践活动课程一等奖。葫芦课程超越了学科的界限，超越了课堂和学校的空间局限，这是学科、师生、家长、自然的多元融合，是学生勤于动手、想象思维、表达交流、通力合作的多元展示，也是学生在思考和探究中实现的多元成长，同时也促进了师生、家长之间的交流互动，以及亲子关系的良好发展。

一、融慧善启智

以学习课文《我要的是葫芦》为基础，以第二课堂——美丽的农田为载体，引导学生确立研究主题《小葫芦大世界》社会实践活动。通过学葫芦、种葫芦、说葫芦、写葫芦、画葫芦、剪葫芦、演葫芦等一系列生动有趣的活动，以“大视野、大情怀、大智慧”的融慧教育为导向，使本班学生获得了丰富的实践经验，形成并逐步提升对自然、社会和自我内在联系的整体认识，学生综合素质得到切实提升。

二、融慧促提升

葫芦课程，它不再是一门单独的课程，这就埋下了我要寻找“我的学科整合课合伙人”的种子，试图在兼容并蓄中融合和创新。

1. 与科学学科的融合

我和家长们利用休闲时间打造了一块儿属于快乐城堡的试验田。我们在科学老师的指导下找来葫芦种子，开始学种葫芦。从选种、播种、浇水、育苗到施肥、养护等全过程都精益求精，孩子们利用课间时间、放学后时间或周末时间，有空就拿着劳动工具来到田间劳作，俨然成为一个个小农艺师。看着葫芦苗一天天长大，开花，结果，大家的成就感油然而生。到秋天时，我们收获了满满几大袋子葫芦，大的小的，造型各异，有苹果葫芦、亚腰葫芦、梨形葫芦等。后期葫芦的刮皮处理、晾晒等一系列工序都得到了科学老师的有效指导。从活动中，孩子学到了科普知识，培养了协作、管理、动手和实践能力。

2. 与美术学科的融合

美术课上，同学们在美术老师的指导下学习剪葫芦、画葫芦。孩子们学会剪各种形状、不同样式的纸葫芦。孩子们根据老师教授的构图技巧和方法，在葫芦上练习作画，设计的图案类型很多，如机器猫、小雪人、葫芦娃等图案。孩子们创意纷呈，升级造型，又开始彩绘葫芦、烙画葫芦等，部分优秀作品还被学校展览室收藏。将葫芦作品和美术学科进行了完美的融合，孩子的审美能力、动手能力、构图能力和创新能力得到深层次提升。

3. 与语文学科的融合

语文课堂是“高产田”，种什么长什么，葫芦活动向纵深发展，坚守语文阵地，努力创设最融合、最智慧的课堂。

写葫芦。孩子们在观察葫芦生长的过程中，写出了一篇篇生动有趣的观察日记；在彩绘葫芦、烙画葫芦、剪葫芦活动中体验到了无穷的乐趣，在作文课中引导孩子把实践中的所思、所感，通过自己的笔尖表达出来，孩子写了很多好文章。

研葫芦。关于葫芦的描写都有哪些诗篇？葫芦都有什么功效？它能做什么呢？课下，学生根据老师的布置，纷纷上网、阅读书籍，找来有关葫芦的诗篇，老师也将关于葫芦的经典佳作让学生们集体背诵，学生在背诵诗篇中与历史古人就葫芦进行古今对话。

演葫芦。《我要的是葫芦》课本剧在“龙都校园阅读联盟第二届论坛”上汇报展演，受到校领导高度赞誉。

4. 与音乐学科的融合

在音乐课上，孩子们学习演唱《葫芦娃》，自己创编儿歌唱出来、演出来，孩子素质发展多元化，由此让孩子的创造性思维能力、审美能力、观察能力、动手能力、表达和写作能力在葫芦课程中得以独特绽放。

三、融慧助成长

在葫芦课程中，真正体现了多学科教师集体的智慧，想要走得更远，就要有一群人结伴而行。我们从实践出发，研究提升教师课程团队开发能力，提出切实可行的学科融合策略，激发教师的团队意识，多阅读、多学习、多研究、多探索，在实践中提升自己的理论水平，为促进教师的专业发展与个体成长奠定基础。

四、融慧树发展

通过探索葫芦课程与学科的融合，葫芦课程绽放融慧之美，融会贯通，慧学趣玩，不仅使社团活动做细做实，形成课程体系，更有助于学生个性化发展，激发学生的优势潜能，促进学生个性化成长，使学生综合素养全面提升。

社会实践活动是一门关注学生过程性体验的课程，大家在关注活动的同时，也要兼顾结果。本次活动历时一年多，教师充分依托我们班的第二课堂——美丽的农田，引领学生走进大自然，让学生有目的、有计划地对葫芦进行种植研究，使学生在观察中走进自然，贴近生活。在资料收集期，不少同学为了完成自己的子课题，上网查资料，下田间问老师、问农民伯伯，忙得不亦乐乎。在创作葫芦中动脑动手，花样翻新，呈现了许多优秀作品。在学葫芦、说葫芦、种葫芦、写葫芦、画葫芦、剪葫芦、演葫芦、研葫芦一系列活动中，学生学习状态好了，学生的眼睛变亮了，嘴巴更会说了，作文更会写了；孩子与家长、老师更亲密了，关系更和谐了。

通过本次活动的开展，同学们从中学到了不仅仅是关于葫芦的丰富多彩的知识，更重要的是怎样去研究问题，多角度观察事物，怎样去与同学合作完成任务。从而培养学生的创新能力，让他们体会小组合作的重要性和成功的喜悦。综合实践活动是长期的活动，要不断鼓励学生善于实践，要持之以恒，同时引导活动向纵深拓展，为下一阶段的研究活动做好铺垫。在学生对社会实践活动意犹未尽时，要创造时机，带领学生对生成的主题进行二度开发与探究。《小葫芦大世界》社会实践活动丰富多彩、形式多样的葫芦社会实践活动，为学生提供了展现自我想象的空间和场所，开阔了学生的视野。

读书

丰润内涵篇

优秀是阅读出来的

濮阳市实验小学　李桂荣

读书活动在中原名师李桂荣小学语文工作室的研修活动中早已成了常态。在共读的过程中，我们都很喜欢阅读教育学者闫学老师的《给教师的阅读建议》这本书，有深度更有温度，书中闫老师结合自己的成长经历与所悟所得，以通俗易懂、平实朴素的言辞娓娓道来。读这本书，你会感觉闫老师是在我们面前轻声细语地传递教育的真谛，透视教育问题的本质。

让阅读成为需要

闫老师在书中列举了自己四个维度的成长史框架：完善知识结构的阅读史，笔耕不辍的写作史，课堂实践的磨炼史，持续反思的研究史。闫老师的经历，给我们提供了易于借鉴的成长经历，从而找到自己努力的方向：要使读书成为常态，完善知识结构；要做好工学统筹，努力勤于笔耕；要勇于课堂实践，要持续研究反思；等等。

阅读帮助我们在精神上实现突围并获得幸福，著名作家邦达列夫说："一个人打开一本书，就是在仔细观察第二生活，就像在镜子深处，寻找着自己的主角，寻找着自己思想的答案，不由自主地把别人的命运、别人的勇敢精神与自己个人的性格特点相比较……"阅读时，我们在精神上从现实的琐碎与庸碌中抽身，反观生命，使心灵更丰润，会对这个世界充满感恩。广泛而深入地阅读，可以提供反思和提炼的能量。这样，教师在教育教学中，会自觉传递美好，传达善良，培养学生开阔的心胸。

为阅读提供方法

闫老师指出，优秀的教师应具备三个板块的知识：精湛的专业知识，深厚的理论基础，开阔的人文视野。教师必须具有广博的知识背景，其教育教学才能达到应有的高度。一名优秀的教师，其知识的宽度将最终决定他（她）所能达到的高度。不读书的教师生涯，则是一种无休止的重复和受难。要避免这种痛苦和虚空，只有让自己更坚决、更深入地沉入阅读之中。

其实，读书并不一定需要一张桌子，也不需要一段完整的时间，处处都是读书地点，时时都是读书时间，当你把读一页书看得很自然时，你就有了读书的精力和时间，而一旦把这种状态持续下去，久而久之就会发现，工作中不再捉襟见肘，也不再那么匆忙了。

那么，教师要读什么，怎样读呢？闫老师告诉我们，阅读要有坡度，好书要重读，阅读当克期，进行“叶脉”式阅读。

有坡度的阅读是指在书目选择上对自己要有挑战性。真正有价值的阅读就像爬坡一样，不费些力气就不能到达顶峰，甚至费了相当大的力气，也不一定能到达顶峰。有坡度的阅读才能真正对教师的专业成长有用。

一部经典作品，永不会耗尽它要向读者说的一切东西。卡尔维诺在评论蒙塔莱的诗中这样写道：“还有，就是继续读‘进’他的诗集，这无疑将确保他的长存：因为不管细读和重读多少次，他的诗都能一打开就吸引读者，却永不会被耗尽。”对于经典的好书和其作者，我们表示敬意的最好方式就是不断地细读与重读这本书，在温故知新的过程中，让自己也走向深刻。

拿到一本书，要给自己设个期限，到了这个期限就一定要读完，这是促进自身阅读的有效方法。还可以设定自我奖励机制，比如克期读完一本书，就奖励自己看场喜欢的电影等。人的一生都在与惰性做斗争，阅读也是如此，要想办法克服惰性。

有时候，要读的下本书就藏在你正阅读的这本书里。这种从一条线索出发，不断拓展开去的阅读方式，恰似一片叶子的脉络，植物生长所需的养分，经由那些脉络被源源不断地输送进来，最终长成一片叶子，闫老师称其为“叶脉”式阅读。读闫老师这本书就能从中收获到这些，你可以发现她阅读的许多书籍，洞悉其阅读的路，并朝着这条路探寻下去。闫老师其实是在引领大家走上一条阅读的捷径，而不再使大家的阅读那样盲目。

把读写结合起来

读写结合是教师专业发展腾飞的双翼。高品位的阅读必然会产生有价值的思考。这些思考来自自身的、宏观的、微观的、国家的、民族的、社会的……只要有思考，就有改变、完善、前进的可能。要让我们在阅读中产生的那些思想不至于稍纵即逝，就要学会整理、记录、提升。这就要借助于写作。读书引发思考，写作本身就是思考。写作帮我们梳理思想，不断返回、认同、否定、完善、升华自身。凡是遇到值得精读的好书，一定要做大量的读书摘记，然后把自己在阅读中的思考化为一篇篇读书随笔，在报刊上发表，这是对自己阅读的呈现形式，也会促进思考与写作的好习惯的养成。

思考与阅读是写作的必要储备。当阅读和写作结合起来，那些在阅读时引发的思考，会更深入，更全面，也更透彻，甚至会引发一些阅读时不曾有过的思考，阅读就会因此获得新的收获。

“选择过一种阅读的生活”，闫学老师做到了。在这本书的最后，闫老师说她不是来谈阅读的。那她是应该来谈成长，来谈生命的吧。于她而言，书籍就是空气，阅读就像呼吸一样自然。五谷杂粮滋养身体，经典专著涵养心灵，教师首先应该是一个读书人，读书的方法有很多，而前提只有一个，那就是先读起来，以狂热的阅读愉悦身心、快乐行走。

和身边的人一起“悦”读

河南宏力学校　曹卫振

我喜欢读书，也喜欢让身边的人跟我一起读书。

一、个人读书

“读史使人明智，读诗使人灵秀。”“书籍是人类的营养品。”“书籍是打开智慧大门的钥匙。”“书籍是人类进步的阶梯。”……虽然读书有这么多的好处，但在当下读书仍算是一件比较奢侈的事情。大家都知道，首先，书的价格不菲；其次，读书需要投入大量的时间和精力。社会上能静下心来读书的人所占的比例并不大。作为教师，推广阅读的使命就显得格外迫切。

要想给学生一碗水，教师要有一条涓涓不停的河流，“问渠哪得清如许？为有源头活水来。”这就需要我们从有限的收入中挤出一部分资金买书，从忙碌的工作中挤出一部分时间去读书，然后再适时地把好书推荐给孩子们。让他们在掌握知识的过程中快乐地成长，激发孩子们的阅读兴趣，让他们在兴趣中学会“悦读”。

（一）读什么书呢？

刚参加工作时，我发现班级图书角的很多书都没有被读过，而班级内一部分孩子读了大量的书籍，一部分孩子却不爱读书，导致我和孩子们之间很难找到聊“阅读”的共同话题。为了让自己迅速融入班集体，我就从图书角借书，一本一本地阅读。读着读着，发现自己爱上了儿童文学，很快图书角的书就被我读完了。后来，我又从图书馆借，而图书馆的书不允许在上面批注，索性就自己掏钱买书。和孩子们一起读书，一起分享里面的快乐。读的书多了，手就痒，就想写。于是就决定动起笔来写，写自己的自传体式小说《坏小子壮壮》。一边写一边给孩子们讲，一边讲一边改。

后来写着写着，发现已经有6万多字了。就尝试着投稿，尝试着和曹文轩、沈石溪、管家琪、杨红樱等知名作家联系。后来，我把文稿发给管家琪老师。管老师给我回复了一封诚恳的信，并寄给我她新出版的童书。管老师的赠书燃起了我更大的阅读热情，同时也给我指明了方向——要多研读儿童文学的理论著作。从此，我的阅读口味发生了根本性的改变，由原来的儿童文学过渡到诸如方卫平、梅子涵、蒋风、彭懿等人的理论著作中来。而后又转到了教育理论的探究中来：研究苏联的教育，阅读苏霍姆林斯基、乌申斯基等人的作品；研究英美教育，阅读杜威、斯特娜等人的教育理论著作……在理论著作中钻研了三四年后，突然又对求学时爱好的文字学产生了极大的兴趣并一直持续到现在，乐此不疲。

（二）怎样读书呢？

我的读书经历就像追剧一样，一章一章地往下追，从点到线再到面。就这样以一本书为基点，像滚雪球一般越滚越大，书读得也越来越多。而读的书越多，发现自己未知的内容也就越多，所要急切了解的内容也就越多。长此以往，想不养成读书的习惯都难。当然，在读书的过程中，记读书笔记是少不了的。摘抄是较简单且不用动脑子的一件事情，别人说的话，认为好，直接记下来；写阅读总结是较高级的读书方法，作者说了很多，一页或者几页，甚至于一本书，但有时就是在表达一个意思，若能用自己的话概括出来，不仅有利于理解，更有助于将来查阅；还有一种就是阅读后写心得，与作者以书为媒，思想交锋，提出自己的观点。

为什么能这样坚持去做，源于人教社有一位朋友曾经告诉我："读书就像打井，每读一个种类的书就等于在该领域打了一眼井，井打得多了，有朝一日把它们在地下连接起来，你就会得到一汪活水。"这句话受用至今。

二、家庭读书

眼瞅着我在当当网的会员级别由银卡会员到钻石会员，一路升级。我每天的读书时间也在持续延长。对于妻子来说，如果对我在购书上面金钱的花费还能暂时忍受的话，那么，对于一读书就痴迷忘我，她就有点无法容忍了。其后果便是在我读书的时候一遍又一遍地唠叨，继而发展到后来的歇斯底里。不但影响到我读书，还影响到了家庭的和谐关系。

后来，她的校长在校内布置读书任务，一向不太喜欢读书的她向我求助。借此机会，我认真地整理了自己以前读的书目推荐给她，并将书中感觉有意思的地方标注出来。这一下不打紧，她竟也读书入了迷，跟着我不分昼夜地读了起来。从此之后我们架倒是不吵了，只是发愁一堆家务活被撂了挑子。

三、班级读书

再来聊聊我们班的阅读情况。我现在担任班主任的这个班，是重组的新班，班上孩子的成绩参差不齐，对读书的喜好更是无从谈起。一件值得关注的事情是全班第一次上阅览课，我把孩子们带到图书馆，很多孩子竟然一脸茫然。那个场面很令人痛心。就是从那一天起，我和孩子们一起开始了在阅读道路上的摸索前行。

梅子涵说："优秀和经典的书，不是只有那些很久年代以前的才是，只是安徒生，只是托尔斯泰，只是鲁迅；当代也有不少。只不过是我们不知道，所以没有告诉你；你的父母不知道，所以没有告诉你；你的老师可能也不知道，所以也没有告诉你。我们都已经看到了这种'不知道'所造成的阅读的稀少了。"

对于这段话，我深有体会。刚开始，面对孩子们不愿阅读的现状，我也是苦无良策。后经调查，这个班上一任语文老师并不是没给孩子们推荐课外阅读书籍，她也曾不厌其烦地推介诸如鲁迅的《朝花夕拾》、冰心的《繁星·春水》《寄小读者》等经典书目，可家长把书买来了，孩子们却将其束之高阁。究其原因，这些书不论是写作手法还是表达方式，都不为现在的孩子所喜欢，作为孩子的阅读入门书显然是不合适的。而自己也没有读过几本儿童文学的书，给孩子们推荐阅读书目也就和上一任语文老师一样显得力不从心。于是，我暗下决心，决定首先从自己做起。面对的第一道难题就是解决书的来源问题。在同事的介绍下，我接触到了当当网和京东，开始网购图书。原本计划每月拿出工资的10%作为购书款，可买着买着就突破了预算。手中的书也渐渐多了起来。我开始每日给孩子们读书，刚开始孩子们还有些心不在焉，慢慢地，只要到了读书时间，孩子们便会督促我给他们读书。同时我也发现，凡是我读过的书，孩子们就会争着抢着来阅读。有的和我约定，当我看完这本书后一定先给他看；有的从图书馆借阅同一本书，和我一起读；更多的孩子索性自己买一本来读。

书有了，怎么个读法？两年来的实践证明，和孩子共读一本书，边读边讨论，这个讨论的过程就是读书的最好方法。有人问，要不要孩子做读书笔记？我认为，在孩子还没有养成阅读的好习惯的时候，不要强迫孩子去做所谓的读书笔记。享受阅读本身的快乐是一件非常美妙的事情。如果被任务所迫，或许不利于孩子阅读兴趣的培养和持续。不要让孩子感觉到阅读是在完成老师布置的任务，而仅仅是在享受阅读的快乐。

孩子们读过了书，总有一种想要表达的欲望。在他们的一再要求下，“名著大讲堂”成了我们班交流阅读感受的主阵地。每周一次，雷打不动。先是由我主持，以讲故事的方式吸引孩子们的注意力，然后鼓励孩子们自己登上讲堂来讲，我们戏称登台演讲的孩子为“堂主”。刚开始，孩子们讲的内容比较单一，在讲堂上也比较拘谨。后来在逐渐摸索的过程中，我们拓宽了讲堂上演讲的领域，只要是孩子们愿意讲的，都属于我们阅读交流的范围。一时间各种题材的作品都在班里有了不同的受众，可谓“百家争鸣”。

学然后知不足，教然后知困。当学生的阅读兴趣培养起来以后，他们的阅读方向、阅读口味以及对阅读书目的选择将脱离老师的束缚。这种情况，可喜的是学生从此以后将逐渐学会自由阅读。但这个阶段仍离不开老师的引导，老师还要继续为学生推荐适合这个阶段阅读的书目。这就需要老师进一步开阔阅读视野，依托巨大的阅读量来推荐合适书目满足学生阅读上日益增多的需求。

课外阅读，让孩子们更快乐，也让我乐在其中。在课外阅读这条道路上，我和孩子们一起成长。

我喜欢读书，也喜欢和身边的人一起读书。我愿意把我阅读的快乐分享给您，也想从您那儿得到更多有关读书的教益。那就让我们一起行动起来吧！

让阅读像呼吸一样自然

濮阳市实验小学　王晓葵

李兰娟、张桂梅都是值得敬佩的女性，她们腹有诗书气自华，在各自事业的天地里行走，阅读是她们的一种昂扬姿态和生活方式。我也爱阅读，在书中我看到了一个宏大的世界，欣赏到了一个美妙的精神家园。书使我不孤单，使我更内敛、更丰富、更幸福。有幸选择一辈子从事教育工作，读书、教书，甚至写书、评书成了我一种独特的行走方式，我特别享受这样的工作乐趣和过程。

晒晒我的“创作”

我爱学习、爱读书、爱写作。据粗略统计，近几年我创作的诗歌有三千首之多，从中诠释了在濮阳市实验小学幸福从教、享受教育的工作感受和历程。因为酷爱读书，工作后经常反思，善于总结，我写下了二十多万字的读书心得、一百多万字的教育随笔。《向着明亮那方》《幸福像花一样》《简简单单地活着》《心香一瓣》《我心飞翔》《云淡风轻》《追寻生命的纯真》《我的爱对你说》《静水流深》《做个灵魂有香气的女子》《我喜欢出发》《葵园晓筑》等文章记录着我的生活和感受。我朴素地认为，自己没有成为栋梁的钢筋铁骨，也没有面对急难险重时的大将风度，就让我做一滴润滑油，尽心尽力、诚心诚意地用我的诗情熨平亲友心灵的褶皱，肯定、欣赏、赞美大家的付出和业绩，为我亲爱的学校和兄弟姊妹们做点有意义、有意思的事儿，挺好。大家的心气儿顺了，心灵舒展了，工作效果就会更好一些。濮阳市实验小学徐相瑞校长曾给我留言道：“晓葵就是一株心向阳光的向日葵，也是一个暖意融融的小太阳，大家因你的鼓励而快乐自信，因你的夸奖而骄傲自豪！你是濮阳市实验小学的加油站，也是学校的冲锋号!”我非常喜欢这段话。

读书写作只为幸福

著名教育家李镇西校长说，幸福比优秀更重要。优秀与否是别人的评价，幸福与否是自己的感受。我想追求属于我的幸福。去年暑假，我整理出一套属于自己的书籍《那时花开——一个教育工作者的多味人生》。它们可都是我的宝贝，现在整整齐齐地码放在我家的书架上。每当我的目光从它们身上划过，一种自豪与幸福的感觉就会油然而生。丛书共分六辑：德育卷、书香卷、教育卷、家教卷、成长卷、诗词卷，共计135万多字，分门别类地对自己近年来创作的作品进行修订、归类、整合。拿“德育卷”来说，分为“领巾情结”“教育探幽”两个部分，收纳了115篇文章，系统阐述了自己从教以来对德育、教育理论的研究及所思所感。“教育卷”真实记录了自己从教过程中幸福的往事、有趣的故事，字里行间弥漫着幸福的味道。“家教卷”则为广大家长朋友介绍经验、总结教训。尤其值得一提的是，在本书中“教子心得”部分，记录了我教育儿子范昊阳一步一步走好人生之路的过程，也记录了一位母亲的拳拳爱子之心。在“诗词卷”里，我用独特的方式诠释了自己对生活、生命、事业、家庭以及万事万物的热爱。这套作品集，既是我生命的真实写照，也是我躬身教育的坚实足迹。

我的阅读体会

阅读，就像从大地母亲处汲取力量。阅读对一个人来说，就像孩子从大地母亲处汲取力量，这股力量如涓涓细流滋润着人的精神世界，让灵魂不断升华、丰盈。一本书是作者多年来阅读、实践、反思的智慧结晶，它自成体系，符合逻辑且蕴含着独特的思维。读一本书，就是在和一位高尚的人、一个有思想的哲人对话，聆听他的心泉叮咚。所以，作为教师要热爱阅读。

教师的幸福秘诀——养成阅读、写作的好习惯。多读书，永远是一位教师保持思想鲜活的法宝。阅读教育经典、专业读物、人文书籍均可，要坚决摒弃读书的功利色彩。写作的过程就是反思、记录的过程。所以手不释卷、笔耕不辍是教师成功的不二法门。我们熟悉的或者身边的名师无一不是走在这样的路上。比如，江苏省无锡市教育专家武凤霞校长，我亲眼所见，她在出差途中的火车上都在阅读积累、念念有词地背诵。韩素静老师曾是一位普普通通的中学教师，就因为长期不懈地读书、写作，如今成了一名教学名师，连续出版了六本书。还有我们身边的榜样，中原教学名师徐相瑞校长，出版专著《课堂因适度而高效》；中原领军人才李桂荣副校长先后出版专著《从阅读走向悦读》《让学生站在课堂中央》等，可以说她们的成长都得益于长期坚持不懈地阅读和写作。

好书，成长路上的良师益友。报刊因其篇幅所限，往往只是刊登一些教育名家的代表观点而无法展开论述，所以其中很多观点我们似乎也知道，但背后的理论支撑、操作理念我们却无法融会贯通、深刻理解。所以，在阅读报刊获取信息的同时，还要找到一些相关书籍，进行“有坡度的阅读”，想方设法地了解一位或多位教育家的理论体系，并结合自己的实践经验进行反思：自己哪些方面做到了，哪些方面还有所欠缺，进行提升或补充，这样才能从根本上改善自己的工作状态，使自己的教育教学水平在原有基础上有一个质的飞跃。

那么，什么是真正的好书呢？一是触动你的书。由于文化背景不同，个人品位差异，就大多数人而言，对具体书籍的好坏评价是不一样的，即便是那些经典名著也是如此。我们有理由相信，只有那些触动你改变、吸引你再去阅读的书，才算得上是好书——这得由你自己去发现。二是促人思考的书。阅读很大程度上可以归类到知识的积累，以及先行者经验的存储或启迪。一本书之所以可以位列好书榜单，更重要的是能培养你独立的判断。从这种视野出发，那些引发你思考的书才是好书。三是没有完备答案的书。作为读书人，不要预设书的“好坏”，要多浏览，觉得有意思就读，感觉无趣味就过。这样方能完善自己的独立判断。四是并非晦涩难懂的教育专著。面对教育专著我曾经十分排斥，因为我认为那里肯定是许多枯燥无味的教育理论和说教，读起来一定会让人昏昏欲睡。可是手捧李希贵老师的《为了自由呼吸的教育》一书，我却爱不释手。这本书虽没有什么豪言壮语，但书中的一个个小故事仿佛就发生在我们身边，让人感同身受。一个人不能改变世界，但可以改变身边的小环境，他正是这么做的，让在高考重压之下的学子得以自由呼吸，得以多方面地锻炼；尤其是他提倡的“苦与累”教育难能可贵。当我们找寻到学习、工作的快乐，绽放出生命的色彩，因自己的存在而使他人幸福的时候，钱财与苦难都算得了什么呢？虽然自己并不奢望成为教育家、理论家，可是我渴望自己的每一天充满着创造的欢乐。在学习与阅读中，在思考与总结中，在实践与创新中，我能够找到这种属于自己的生命激情，充实地过好每一天。

和孩子（学生）一起阅读。学校是孩子们读书的地方。我们倡导学生“海量阅读”，如果自己却不读书或读之甚少，与学生交流时就会底气不足、捉襟见肘。学校有一位青年教师，她也是一个善于陪孩子阅读的年轻妈妈，她女儿、儿子两个小朋友都非常爱好阅读，刚上三年级的女儿写作文时文思泉涌，一点儿也不费劲，常常受到老师的夸奖，这与她从小听妈妈读书有很大关系，她的育儿理念值得推广。目前学校已经建立了1~5年级阅览室，很有文化气息，学校精心为每个年级选定了许多套必读书，都非常值得阅读。老师们应利用这些宝贵的图书资源，上好集体阅读课，力争有方向、有计划、有节奏地享受书香。

阅读是最好的备课。忙碌是教师的工作常态，但是教师可以在忙碌之余，尽量把空闲的时间留出来阅读，让自己的生命因阅读而获得智慧，因阅读而高质高效地完成工作，因阅读而更加富有内涵和诗意。阅读，是最好的备课。其原因有三：一是阅读使个人的教育思想更加系统化、专业化。作为教师，我们经常阅读的东西不外乎三种，教育教学理论书籍、报纸杂志、文学作品。不论读什么，都可以丰富我们的内涵。尤其是对教育教学理论的学习，可以让我们的教育思维更加系统化、专业化，避免让自己陷入琐碎与杂乱，工作起来事半功倍。这里的阅读，不是为完成“学习任务”而读，而是一种享受和感悟，是从“阅读”到“悦读”的升华，真正使自己养成良好的阅读习惯。教师爱上阅读，有了悦读的亲身体验，就会在不知不觉中帮助学生寻找和发现阅读的乐趣，让学生也感受到读书是一件美好的事情。二是阅读可借鉴别人的经验教训。一个爱书人，总喜欢留一段清静的时间去安安静静地阅读。假期，就是最好的时间段。因为平时，我们的工作生活节奏太快，订阅的杂志往往读得断断续续。假期里，静下心来，用最清醒的大脑阅读《教育时报》《小学语文教师》《德育报》等报刊，遇到和工作紧密结合的内容就摘录下来，批注上自己的反思与感悟。读着一个个生动、翔实的教学案例，一篇篇教育随笔，发现它们均是从教学实际出发，结合笔者的实践、收获、感悟呈现在我们面前，既有对教育理念的认识，又有自我反思的提高，很有借鉴意义。早一点开始专业阅读可以少走弯路，提高工作效率。三是阅读可以发现、碰撞出新的思路。我们读书时，不仅要读文字，更要读出文字背后的意味并进行反思，让教育思想碰撞激发灵感。教育思想的碰撞，可以激起我们创新的热情，启迪创新思维，激励创新勇气，坚定我们创新的决心，带来对未来教育发展方向的思考。与教育家思想的碰撞，能激活我们的教育思维，坚守在教育中“不忘本来，吸收外来，面向未来”的原则，突破闭门办教育的“藩篱”，带着自信，扬帆再出发。作为教师，我们要在阅读之路上渐入佳境，欣赏到书中一道道曼妙的风景，让阅读的能量真正得以体现和释放。

阅读，最美的风景。阅读是了解人生和获取知识的重要手段和最好途径，积极主动参与阅读，就能创造人生最美的风景。一是读万卷书，行万里路。虽然我们大可以买张机票或报一个旅行团，游走于祖国乃至世界的角角落落，然而行万里路毕竟受诸多条件限制。而阅读，只要有时间，哪怕是几分钟，有本书就可以马上开始世界上门槛最低的高尚行为，既实惠又高贵。尤其是当你拥有大块儿时间阅读，渐入佳境时，你就会和书中的故事、人物融为一体，或开怀大笑，或梨花带雨，或感同身受……从书中醒来，有一种恍如隔世之感，仿佛又活过了一生。这绝美的风景必将成为寻常生活中的一抹亮色。二是在深度阅读中寻根溯源。阅读经典，可以从古圣先贤那里找到答案；阅读理论，可以从事物现象中挖掘其本源；阅读教学案例，可以把别人已经运用自如的操作方法，直接拿来为我所用。文学，使我们细腻；哲思，使我们理智……对于现实中的困惑，我们总能从阅读中寻求答案，找到捷径。读书还能够去除人内心的浮躁，让一颗心沉浸在文字宁静的世界里，给心灵以慰藉和滋润。三是在语言精华中荡涤身心。有人说："当你腹有诗书时，便不会去羡慕别人的生活，你会懂得'你站在桥上看风景，看风景的人在楼上看你'的深层寓意。"那些主人公具有美好品格的书籍，那些富有人文精神的书籍，很容易在我们内心引起震荡。比如：读鲁迅，会被他"我以我血荐轩辕"的赤子之心打动；读李白的诗，会被他"安能摧眉折腰事权贵"的傲骨打动；读《钢铁是怎样炼成的》，会被主人公保尔不向命运屈服的钢铁般的意志所折服……这些向上的精神会升华我们的人格。当你经常与书为友时，就能从书中悟到人生的真谛，懂得什么是真正的幸福。

读书的教师更有思想。当下的教育界产生了各种各样的教育流派，形成了丰富多彩的教育模式。我们教师面临的选择太多太多，以至于我们常常会在众多的选择中迷失自己。所以我要告诉年轻的朋友们："每个教师都应该做一名有思想的教师，不盲目追风，不人云亦云。"因为有了独立的思考，我们就会关注自己的专业成长，不断观察、研究、追问、反思，让教研意识内化成为自觉的行动和力量。有了自己的思考，我们才能够说自己会说的话，做自己会做、应该做的事，行走在教坛，在教材与教学中游刃有余。否则，我们就只能墨守成规，只会故步自封，就会不知拼搏进取，不想开拓创新，不能与时俱进。一句话，有思想才能有梦想，有思想才会有追求。怎样才能有思想呢？仅有反思是不够的，仅有实践也是不行的。应该"实践+读书+反思+再实践……"如此良性循环，螺旋上升。"读书美丽人生，学习延续生命。"阅读可以让我们有限的生命过得丰富多彩，可以涵养民族的精神气质，铸就国家的文化根基。作家贾平凹曾经说过，读书有福，有福的人才读书，读书是最幸福的事情。愿我们常常能够伴着淡淡的书香入梦，常常能够用自己的头脑在博采众长的基础上思考，做一名有思想的教师。

读一本书，就像站在一缕阳光里，心与阳光共同升腾，那舒缓的、素朴的文字悄然沉入心底。愿每一位教师能摒弃功利思想，经常能够有时间、有条件、有心情静静地捧读一本书，在校园的树下、林荫小道或是长廊的尽头，沉醉、徜徉……期盼与大家一道，行走阅读间，开启芬芳之旅。

“双减”背景下家庭文化的构建

河南省实验小学　王峥

习近平总书记在2015年中国春节团拜会上发表重要讲话时强调，家庭是社会的基本细胞，是人生的第一所学校。不论时代发生多大变化，中华儿女都要重视家庭建设，注重家庭、注重家教、注重家风，发扬光大中华民族传统家庭美德。家庭是社会的有机组成部分，家庭的稳定和健康发展，对社会的稳定和发展有着重要的影响，而家庭文化的构建对家庭的稳定和发展又产生极其重要的作用。2021年7月，中共中央办公厅、国务院办公厅印发《关于进一步减轻义务教育阶段学生作业负担和校外培训负担的意见》，教育部发出通知，要求各地区各部门结合实际认真贯彻落实“双减”政策。接着，2021年10月23日，第十三届全国人大常委会第三十一次会议表决通过了《中华人民共和国家庭教育促进法》。这两项重要举措的先后落实，说明家庭职责在孩子们的成长过程中越来越重要，家庭文化，尤其在孩子的幼年时期，对人一生的影响远远超过学校，家庭文化对子子孙孙的健康成长影响非常大。

一、家庭文化的促进作用

家庭文化直接影响着家庭教育，对家庭中的人的社会化起着十分重要的作用。

1. 家和家庭文化

一提到家，大家首先想到的，家是摇篮，是幸福的港湾，家是遇到烦心事时的避风港，家是忙碌一天疲惫不堪时的落脚点。从社会范畴来说：家是最小国，国是千万家。家庭文化指的是一个家庭在世世代代承续过程中形成的，较为稳定的生活方式、生活作风、传统习惯、家庭道德规范以及为人处世之道等。家庭文化是一种氛围，就像空气一样，弥漫于家庭之中，影响、规范甚至左右着家人的思想和行为。家庭文化，包含的是良好的生活习惯和健康的理念；家庭文化也包含着孝道文化，孝敬双方父母，兄弟姐妹团结，家庭和睦；家庭文化还可以是为人处世低调，做事认真踏实，刻苦努力，积极向上，正能量满满；家庭文化也可以是勤俭持家，待人真诚，邻居和谐共处。

2. 家庭文化的促进作用

家庭文化的形成，极大地促进家风的形成，比如医学世家、艺术世家、梨园世家、功夫世家、书香门第、教育世家等，这是长期形成的经典的家庭文化氛围，就拿医学世家来说，这两年疫情期间受国人敬佩的钟南山院士，他医术精湛，品质高尚，敢说真话，钟老先生说，是他当了一辈子医学教授的父亲教他要说真话。作为医学界泰斗，敢说真话，及时防止疫情扩散，是国家的福气。梨园世家，常香玉大师，她说戏比天大，这是一种敬业精神，影响着她的家族成员，常小玉、小香玉等都是豫剧大师，把河南豫剧艺术一代代传承弘扬，这是常香玉大师的家庭文化。现代研究表明，父母的态度和蔼可亲，又不随意迁就，能够掌握住教育分寸，是培养孩子独立、坚强、勇敢等优秀品质的最佳条件。

一个家庭的家风，是真正的家庭不动产。家长给孩子的爱和教育，除了向孩子传授知识，培养能力，更要构建一套完整的家庭文化、价值体系、行为准则。创造良好的家庭环境，让家庭的每个角落都能发挥教育功能。良好的家庭环境不是时髦、豪华生活用品的堆积，而在于其整洁化、条理化、知识化，使孩子置身其中，能得到赏心悦目的精神享受，受到美的熏陶，进而产生向上的动力。

二、良好的家庭文化给孩子带来的正面影响

良好的家庭文化给孩子带来的是思想品质的正确导向、启发兴趣爱好、激扬创造能力、塑造良好性格、培养审美情趣等。良好的家庭文化，对保持家庭发展的生命力与稳定的持续力起着积极的推动作用。夫妻恩爱，相敬如宾，孩子茁壮成长，家庭学习氛围浓厚，创造力强，且与邻里关系和谐，这样幸福的家庭不但具有持久的生命力，而且还在整个家族的发展中起到不可估量的作用。

家庭文化会给家庭中的孩子带来哪些正面的影响？

（1）能初步确定人生观和价值观。

（2）能初步树立人生理想和奋斗目标。

（3）能初步获得一些解决实际问题的方式和方法。

（4）能初步形成带有个性的学习、生活习惯，获得一些生活的技巧和能力。

家庭文化得到社会各界的广泛重视。构建支撑每个家庭成员健康发展，家庭和谐幸福的家庭文化，需要爱心、恒心、智慧，需要家庭每一位成员的不懈努力。

三、如何构建良好的家庭文化

构建家庭文化，既要符合中国传统文化中“仁义”“诚信”“孝悌”等元素，也要有“平等”“尊重”等思想，尊敬长辈，传承传统美德，满足老年人的物质和精神生活；关爱子女，树立正确的教育观，不溺爱、不粗暴管教；夫妻和睦，树立正确的婚姻观，举案齐眉，互敬互爱；邻里团结，互帮互助，和睦相处。这些家庭文化，沉淀了优秀的民风民俗，从不同侧面体现了我们中华民族的精气神，必然成为引领时代的优秀的家庭文化。

1. 构建家庭文化，营造积极向上的学习氛围

父母是孩子的第一任老师，也是孩子的精神支柱，父母的一言一行、一举一动都是孩子模仿的榜样，营造家庭读书学习氛围，读书看报，掌握新知识，用勤学上进的精神影响孩子。孩子的发展能力取决于父母的发展，父母勤奋好学，对知识孜孜不倦地追求，这样的家庭就会形成浓厚的学习氛围，在这种氛围的长期影响和熏陶下，孩子很容易养成爱学习的好习惯，对推动孩子的成长进步起到积极的作用。可以从最简单的读书会开始，每季度组织一次家庭读书会，共读一本书，也可以选读各自喜欢的书，读后交流感受，还可以进行好书推荐，互赠新书。家庭成员集体过传统节日、过生日、过纪念日、组织家庭春晚等活动，增强仪式感，营造积极向上、温馨的家庭氛围，提高家庭成员各方面素质，构建促进每个家庭成员健康成长的家庭文化。

2. 构建家庭文化和平等民主的相处模式

古人云：家和万事兴。孩子的成长需要一个温暖有爱、平等民主的和谐家庭，营造和睦的家庭氛围，孩子能在和谐、温暖的家庭环境中健康成长。父母不要一味控制孩子，居高临下地管教孩子，而是要在人格平等的基础上与孩子平等相处。家庭成员之间相互尊重、彼此爱护、文明礼貌、民主平等，在这样的家庭生活里，充满温馨的亲切感、亲密感。每天用心地跟孩子聊聊天，问问孩子的心情如何，听孩子讲学校和班级的事，认真倾听孩子说的话，就跟你当初用心读书一样，很多年以后才能看到这样努力的价值。这样，孩子才能够过好他（她）的一生，又会用从你身上学到的为人父母的经验去影响他（她）的孩子。

3. 构建家庭文化，充分利用公共文化场所育人功能

公共文化服务场所是由政府主导、社会力量参与，为人们提供的文化设施、文化产品、文化活动及相关的服务。比如：节假日陪同家人一起去图书馆、购书中心、街道综合文化站、群艺文化馆、各类博物馆等场所，走出家门，与公共文化场所深度链接。有一档节目曾经采访市民一个话题："您及您的家庭成员经常会去公共文化场馆吗?"只有10%的市民经常光顾图书馆、博物馆，高达30%的市民表示自己的家庭成员一年内没有去过图书馆、博物馆等公共文化场馆，60%的市民表示自己的家庭成员只是偶尔去。许多家庭对公共文化场馆的利用主要集中于一些休闲娱乐类，而艺术陶冶类与学习发展类的公共文化场馆则少有人问津，目前很多家庭基本没什么家庭文化活动，每天就是以看电视、玩电脑、看手机作为最经常的娱乐活动。家庭成员对公共文化场馆利用率的高低、家庭文化活动的丰富与否，在一定程度上反映了一个家庭整体文化水平的高低。根据家庭成员的具体情况设计出更多有特色的文化活动，可以有组织性地参加一些社会文娱活动，如参观博物馆，逛民俗知识展、书画展，参加文化节，听演唱会、音乐会，增加去公共文化场所的次数，提高对公共文化设施的利用率。构建家庭文化，充分利用公共文化场所的育人功能，让家庭的每个成员都因而受益。

四、“双减”落地后，家庭文化的正确“补位”

“双减”政策落地后，家庭文化正确“补位”的路径与内容应着力于4个方面：

1. 亲子共读经典课外读物，塑造家庭文化底蕴

每周或每月与孩子共读一本经典，在阅读的时候，孩子可以感受到父母的爱，时间久了，孩子也能在父母身上学到一些好的品质，帮助孩子健康成长。通过亲子阅读，可以增强孩子的语言能力，发展想象力，提高孩子的倾听能力和语言理解能力。耳濡目染关于“仁爱”“孝敬”的伦理道德，品味“一箪食，一瓢饮，在陋巷”的孔颜之乐，感受“富贵不能淫，贫贱不能移，威武不能屈”的浩然之气，为孩子理想人格的养成奠定基础。在亲子阅读中，增进父母与孩子之间的情感交流，拉近亲子关系，亲子共读共谈，塑造家庭文化底蕴。

2. 指导孩子参与家务劳动和社区公益事业，培养社会责任感

劳动教育的实质是培养体脑结合，具有社会责任感、创新精神与实践能力的人，许多家长只重视孩子的考试和学习，实施“保姆式”家庭教育，因而产生了很多“巨婴”和“啃老族”。要从根本上消除社会巨婴和啃老现象，就要以家庭为阵地开展劳动教育。家长指导孩子参与家务劳动和社区公益事业，让孩子从小意识到“每个人都应该有自己的劳动任务”“每个人都是对家庭有贡献的人”，从劳动中感受到归属感和价值感，养成责任意识，提升劳动能力，同时鼓励孩子积极参加社区公益活动，培育社会责任感。

3. 鼓励孩子参加体育运动，塑造阳光性格和强健体魄

“双减”后，体育锻炼应作为家庭日常生活的必修课，鼓励孩子养成运动的习惯，磨砺意志品质，塑造强健体格。陪同孩子“行万里路”，探寻多彩丰富的人生。“读万卷书，行万里路”，可以开阔见识和心胸，促进孩子把书本知识与生活实践联系起来。周末去公园走走路，到田野亲近大自然，徒步去科技馆、博物馆参观等，既丰富了孩子的生活世界，又塑造了孩子的精神生活和健康体魄。

4. 引导孩子关注国内外时事，培养主人翁意识

互联网时代沉迷电子产品的青少年群体，缺少对真实世界的了解和关心，心中没有形成对国家的主人翁意识，脑海中也缺少对世界与人类共同命运的思考。北京大学心理健康教育与咨询中心副主任徐凯文用“空心病”来描述这种价值感、意义感缺失的情绪状态，美国学者威廉·德雷谢维奇则称之为“优秀的绵羊”，这些孩子学习成绩优秀却没有自己的想法。因此，“双减”政策背景下，家长要以时事新闻为载体，引导孩子关注大事件，形成大格局，为孩子未来大世界观的养成奠定基础。

五、结合实例浅谈家庭文化的影响

笔者以自己的家庭为例谈一谈家庭文化对家庭成员的影响。笔者的家是教师之家，也是书香门第。一家三代 13 口人，老一代中，有一个知名小学校长、一个“市级模范好妈妈”；中间一代中，有四个高校教授、一个小学老师、两个上市公司法务总监；少一代中，有一个高校财务人员、两个名校大学生、一个重点中学的初中生。全家 13 口人中，有五个书法爱好者，两个画家，成功举办过一次家庭书画展。令家人骄傲的是，大家庭每年举办的家庭春晚，已经成功举办了 12 届，全程录像记录的有 7 届，对待家庭春晚，每个家庭成员非常重视，大家提前策划、提前准备、盛装出席，有个人节目，有合作节目，有全体大合唱节目，有诗歌朗诵、英语故事、对口相声、双簧、三句半、歌曲、戏曲……笔者是舞美策划、家庭春晚总编导，家庭中的年轻一代——孩子辈做主持人，在欢声笑语中锻炼了能力，在和谐幸福的氛围中构建了家庭文化。2019 年 1 月 1 日，笔者策划为家里老人举办了隆重的金婚仪式，邀请了 100 多位亲朋好友到现场见证了一对相濡以沫的老人完美的金婚仪式。另外，集体为家庭成员过生日，唱生日歌，吃生日蛋糕，谈生日感想，家庭中的每位成员都被欣赏和尊重，每次生日聚会都仪式感满满。

孟子曰：“君子有三乐，而王天下不与存焉。父母俱存，兄弟无故，一乐也；仰不愧于天，俯不怍于人，二乐也；得天下英才而教育之，三乐也。”意思是说：一乐家庭平安，二乐心地坦然，三乐教书育人。家是温馨的代名词。和谐温馨的家庭是我们所追求的目标，夫妻恩爱，母子情

深，父子情重，小敬老，老爱小，互相尊重，关爱有加，工作顺心，生活幸福，精神愉悦。

受家庭文化氛围所熏陶，被家庭成员包容地爱着，笔者心中感悟颇深，附一首自己改编的小诗赞美一下笔者温馨的大家庭。

家的味道

柴米油盐调制家的味道，琴棋书画演绎家的美好；

善良忠诚作为家的骄傲，慈孝敬老延续家的福报。

有人说："家的味道，是清晨厨房里慢熬的热粥，是灶火间几个小菜的烹调。"

有人说："家的味道，是欢聚时父亲和儿子爱喝的老酒，是老婆拿手的菜肴。"

还有人说："家的味道，是母亲一针一线织出的毛衣。"

如果你问我，我会说：

"家的味道，真是美妙。

有老有小，有说有笑，

柴米油盐，有锅有灶。

团圆无恙，爱为底料，

携手相伴，幸福安好！"

享受教师的幸福感

新乡市第四十二中学　卢红云

一个人的快乐，就是体验、感悟幸福。

教师们可以针对下列问题，想一想：

你幸福吗？

做教师，你幸福吗？

做小学教师，你幸福吗？

做小学语文教师，你幸福吗？

做小学语文教师兼班主任，你幸福吗？

教师群里流行着这样一段改编后的歌词：“起得最早的人是我，回家最迟的人是我，睡得最晚的人是我，过得最苦的人是我，是我，是我，还是我……”的确，现在教师累、学生苦已是不争的事实，幸福感似乎正一点点远离我们。

一、教师幸福的流逝

北京市曾对500名中小学教师进行调查，近六成被调查者觉得工作中烦恼、压力多于幸福、欢乐，有时忍不住要生气、发火。

调查结果显示，很多教师工作时间长，睡眠时间少，晚上、周末还要备课、批改作业、家访等，幸福渐渐流逝。

原因分析：

教师生活方式单调：上课、备课、批改作业。

教师工作压力沉重：面向学校、学生、家长。

教师精神负担过重：分数、考评、职称。

有人认为：教师的幸福感在不断地降低。

二、对幸福的理解

我们有疼爱自己的家人，有属于自己的工作，我们有条件购买自己喜欢的衣服、鞋子，甚至饰品。我们每个人的生活都是幸福的。

网上有这么十张诠释幸福的图片。

第一张图片主题是爱情。沉醉于爱情中的人是幸福的。漫长的人生之路，有爱人的陪伴、扶持，足够了。

第二张图片主题依旧是爱情。有人说爱情是一杯茶，时间一久就淡了，我说爱情更像煲粥，时间越长越有味道。我觉得冬日的午后，两位老人相互搀扶，在温暖的阳光下慢慢地散步，这是人生很浪漫的事。

第三张图片主题是母爱。即使整个世界都抛弃了你，至少还有母亲不会放弃你。还记得儿时母亲的怀抱就是我最美的天堂，特别是结了婚、生了孩子之后，会更深刻地理解母爱。

第四张图片主题是纯真。孩子纯真幸福的笑，这样的笑，这样的幸福，只有孩子才有。我常想，当一名教师多幸运啊！当一名教师多好啊！在学生的心里，教师永远都是那么神圣，他们的纯真，会带给我们教师巨大的幸福感。

第五张图片主题是希望。长辈无微不至的关怀，只是希望下一代能够“过得比我好”！如果你有希望，精神有寄托，就会感到幸福。爱因斯坦说：只要你有一件合理的事去做，你的生活就会显得特别美好。

第六张图片主题是分享。地域不同，信仰不同，但是在同一片蓝天下，有很多东西，是大家一直在共享的。

第七张图片主题是自然。在田野中、雨中漫步，看到这张照片，我有一种莫名的感动，想起小的时候淋雨时的情景。我想说，大自然是最神奇美丽的，在经济条件允许的情况下，一定要找时间出去旅行。

第八张图片主题是野花。是的，幸福就是一朵野花，用自己的生命展示着美丽，这就是幸福了。每个人都是独特的自己，我们应该把自己的思想发挥得熠熠生辉，让孩子和我们在一起的时候觉得是一种幸福。

第九张图片主题是求知。这是一张老照片，初看的时候感觉心酸，逐渐地，发现了求知的力量，破旧的教室，打满补丁的衣裳，却掩盖不了孩子们心中对知识的渴望，比起那些一坐进教室就头疼的城里孩子来讲，他们就是幸福的。

第十张图片主题是孩子。他们是落入凡间的精灵，他们灿烂的笑容可以让人忘记烦恼。

这十张图片把幸福诠释得淋漓尽致。每个人对幸福都有不同的理解，对于我们教师来讲，桃李满天下，硕果累累，就是一种幸福。

三、成为幸福的教师

我们不可能都像河南省实验中学的顾少强老师那样有勇气，写下“世界那么大，我想去看看”的辞职信，转而出去看世界。那么，我们就要学着做一名幸福的教师，增强自己的幸福感。做一名幸福的教师，首先要学会以下几点。

（一）享受教育

享受课堂，享受知识。

课堂是教师生命中最重要的舞台，一个懂得享受上课的人，课堂便自然会成为其享受幸福的重要舞台，营造一个充满生命活力的课堂，和学生一起经历酸甜苦辣，我们就会少了许多的焦虑和烦恼。

以享受的态度对待教学，心灵就会充满着明媚的阳光，回响着和谐的乐章，体验着诗意的灵感；以享受的眼光走进课堂，就会真心地热爱每一个学生，就会精彩地演绎每一节课，就会感觉自己的生命在闪光……

每一堂课都是唯一的。课堂教学是师生人生中一段重要的生命经历，是教师生命中有意义的构成部分。

对于学生而言，课堂教学是其学校生活的最基本构成部分，课堂教学质量，直接影响学生当前及今后的多方面发展和成长；对于教师而言，课堂教学是其职业生活的最基本构成部分，课堂教学质量，直接影响教师对职业的感受、态度和专业水平的发展及生命价值的体现。

一名小学生可能根本不知道自己最大的兴趣是什么。语文老师教得好，他就会做文学梦；数学老师教得好，他就会对数学感兴趣。

课堂上拿什么让学生感觉快乐？

学习中快乐的本源，在于发现。调动学生探究的积极性，使学习过程成为不断发现的过程，自然乐趣无穷，课堂上不能少了探究。简单的重复，过分的强化，会使学生厌倦；过重的课业负担，会给学生带来痛苦的感觉。满堂灌、超负荷、拖堂，会让学生厌烦，甚至会感到愤怒。我在课堂上，经常给孩子们播放课文朗读的视频，有的视频做得非常好，像电影，我一上课会对学生说："如果你们表现好，就有视频看。"到播朗读视频的环节我会问："你们表现得好吗？"学生立马就会异口同声地说："好！"

课堂上，教师应遵循启发诱导而不是简单把结论教给学生的原则和方法，学生的思考能力就会逐渐形成并强化。学生会思考，勤于思考问题，乐趣就会油然而生。教师要多鼓励而不压制，主动分享学生成功的快乐，也要鼓励学生与同伴分享成功的快乐。成功的课堂，不能缺少学生展示的时空。学生优秀的展示可以得到同伴的尊重和鼓励，而这种尊重和鼓励是学生学习的不懈动力。情绪会相互感染，快乐也常常是共同体，课堂是一个气场。在一个充满欢乐气氛的课堂上，大家都会受到感染。

当学生纪律差的时候，我们先不要发火，要学会与学生目光交流，微笑沟通。在课堂上多表扬学生："你真聪明！""你太棒了！""你很出色！"……很多时候，在班级内跟学生开开玩笑，轻松一下，既快乐了别人，也愉悦了自己。

例如：有一次我们班上美术课，美术老师让画人物，要找两名小模特。当时，我刚好在教室，就往讲台上一站说："画我吧！"孩子们都说："不行。"我说："是我不漂亮？"他们说："漂亮。"我问："是我太黑？"他们说："你不黑。"可是面对孩子们那违心的赞美，我还是忍不住想笑。

我们班的班训：在快乐中学习，在学习中收获。

我们办公室的宣传标语：用激情点燃孩子的智慧，用心灵启迪学生的心灵。

我们办公室的寄语：笑着当老师，蹲下看学生，乐着对同伴。

让教师享受教育的幸福，让学生享受幸福的教育，这是我们的追求。让我们在学生的心灵里点亮幸福的灯盏，用崭新的理念，饱满的激情，无穷的智慧，彰显生命的尊严与价值。

我想要说的是：我们改变不了这个世界，但可以改变我的课堂。

（二）超越教育

超越教育包括教师的自我超越和学生的自我超越。

1. 教师的自我超越

生活在这样一个日新月异的社会里，作为一名教师，至少要让明天的自己与今天的自己有所不同。我认为一名教师的成长阶段与一名儿童的成长阶段是一样的。第一个阶段主要是看。刚刚大学毕业的我们就像新生儿睁开眼睛看世界，对教育、对学生都有着美丽的憧憬。第二个阶段主要是模仿。当你和众多的同行一起生活久了，就基本能模仿到他（她）身上优秀的东西了。第三个阶段主要是站。就是慢慢地，在教师的行列里，你能够站立起来了，能把别人的方法运用于自己的课堂之上。第四个阶段主要是走。就是说不仅仅会照搬照抄，而且还会有适合自己的改动。第五个阶段主要是跑。我觉得这个阶段对我们教师来说是最重要的，用自己的思想创造属于自己的特色。我们只有有了自己的教育思想，才能不停地去钻研教材，研究学生，才会有新颖独特的教学内容出现。

2. 学生的自我超越

有个优秀班级的班训是这样的：不比聪明比勤奋，不比基础比进步。我觉得值得我们借鉴。每个学生的基础不同、天赋不同，所以我们不能拿同一把尺子去衡量每一个学生，只要我们的学生在自己原有的基础上不断地进步着，就是我们教育的成功。

我们教师在成长的过程中，有时费尽心力地寻找着所谓的真正的幸福。当有一天真找到的时候，又觉得不是自己想要的，然后自己也不明白到底想要什么。

在忙碌的间隙，如果我们教师能抽出时间细想自己真正寻找的东西，就不会再有那么多烦恼，想想自己：想做什么？能做什么？做了什么？我们就会不断地超越自我，创造幸福。

（三）学会经营

1. 用阳光的心态经营自己的教育工作

有一则开玩笑的短信息，不知道大家听没听过。问："人生最痛苦的是什么？"答："上班。"问："比上班还痛苦的事是什么？"答："天天上班。"是啊，我们不是机器人，当我们事务繁杂，忙得焦头烂额的时候，有时难免会心浮气躁。痛苦也是一天，快乐也是一天，为什么不让自己快乐呢？所以每天清晨起床，看到第一缕阳光的时候，送给自己微笑，告诉自己要快乐地度过这一天。心理暗示非常重要。只要拥有阳光的心态，工作一定会因心情而轻松起来。

2. 用真心经营与学生之间的情感

一定要让你的学生知道你有多重视他。这种情感是孩子最大的精神财富。也许未来的某一天，你的学生会带给你很大的惊喜。我想带过毕业班的老师是深有体会的。每当到了一些特定的节日，已经上了初中、高中、大学的学生来看望问候自己的时候，那种油然而生的身为教师的幸福感，是任何东西都代替不了的。

（四）开展活动

组织学生开展丰富多彩的班级活动。比如：清明节“立蛋活动”，种小菜苗活动，看牡丹花活动，观察树木活动，教师节做贺卡，动手缝沙包……开展丰富多彩的班级活动，快乐孩子，幸福自己。

（五）保持身心健康

身心健康是中小学教师获得幸福的基本条件：一是身体健康。节制饮食，健康饮食；享受运动，锻炼身体；把握时间，充足睡眠。二是保持积极心态。懂得欣赏，学会放手，充满自信，永远保持一颗年轻的心。

四、享受教师的幸福感

人这一辈子是很短暂的，所以要让自己健康着，开心着，幸福着。

作为一名教师，我认为可以感受到的幸福包括：幸福一，桃李满天下；幸福二，休假时间多；幸福三，永远拥有一颗年轻的心；幸福四，受孩子们尊敬。

我们不能改变世界，但可以改变课堂；我们不能改变社会，但可以改变自己；我们不能改变事实，但可以改变态度；我们不能改变昨天，但可以改变明天。做到以上这些，我们就会享受到教育别样的阳光与幸福。

倾心耕耘，育人之道

新乡市原阳县第一小学　李彩云

鲁迅先生说：“教育植根于爱。”苏霍姆林斯基说过：“没有爱就没有教育。”爱是一切教育的前提，我很认同。用心的前提是有爱，用心是有爱的升华，是爱在教育上的诠释，更代表着我的教育理念、教育方法与教育智慧，做走心的教育是我对事业的追求。

古人云：“近朱者赤，近墨者黑。”这几个字精准地反映了教育环境对孩子的巨大影响力和感染力，如果一个孩子年幼时最初接触到的都是真、善、美，他的目之所及都是美好；如果他周围充斥着假、丑、恶，那么他就会成为一个内心自私、狭隘，甚至有偏差行为的人。教师塑造的是灵魂，成就的是孩子。

我在刚刚参加工作时，面对那群充满稚气却又时常犯错的孩子，曾经无所适从，方法也曾简单粗暴，为了管住他们，在孩子们面前我成了一位严厉的老师，孩子们怕我，不愿接近我。但后来我慢慢地调整工作方法，逐渐走进了学生的内心世界，成了一位被学生接纳的老师。

我曾经重新思考“学生”这个字眼，学生是什么？他们需要什么？作为教师，我应该做什么？这些问题时刻萦绕在我的脑海中。但随着工作的日渐深入，我愈加明白，首先学生是学生，他们到学校跟我学知识，学做人，所以作为教师我应该给他们以引导。其次学生是孩子，孩子的成长需要呵护，所以作为教师的我应该给学生亲切的关爱，应该给他们以真诚的尊重。而且他们有一个主要的特点，就是“成长中”，对于成长中的孩子犯错误是正常的，不犯错误反而是不正常的，所以作为教师应该对孩子宽容和理解。

我力求做一名真诚的老师，真诚地相信每个孩子都有成才的希望，真诚地给每个孩子属于他自己的世界。

其实教育就是一门慢的艺术，张文质先生说：“即使是知识的获得，经常也是困难、艰苦、缓慢的过程；人的成长更是曲折、艰难，有自己的规律，一点也勉强不得。”教育其实就是一种相互寻找、发现、彼此增进理解的过程，经常我们要等待一个儿童的成长。

所以，当班主任这么多年，我一直在努力地调整自己做一个不着急的班主任，把做最好的老师当成做自己的教育目标。

青少年的成长会受来自家庭、学校、社会等多方面影响，只有这些诸多因素形成合力，才能真正助力于学生的健康成长。

陶行知先生认为，教师要具备“孩子的心灵”，这样才能走进孩子的天地，发现他们潜在的创造力。

关于教育，我主张：全接纳，慢引导。

教育作为一个双向互动的过程，只有我们接纳和理解孩子，孩子才会对我们敞开心扉，接受我们的教育和引导。

对待学生的态度应该是全接纳。对待学生的教育应该是慢引导。什么是全接纳？全接纳强调一个“全”字，这个“全”有两个含义：一是接纳所有的孩子，因为他们都是我的学生。这是教师应该有的教育情怀，虽然看上去很朴素，但内涵却很丰富。二是我接纳学生所有的感受，这里有一个很重要的意义就是与孩子共情。用理解走进孩子的心灵。

什么是慢引导？引导就是明理、导行，但这里强调一个“慢”字。这个“慢”字也有两个含义：一是要遵循规律，循序渐进，常有人把教育比作农业，孩子就是种子，春种秋收。所以，我们不要心急，耐心一点，像等待开花结果一样等待孩子的成长，而这种等待并不是消极的，这就体现了“慢”的第二层含义，等待时机，把握机会，适时适度来引导。

小学阶段是一个孩子人生中最关键的阶段，小学阶段的习惯培养好了孩子会终身受益。一个孩子的习惯包括很多，比如说好的学习习惯：上课认真听讲，及时写作业，预习，复习，坚持每日阅读，包括考试需要养成认真谨慎的习惯，等等。这都需要我们教师在长期的工作中引导得法，以助力学生良好习惯的养成。在这里我想重点提醒各位教师，我们要重视培养学生从小立志和规划的习惯。

网上有这样一个段子，记者对话放牛娃。

记者问："你为什么要放牛？"

放牛娃说："为了攒钱。"

记者又问："攒钱做什么？"

放牛娃："讨老婆呀。"

记者继续问："讨老婆做啥？"

放牛娃："为了生娃。"

记者又问了最后一句："生娃干啥？"

放牛娃："为了放牛。"

听完这个段子之后大家有什么感触，它反映了真实的现状。很多孩子，甚至成年人对自己的学习、生活、情感和工作没有明确的目标，更多的时候随波逐流，其实这样的人生价值是很小的。

我国明代著名哲学家王阳明在立志当圣贤这件事情上追求了一生，在王阳明 12 岁的时候，他就向他的老师提出一个很不寻常的问题。王阳明问老师："何为人生第一等事？"那个老师就说："惟读书登第耳。"

老师的意思是读书当状元就是人生第一等事。王阳明直言不讳地反驳老师说："登第恐未为第一等事，或读书学圣贤耳。"

王阳明的意思就是：读书当状元并不是人生第一等的大事，真正的第一等大事，就是读书当圣贤，就是不以当状元为目的，不以登攀仕途为目的，而是把成为圣贤和伟人当作目标。

其实这样的例子还有很多，所以我在日常的教育中比较重视通过各种途径，比如用阅读名人故事、看名人电影、开交流会等形式，让孩子们进行思辨，引导学生围绕"你想成为一个什么样的人？""你怎么实现你的人生目标？""你准备如何规划自己的人生？"等问题对自己的人生有所规划，让目标成为孩子们的学习内驱力，促使他们不断前行。

现在社会上为什么会出现那么多孩子动辄忍受不了挫折和打击而做出偏激行为的事件，究其原因是因为孩子们的内心不够强大，所以教师要想尽一切方式方法给孩子们赋能，引导他们不断地对自己的行为进行调整。

曾子曰："吾日三省吾身。"一代名臣曾国藩认为：一个人只有不断地改正自己的失误，吸取教训，自我完善，才能不断取得进步。曾国藩的名言："知己之过失，即自为承认之地，改去毫无吝惜之心。"

其实我们都有这样的经验，凡是解决问题，向外求，好求，但解不出。凡是观自身，向内求，不好求，但求出，解得出。

小学生最大的渴望就是能得到老师的肯定、理解与爱护。无论是在我自身成长的经历中，还是在我做班主任二十年的实践中，我都深切地感受到，不论多么调皮的孩子，他们内心深处都有被尊重、被信任、被理解、被承认的需要，没有任何一个孩子不愿意成为优秀的孩子。

作为老师，在我们职业生涯中会遇到很多学生，每个学生对你而言，只不过是你众多学生中的一个。然而，对这个学生来说，你却是他生命中遇到的有限老师中的一个。所以，若爱，当深爱；若教，当全力以赴。

用空杯心态高效学习

周口市扶沟县红旗小学　鲁慧霞

对于空杯心态，大家可能比较熟悉。记得有一位名人这样说过：“人生在世——幼时认为什么都不懂，大学时以为什么都懂，毕业后才知道什么都不懂，中年时又以为什么都懂，到了晚年才觉悟，原来一切都不懂。”我认为这是对空杯心态的完美诠释。

一、空杯心态的起源

关于空杯心态的来源，有一个有趣的故事。古时候，一个佛学造诣很深的人，听说某个寺庙里有位德高望重的老禅师，便去拜访。老禅师的徒弟接待他时，他态度傲慢，后来老禅师十分恭敬地接待了他，并为他沏茶。可在倒水时明明杯子已经满了，老禅师还不停地倒。他不解地问：“大师，为什么杯子已经满了，还要往里倒？”老禅师说：“是啊，既然已经满了，干吗还倒呢？”老禅师的意思是，既然你自认为已经很有学问了，干吗还要到我这里来求教呢？

这个故事告诉我们，做事的前提是先要有一个好心态。如果想学到更多学问，先要把自己想象成“一个空着的杯子”，而不是骄傲自满。

二、空杯心态的概念

空杯心态属于心理学概念。空杯心态并不是一味地否定过去，而是要怀着否定或者说放空过去的一种态度，去融入新的环境，对待新的工作、新的事物。

三、空杯心态的本质

1. 空杯心态是一种挑战自我的永不满足

随时对自己的知识结构进行改善。清空过时的知识，为新知识的进入留出空间；就是永远不自满，永远在学习，永远保持新的活力。在攀登者的心目中，下一座山峰才是最有魅力的，攀越的过程最让人沉醉。因为这个过程充满了新奇和挑战，自己的潜能得到了发挥。

2. 空杯心态是对自我的不断扬弃

昨天正确的东西，今天不见得仍是正确的；过去行之有效的方法，现在不见得可行。曾子曰："吾日三省吾身。"认识自己很重要，认识自己很困难，否定自己则难上加难。否定自我，需要胸襟，需要坦诚，需要胆魄！只有否定自我，才能超越自我。

3. 空杯心态就是忘却过去，特别是忘却成功

受到批评时，要警惕、警醒，得到赞扬时，更要警惕、警醒。在鲜花和掌声面前看到差距；在困难和挫折面前，不丧失信心。这便是成熟和进步，这便是空杯心态。

4. 空杯心态就是不断"清洗"自己的大脑和心灵

从前有个人叫商汤，他的洗澡盆写了九个字：苟日新，日日新，又日新。他在洗澡的时候，外洗身，内"洗"心，所以他在洗完澡后"身心舒畅"。我们现在洗澡可能只洗身，不"洗"心。学习中的洗澡应该外洗身，内"洗"心，把外在和内在的过时的东西，心灵的杂草，大脑的垃圾等，通通一"洗"了之。

5. 空杯心态就是不断学习，与时俱进

"天外有天，人外有人。"在知识经济时代，科技飞速发展，知识更新极快，如果不虚心学习新的知识和方法，即使你原来的专业知识很扎实，也可能会被社会的进步潮流所淘汰。所以，要活到老学到老。归零的心态，就是一切从头再来，就像大海一样把自己放到最低点，来海纳百川。

四、如何塑造空杯心态

1. 永远不要自满

自满使我们目光短浅，安于现状；懈怠使我们故步自封，坐失良机。在迈向成功的道路上，每当实现了一个近期目标时，决不要自满，而应该去迎接新的挑战。把原来的成功当成是新的成功的起点，树立新的目标，

攀登新的高峰，从而达到崭新的人生境界。

2. 尝试归零的感受

人的大脑如同电脑一样，只有不断删除那些过时的知识和经验，我们才能不断地接受新的东西，否则你的大脑和心灵就会因被一些过时、陈旧的内容塞满而死机。

3. 失败是成功之母

挑战自我，是对已经存在的某种状况的不满，是对某种理想境界的追求，是一步步向完美靠拢。自己把自己说服了，是一种理智的胜利；自己被自己感动了，是一种心灵的升华；自己将自己征服了，是一种人生的成熟。但凡说服了、感动了、征服了自己的人，就肯定能征服各种挫折和苦难。

五、带着空杯心态勇于学习

空杯心态是一种良好的学习心态，所以我们要有效利用它来帮助自己。

1. 提高自己杯子的质量

想让自己的杯子装更多的水，就必须提高杯子的质量。把杯子变大。在这样的状态下不仅能装更多的水，而且还能快速承接更多的水。杯子是什么？就是每一个人能力的综合。即一个人的执行力、管理力、学习力、理解力、目标力等一系列能力。提高个人执行力，首先要做到今日事今日毕；其次要提高对自己的要求，对自己的要求提高了，工作效率也会逐渐提高；再有要调整自己的状态，努力使自己有更多的改变；最后，还要常定计划，先做什么，再做什么，思路清晰了，才能进一步提升执行力。不得不说，有些事情只有亲自做了，个人能力才会提高。这样一来，杯子质量提高了，人的综合能力增强了，学习也将是一件轻松的事。

2. 不断把自己当作一个空的杯子

这句话是什么意思？就是每一次学习，都不断地把自己当作一个空的杯子。把自己当成一个初学者，怀着一个谦虚的态度去学习，然后努力地朝着把杯子填满的目标去执行。这样的状态可以充分调动一个人的主动性。当自己能够主动去学，认真去学，用心去学，不管怎样，效率都会比以前提高很多倍。“天下事有难易乎？为之，则难者亦易矣；不为，则易者亦难矣。人之为学有难易乎？学之，则难者亦易矣；不学，则易者亦难矣。”这说明一个道理：只要我们用心地去学、去做，一定会有所收获。反之，即使你再有悟性，学习能力再强，却没有用心去学，有可能你会在某时某刻超过别人，但是从长远来看，你将远远落后于别人，因为你没有真正用心。

希望每个人都能以空杯的心态潜心学习，以激情的状态砥砺前行，以始为终，再铸辉煌。

打通教师专业成长之路

濮阳市实验小学　司培宁

一、教师专业成长的必要性

1. 为什么选择做教师

很多人选择做教师是因为工作稳定、家庭传承、纯属巧合……最棒的答案是因为热爱，把这份职业当成事业一样热爱，当成生命一样热爱。教书育人是一场爱的修行，教育的过程就是给予爱和收获爱的过程。

高尔基说过："谁不爱孩子，孩子就不爱他，只有爱孩子的人，才能教育孩子。"爱是教育的基础，能够把学生当成自己的孩子一样关爱，能够以享受教育的态度投身教育。这样做教师是幸福的，也是幸运的。

正是因为爱，我们才会发现生命的多种可能，才会以终身成长的姿态来引领孩子完成成长的蜕变。

我也是一名幸运儿，我的父亲曾是一所小学的校长，耳濡目染之下，我对教师这个职业又多了一份亲近感。上大学时，我顺其自然地选择了师范专业，也是当年的优秀大学毕业生。毕业后，我做过记者、公务员，几年后发现，心心念念的还是自己的教育梦，于是，追寻着内心的真实想法来到了教师岗位。

我跟随自己的热爱，用心学做一名好老师，乐此不疲，努力实现专业上的成长。

2. 教师职业会不会被人工智能取代

我们都知道，未来机器人、人工智能会在教育中发挥越来越大的作用。当被问到教师未来会不会被人工智能取代，朱永新教授是这样回答的："很多普通性知识的传递，机器人是可以完成的。但是，机器人永远取代不了教师，真正的教师，优秀的教师，机器人是无法取代的。”是的，未来的教师不是简单地教知识就行，更重要的是和学生一起成长，教师是有感情的，应该是学生学习的咨询者、指导者、参与者、陪伴者和帮助者。未来被淘汰的是不能够适应未来工作的教师。那些优秀的教师，本身还有独特的学习能力和自我成长的能力，教师和学生的交往会带领学生走向更深、更高、更专业的领域。

未来是“能者为师”的时代。时代要求我们必须向着更深、更高、更专业的方向修炼自我，提升自身技能，让自己变得无可替代。教师既是一种职业，也是一种专业。

3. 教师专业成长的政策依托

那么，什么是专业成长呢？通俗来讲，教师专业成长就是从一个教育门外汉成长为一个成熟的“教育者”的专业发展过程。教师专业成长不仅关乎个人，更关乎教育的发展和祖国的未来。

《中共中央　国务院关于全面深化新时代教师队伍建设改革的意见》中明确指出：“到 2035 年，教师综合素质、专业化水平和创新能力大幅提升，培养造就数以百万计的骨干教师、数以十万计的卓越教师、数以万计的教育家型教师。”

这表明，教师要加快专业成长不仅是专业要求，更是时代使命。

4. 像毛竹一样向下扎根

毛竹生长的故事带给很多人启发。它生长在中国最东边，种子萌芽后，即使种植人一直精心照顾，毛竹四年也只不过长了 3 厘米。但 5 年以后，它会以每天 30 厘米的速度生长，只用 6 周就可以长到 15 米，那里很快就可以变成郁郁葱葱的竹林。这六周时间怎么会发生如此不可思议的变化？原来在之前的四年间，毛竹一直在向下扎根，它们已经将根在土壤里延伸了数百米，等待时间成熟，它们就会登上遥不可及的巅峰。

作为青年教师，我们理应像毛竹一样，努力向下扎根，沉潜涵养。

二、教师专业成长的三重境界

1. 尼采的精神三变

尼采把骆驼、狮子和婴儿比喻为人生精神阶段的三重境界。骆驼能吃苦负重，任劳任怨；狮子凶猛顽强，毫无畏惧；婴儿天真善忘，无知无畏，天天成长。精神三变思想反映出尼采对未来的美好期许和渴望，从骆驼“我应该怎样”的精神境界到狮子“我要怎样”的精神境界，再到婴儿“我是怎样”的精神境界，体现的是人的境界不断上升的过程。

2. 王国维的人生三重境界

王国维《人间词话》中谈到古今之成大事业、大学问者，必经过三种境界：“昨夜西风凋碧树，独上高楼，望尽天涯路。”此第一重境界也。“衣带渐宽终不悔，为伊消得人憔悴。”此第二重境界也。“众里寻他千百度，蓦然回首，那人却在，灯火阑珊处。”此第三重境界也。

顾明远先生曾用王国维的三重境界的说法来形容教师成长路径。他认为，第一重境界，是说教师要对教育、对教师职业有一个正确理解，有一个愿望。第二重境界，是说教师要不忘初心，虽经磨炼，终身无悔。第三重境界，看到儿童的成长、学生的成长，教师会感到无比的幸福。所以我说，教师是幸福的职业。经过这三重境界，每个教师都能成为好老师。

3. 教师专业发展的三重境界

东汉郭林宗说：“‘经师’者，乃‘教书匠’之谓；‘人师’者，即‘教育者’之谓。”这里就说到了教师专业成长应追求的三重境界，即经师、能师、人师。

所谓经师是指严肃、严谨、严格地对待教育教学工作，做一个不“误人子弟”的合格教师。所谓能师，就是具有教育智慧的专家型、研究型教师。人师是教师事业的境界。“人师”为陶冶学生性格的导师，不但要有高深的学问，而且要有伟大的人格和高尚的修养。人师是把教师职业作为一种事业追求与精神享受。

《资治通鉴》中说：“经师易遇，人师难遭。”当前，全国中小学面临新一轮改革，迫切需要教师从“工具人”变为“目的人”，从单纯的经师转变为经师、人师合二为一的明师，才谓名师，才谓大师。

三、教师专业成长的途径

那么，怎样才能实现教师专业成长，从经师走向人师，最终成为大师呢？很多人喜欢追寻方便易学的公式，那些公式也在一定程度上指引了广大教师的专业成长。

在教育界流传这样一句话："读万卷书不如行万里路，行万里路不如阅人无数，阅人无数不如名师指路，名师指路不如自己去领悟。"这句话不要用大于号或小于号去解读，而要用加号去品读，才能读懂这句话的精妙和智慧。也就是说，一个人的成长成才，既要读万卷书，又要行万里路，既要阅人无数，又要名师指路，最后还需要自我领悟，用公式总结下来就是：

教师的专业成长=专业阅读+专业实践+对话交流+专业引领+思考觉悟

结合自己不长的专业成长历程，我从以下几个方面来解读教师专业成长。

（一）阅读是成长的基础

1. 为什么读

朱永新教授曾说，一个人的阅读史就是他的精神发育史。同样的，一个教师的专业发展史，在一定程度上就是他的专业阅读史。如果说最好的投资是投资大脑的话，对教师而言，投资大脑最根本的途径就是进行合宜的专业阅读。

冯友兰当年在北大读书，第一次去校长办公室见蔡元培，回来用"光风霁月"来形容当时在现场的感受，说蔡元培是一个浑身充满光辉的人，由于这个人的存在，整间办公室都被照亮了。

关于阅读的重要性，我们可以从众多经典语录中找到让我们熟悉而有力的佐证。读书是一场伟大而漫长的"造心"工程，读书让人心灵变得丰富、细腻而高贵。我想，走进专业阅读的世界，可以说找到了快速成长的快捷通道，我们在成长初期所经历的困惑、迷茫、无助，在我们之前都有经历，书中都有帮助你拨云见日、摆正方向的锦囊妙计。

2. 读什么

那么，书目种类繁多，我们应该读什么呢？

闫学老师认为，对教师来说，阅读是一种"训练"和"准备"，绝不能只凭兴趣。她认为真正优秀的教师，精深的专业知识、深厚的理论基础和开阔的人文视野，这三个板块的知识缺一不可。

魏智渊老师在《教师阅读地图》中也说道，缺乏谋划的阅读最终容易被市场以及各种未经反思的经验所左右，难以形成自觉的反思意识，更无法形成清晰的“专业自我”。他认为，教育作为专业领域，也拥有最合理的知识结构，大致占比是：本体性知识占50%，专业知识占30%，人类基本知识占20%。

当我们明晰了读书的方向和脉络，下一步就是要选书来读了，每一类当中选哪些书来读呢？卡尔维诺在《为什么读经典》中说过，我们在不断重读一部经典作品时，会发现它是“永不会耗尽它要向读者说的一切东西的书”。

我们要选择最经典的书来读。比如，《给教师的建议》《教育的目的》等。

每个人不同阶段都会有所侧重地阅读，寻找此时此刻最适合自己的图书来读。比如，想要上好一节课，我们可以求助于《文本细读》《听王荣生教授评课》等书；想要走出职业迷茫，我们可以参阅《我的教育理想》《教师的使命》等书；想要带好一个班，我们可以读《做一个专业的班主任》《儿童的人格教育》等书。

纵然有万千本好书，也知道读书的功用，最重要的是行动，书总得要一本一本地读，先读起来再说。

3. 怎么读

关于如何读书，有这样几个对我来说很有启发的理念：

第一个：克期阅读。所谓克期，指的是一本书拿到手里，要给自己设定一个期限，到了这个期限就一定要读完。这样，可以克服惰性。

第二个：叶脉似的阅读。如林语堂先生所言：“由看一本书而不能不去找关系的十几种书，如此循序渐进……”学者唐诺也曾说：“下本书在哪里？下本书就藏在此时此刻你正阅读的这本书里。”

第三个：有坡度地阅读。指书目的选择必须对自己具有挑战性，与之相对的是“平角式的阅读”。无限风光在险峰，这是爬坡的意义，也是阅读的价值。

接下来，该怎么读，每个人都有自己的方法，大家可以阅读《如何阅读一本书》，最常用的有这样几种方法，比如批注式阅读、文摘式阅读、概括式阅读、写读书笔记等。

（二）专业写作是成长的天梯

1. 名师成长经验

华东师范大学叶澜教授说："一个教师写一辈子教案不一定能成为名师，如果一个教师写三年的教学反思，就有可能成为名师。"

很多名师成长的经验告诉我们唯有阅读和写作两条腿走路，教师才能实现真成长。

也许大家都听说过朱永新教授当年的"成功保险公司"。事实证明，很多老师的"名"和"明"都是靠"写"成就的，比如我们身边的韩素静老师，她近期出版的新作《统编小学语文，可以这样教》已经是她的第六本作品了。高产的背后，是她长久以来的热爱阅读、乐于反思、勤于动笔的好习惯的支撑。我曾听韩老师说过："每个人一天都是二十四小时，八个小时用来工作，八个小时用来休息，人与人的差别就是第三个八小时创造出来的。""写作不为发表，不为成名成家，只为成长。"她用一本本的著作成就了教师和学生的共成长。

2. 写什么

在吴松超老师的《给教师的68条写作建议》这本书中，用九个章节给我们列出了九大写作内容，帮助教师"过研究的生活"，写教案、写教后记和观课记，写"上学记"、写教育生活、写学生故事、写读后记、创作教育类文学作品、写教育评论，还有给报刊投稿等。每一部分都跟教师教育教学生活紧密相关，吴老师以一个编辑的角度、读者的角度告诉我们如何选择相匹配的内容，怎样写才更有价值，给人带来更多启发。

边行走边思考，发表文章都是顺带的事儿。写作一方面让我们对阅读有了更大的期待，让我们更敏感地感知和思考日常教育教学生活，另一方面也让我们有了更大的勇气直面孤独和寂寞。

（三）扎根课堂，修炼自己的专业基本功

课堂是教师的主阵地，无论怎样都要修炼好自己的课堂基本功。

朗读。我是朗读爱好者，为了带动学生读经典，我们的班级晨读会在师生间展开；为了激发孩子的读书兴趣，每晚都会为学生们录制有趣的故事，陪伴着孩子们的上学放学路；我把每篇课文做成朗读指导，连续三年录制"以读代讲"音频100多篇，让更多孩子爱上了朗读，爱上了语文。

练字。从入职开始，学校为青年老师每人准备一块黑板，每天清晨到学校的第一件事就是在写有自己名字的黑板前写字，书写老师每晚进行打分，在书写群里进行指导，隔三岔五地举行校内写字比赛。养成每日练字的习惯，天长日久，写字水平便有了质的飞跃。

上课。武凤霞老师曾说："一本书，一节课，看似不起眼，但它们都是一块块砖，垫在你脚下，久了，就长高了；也是一把把土，久了，就铺成了路。"我痴迷课堂，日常的异步授课，学校的公开课、市级研讨课、省级优质课评比等都有我的身影。每一次公开课都会历经备课、研课、磨课的艰难过程，也会给我带来突飞猛进的成长。

课堂管理。观摩老教师和名师课堂几乎是很多年轻教师的必修课，学他们的教学内容处理方法，学对课堂节奏的把握，学教师评价语言，学过程性指导，甚至学他们的教态。为了更好地为课堂带来情景式的体验，我经常绞尽脑汁把实物、人请进课堂，给学生创造出一个个参与的学习活动，与学生约定很多的口令和手势语……我的语文课，受到了越来越多孩子们的喜爱。

（四）拓展领域，做终身成长型教师

1. 学心理学，教育沟通更通畅

每天，我们身边经常会出现一些鸡毛蒜皮的小事儿，千万不要忽视这些小事，处理好了，我们的教育生活就会成为美妙动人的诗行；若是处理不好，就会让我们的教育生活一地鸡毛。此时，掌握点心理学知识就非常重要。

一个人要想真正成长，必须在洞悉自己并坦然接受的同时，又有所追求。作为教师，我们要有洞悉学生和家长心灵的能力，做学生的心灵导师，做家长的教育同行者，以身作则教给他们处理问题的方法。

陶行知先生"四颗糖"的故事被大家津津乐道，我们经常感慨于陶行知先生的教育智慧，这智慧中就有对儿童心理的正确把握。

当一件事情发生，若是我们能够认识并遵循心理认知规律，运用一些心理学的小工具，教育就会水到渠成。

2. 学点才艺，让教育生活更丰富

难忘班主任基本功大赛上，来自河南各地的班主任老师真是八仙过海各显神通啊，唱歌、跳舞、歌剧、手鼓……班级因班主任的多才多艺而变得与众不同。

我爱好朗诵，这些年，经常参加全省、全市、学校的主持、演讲、朗诵和表演活动，舞台让我看到了讲台上看不到的精彩，我也会把精彩的故事和感受讲给学生们听。我会利用自己的特长，创造各种机会，带他们演教育戏剧，组织诗词朗诵比赛等，让更多的孩子在舞台的历练中提升。

3. 精进笃行，努力实现终身成长

教师工作繁忙而琐碎，我们必须要平衡好自己的工作和生活，这就需要把有限的精力用到更重要的事情上，学点管理学知识非常必要，让自己保持不断精进，按照事情的重要和紧急程度，有条不紊地去完成。勤能补拙，通过有意识地刻意训练，不断地提升自己职业的附加值，实现终身成长。

志之所趋，无远弗届，穷山距海，不能限也。成长掺杂着泪水和汗水，前方也会“道阻且长”，不必担心，成长的道路不会缺少鲜花和幸福。既然已经上路，就不要怕沉重，“只顾风雨兼程”就好。等我们理解了“所知道的东西”，发现了“飞翔的真理”，某一天，定会不期然遇见那个最美的自己。

如何促进教师专业发展走向卓越

濮阳市实验小学　李桂荣

什么是卓越呢？我的理解是，没有最好，只有更好。作为教师，在专业方面怎样更好地发展，针对这个话题，我想结合自己的成长来谈一谈。

我从事语文教学工作30多年来，带了一届又一届学生，参加各级各类课赛，也有文章发表于报刊，同时认真完成学校工作，对于这样平静的教育生活有时会感觉心里空落落的，有时困顿于繁杂事务而感到疲惫，随之而来的惰性令人感到不安。虽有思考但缺少了印记，自我内驱力的激发，成长的空间还很大，方向与目标仍需再进一步明晰。在教育理念的更新、前沿的专家指导等多方面需要提升。而对于怎么实现则有些迷茫，似乎处在了专业发展的瓶颈期。人的一生中会有许多次美好的遇见，此时，我遇见了中原名师培育工程。

学习反思——问渠那得清如许？为有源头活水来

2015年5月春夏之交，经过濮阳市教育局层层遴选，我被推荐为中原名师培育对象，开启了以浙江师范大学为中原名师培育基地的提升发展之旅。专家丰厚的学识与先进的理念，高目标、高定位的专业引领，对工作、对生活的热情豁达及真诚交流，都激励着我。从教育理念的更新到教学方式的变革，从教育课题的研究到教学实践的反思，从教育常态到任务驱动新常态，从一个人的思考行走到一个团队的齐头并进，从带领团队发展到引向县区辐射，几年来，知而行之，行而毅之，毅而远之，远而成之！

（一）专家引领，为成长明晰方向

1. 工作室计划的实施

2015年7月在浙江金华的集训中，肖培东老师在名师工作室建设专题报告时指出，要成为“名”“民”“明”“鸣”师工作室，即名师要做到名

(名气)、民(贴近民众，贴近来自一线的教师，解决一线问题)、明(要有前瞻性，着眼于未来)、鸣(要民主，百家争鸣才能百家齐放)。工作室的意义不在于自己能教点什么，而在于包括主持人在内的工作室每个人都有更好的机会再出发。肖老师给出建议：要始终问自己能给工作室成员带来什么，怎样才能做得更好；要有源头活水，大量阅读，系统思考，勤于实践，主动发声；要沿着专家指引方向确定目标，按计划一步一个脚印去实施。

2. 课题研究的答辩

2015 年 7 月，林一钢院长从宏观上解读了前沿的理论建构、课题研究路径以及具体操作步骤。详细阐述了研究什么，怎么研究，如何设计方案、申报课题，以及如何分析数据、撰写报告。让我感到在教学中研究是很有意思的事。2016 年 3 月，申宣成老师强调，开展课题研究，要有问题意识，把熟知的问题提升到课题研究；要有数据意识，提高课题研究的科学性；要有文献意识，关注同行的经验与成果；要有方法意识，要把课题分解成几个小课题，各个击破，引导教师走上研究这条幸福之路。

3. 教育专著的写作

2016 年 10 月，在金华培训时，教育学者闫学老师分享了如何对教育思考沉淀，从而突破教师发展的高原期，她认为最好的方法就是写作。作家张文质的《从写一篇文章到出版一本书》诠释如何进入出书这个高成长阶段。河南省基础教育教学研究室副主任丁武营提醒教师，要坚持写，快乐写作，在读书时就要留意内容的架构。杨伟东老师的写书秘籍是有蓝图与规划，具体章节要先写出样章，列出写作计划。这些独特思想和宝贵经验为渴求进阶的教师指明了方向。

4. 专业成长的助力

2017 年 3 月在温州的培训中，姜根华教授在“教师成长的十个关键词”主题讲座中谈道，广阔的学术视野、厚实的理论素养、深刻的专业知识、不断涌生的教学创造力和探险精神及不断创生的教研表达活力是优秀教师的必备素质。吴惠强教授则诠释了“名师是怎样炼成的”。名师在设计、思考、互动中成长，勤于实践，反思总结，认真做好每一步。

（二）个人反思，为成长奠定基础

1. 明确的角色定位

教师是服务者、创新者、学习者。作为服务型教师，教师要为学生的成长服务，研究、了解学生的心理需求和思想动态，遵循“以学定教、顺学而导”的理念，让教为学服务，既为优等生提供优质服务，更为后进生提供优质服务。作为创新型教师，教师要用心育人，不断探索为师之道。作为学习型教师，教师应带领学生探究新知，了解学生喜欢怎样的学习方式，哪种方式更有效，并从书本里、同行身上和实践中学习。

2. 快乐地做研究

苏霍姆林斯基说：“如果你想让教师的劳动能够给教师带来乐趣，使天天上课不至于变成一种单调乏味的义务，那你就应当引导每一位教师走上从事研究这条幸福的道路上来。”教师要找到研究的趣味，才能把事情做好。教师在研究中要不断地反思，让反思成为一种教育状态，不断调整、提升教育质量和品质。

3. 有思考地实践

在培训中，中原名师不断地分享成长经历和思想见解。丁主任梳理高端设计的“中原名师出版工程”分层出书规划：中原名师论坛文集，教育叙事文集系列，学术性论著，课题科研成果系列。我结合实践，梳理培训专题，确定研究课题，带领工作室成员开展活动，为教育专著确定写作主题与框架，积累素材，极大地提升了行动力和执行力。

（三）学校考察，为成长拓展思路

1. “以人为本”的温州市新田园小学

在温州参加培训时，我们考察了新田园小学，“我是温州人，我来了”是该校文化的核心理念，以基础性课程和拓展性课程实现，我们看到学生的眼神里透出温州人特有的儒雅自信。把“学习、安全、作业、小发明、国粹文化”等板块设置于各楼层墙体，同时设计红领巾创业园、星火少年我来了、哈利·波特魔法城堡、哆啦A梦跳蚤市场、书香家庭等活动阵地；班级文化主题各具特色，如“我努力我出色”主题等，全面育人，突出个体。学习、观摩徐梦老师的执教课《凤辣子遇见林黛玉》，其中一大亮点“诊学单”“导学单”“拓学单”等“学习单”，为高效教学提供了抓手。

2. “彰显个性”的温州市籀园小学

在这所学校，目之所及，都透着规范、用心、向上、自然的生命状态。拓展课“成语大全”呈现了扎扎实实的阅读课程，办学目标“让学生有个性地发展”，核心育人目标“会爱、会学、会玩、会创造”，“统整”理念很吸引人，如整理课引领孩子整理学业，通过“自主整理、合作学习，学习方法、学习策略”途径来实现，还设立“体学院、科学院、文学院”等少年学院，精简周课时，整合学科内、学科间、内外资源等改革举措，令人耳目一新。

3. “自主发展”的余姚市东风小学

我们在余姚培训时考察的百年老校余姚市东风小学是拥有四个校区的教育集团，以“绿色成长，达善人生”的教育理念，“成德达材”的校训，厚重的文化底蕴，同时透着南方特有的灵气。“绿色成长”就是顺天致性，尊重人的成长规律；“达善人生”通过学校教育引导学生让善成为一种内心自觉，善待自己、他人、自然与社会，达到知行合一。其办学思路“和而不同，美美与共”与我校“敬人敬事敬诸生命，和谐合作和而不同”的校训有异曲同工之妙。黄远国老师的执教课《饮湖上初晴后雨》基于国文理念下的语文学习，古朴之风与现代气息融合，体现了地方文化的课程特色。

4. “阳光和谐”的余姚市第二实验小学

我们在余姚培训时考察的余姚市第二实验小学，以“全面发展、学有所长”的办学理念，打造适合读书的美丽校园。“入学季”“开心农场”“毕业季”的体验课程，“创客、机器人”等科技社团课程，以“玩转数学”为龙头的“互联网+”拓展课程等先进的做法，对于我们致力打造的智慧校园培养智慧师生，带来很多启发。聆听夏雪飞老师的执教课《寒号鸟》，抓关键词句，通过“读、说、演”交流喜鹊与寒号鸟的特点，扎扎实实地训练语言文字，感悟语言、运用语言，使学生在趣味的“场”里真思考，敢表达。

具体实践——宝剑锋从磨砺出，梅花香自苦寒来

1. 教学主张，在论坛上交流

在培育工程中，我珍惜一切锻炼的机会，积极参与，用心准备。教育写作培训布置撰写“教育自传”，我是指定教育写作33人之一。温州培训举办豫浙论坛“教育教学主张”，我被确定为现场论坛的20人之一。胡玫院长的点评“教学主张的提出、背景与建构意义，有一个层级的概念；一句话作为顶层主张，下面有具体的诠释；接着有可操作性的课堂表达”等极大地鼓舞了我，并建议“感性提炼标题，教学法要更多地通过例子凸显‘学为中心’”，让我有了操作方向。

2. 课题答辩，在研究中提升

在舟山培训时，进入课题答辩环节，我真切地感受到研究课题是多么不容易，又是多么有意思。专家评委从课题题目、证据意识、具体操作、参考文献等方面提出了宝贵建议。林一钢教授也强调，研究课题要有问题意识、聚焦意识，要具有可操作性。

3. 工作室携手，在互助中发展

作为工作室主持人，我带教师走进濮阳县、南乐县等县区的多所学校，送教下乡，风雨无阻。送教课程涵盖语文、数学、体育、音乐、美术、编程等多学科内容。我们主要通过示范课、专题报告、教研讨论、答疑解惑、班主任管理等多课型、多专题引领辐射，碰撞思想火花，乐此不疲，促进基层教师专业成长。同时也历练了讲课教师，带来了新的思考，参与的每个人都有很大提高。目前，我们工作室到基层送教已有百余人次。同时，我带领工作室成员到河南长垣、浙江金华、新疆哈密等省内外城市做示范课、专题报告。这样就搭建了城乡校际教育教学的联谊桥梁，把教育教学的种子撒向了教育原乡，实现了优质教育资源的共享，推动了基础教育均衡发展。

沉淀收获——长风破浪会有时，直挂云帆济沧海

1. 收获提升

在一个个高端任务的驱动下，按照发展规划，我积极参加集中培训与读书学习，进行学术研讨和实践研修。带领工作室成员创办了工作室公众号，研究反思、写文发文等带动教师成长，促进发展，科研中有突破，笔耕中有飞跃，实践中有发展。作为我个人而言，思想渐趋成熟，做事情越

来越沉得下心，每日每时都镌刻着努力。一次次重大任务的磨炼，使我走上了成长的高速路。

2. 收获成长

教育专著写作，是来自脑力、体力、心理的挑战，破解掉了一个个难题，才真正体会到丁武主任所说的“要咬牙坚持下去，突破那个关口，这是靠自己来成就的事”是多么重要。在杭州召开的教育专著写作计划出版统稿会上，专家的指导建议“阅读对象要更聚焦，主题要以阅读为核心，框架要对目录再合并或增减，要考虑读者阅读期待”等再次提升我的认识。

3. 收获感动

以高规格的教育写作推动教育发展，我很幸运踏上这班车。难忘闫学老师的提醒：“教育写作都是寂寞的，每一步都是由钻研、耐心支撑着自己，任何事情都是水到渠成。”难忘张文质老师的教诲：“保持练笔的状态，在爬坡的时候坚持再坚持。”回顾那些痛苦折磨且踏踏实实写作的日子，一字一词都历经了心灵的触摸。

法拉第说：“学习这件事不在于有没有人教你，重要的是在于自己有没有觉悟和恒心。”这几年的时光，中原名师的培育都以任务驱动引领成长，从每天培训的1000字感悟，到每次培训的5000字研修报告，再到每学期的5000字读书报告等已是常态，以至于令我深感，这些相较于教育专著写作，却是太轻松的事了。

几年来，我在重要学术期刊上发表了近20篇教育教学文章，在报纸上刊登了20余篇作品，送教下乡30多次；听评课700多节，记满了十几本笔记，仅半年时间便写下5万字听课反思，缘于中原名师培育工程写作近50万字。2018年，我被评为中原名师，所在学校被授予“河南省教师发展学校”称号，工作室被命名为“中原名师李桂荣小学语文工作室”，还出版了教育专著《从阅读走向悦读——如何提升学生的阅读兴趣与能力》，该书于2019年入选中国教育新闻网“影响教师的100本书”，并获河南省自然科学优秀学术著作奖一等奖。2019年，我晋升为中小学正高级教师，被评为河南省优秀教育管理人才。2020年，我被评为河南省“中原英才计划”中原领军人才。我带领工作室老师承担的省市3项课题均已结项，并物化课题成果于2021年主编出版《让学生站在课堂中央》。同年，主编出版中原名师培育工程“2019年豫浙名师论坛”成果图书。

几年来，我深深感到，在成长的道路上，要坚定做一棵扎根的树，潜心汲取营养，努力开枝散叶，向阳、向光、向上生长。

教育是一门慢的艺术，需要教师拥有深厚的教育情怀，葆有对教学的激情和对生活的热爱。在教育教学中，做实践的思考者，做研究的实践者，注重阅读、教学、课题、写作等多个方面，沉下心来深耕教育，孜孜以求，钻之弥坚，不断地去挑战自我，持续地努力才会有持续的发展。成长路上付出的每一滴汗水，都会成为丰厚底蕴的基石。心中有梦想，眼里有光芒，不忘初心，勠力前行，才能实现教育梦想！

后记

有人说，与优秀的人在一起，会变得更优秀。

中原名师培育工程，使我有机会接触到了写书和出书。很幸运在河南、浙江两地专家的引领指导下，2018 年，教育专著《从阅读走向悦读——如何提升学生的阅读兴趣与能力》（中原名师出版工程·教育思想与实践系列），由大象出版社出版，这是我的第一本书。次年，这本书被评为中国教育新闻网“影响教师的 100 本书”。随后，被评为河南省第五届自然科学优秀学术著作奖一等奖。目前，该书已经第 6 次印刷。

记得我的写作导师闫学老师曾经说过，出版了第一本书，之后就会出版第二本，甚至第三本。当时认为是闫老师在激励我们，心想哪能那么容易，能够出版这一本书就已经很难得了。没想到，正如闫老师所说，出版了第一本书之后，就产生了出版第二本的想法。

教育专著出版之后，我就琢磨让工作室小伙伴们也能参与创作，思考为更多的教师搭建更加宽阔的成长平台。2018 年，我作为主持人承担了河南省基础教育教学课题研究项目，于是带领工作室老师们一起物化课题研究成果，2021 年，我作为主编出版了第二本书《让学生站在课堂中央》（中原名师出版工程·教育思想与实践系列），这本书也是由大象出版社出版。在物化课题研究成果时，带领老师们就只是一门心思地去努力做好。书一出版，老师们才真正感受到这本书的分量之重，效果之好，也真切地体会到成就感之强，幸福感满满，更加激发了大家创作的内驱动力。

这第三本书，就是我带领工作室的全体老师共同编写的。

2018 年，河南省教育厅授牌“中原名师李桂荣小学语文工作室”，工作室公众号也随之运行了起来。2019 年根据河南省教育厅安排，“中原名师工作室”每年要承担培育河南省名师、骨干教师的任务。三年来，工作室已培育了三批优秀教师，这 31 名教师分别来自我省郑州、信阳、驻马店、安阳、新乡、鹤壁等十几个地市。凡是经过我们工作室培育的老师，皆被吸纳为工作室成员。目前，工作室已有近 50 位老师，这是一个有情怀、有担当、有作为的团队，我们立足课堂，读书学习，研究课题，送课下乡，交流分享，开展了很多活动，做了很多工作。

2020 年突如其来的新冠肺炎疫情，使线下交流活动按下了暂停键，我们工作室就采取了“网络教研”主题活动学习交流模式，内容丰富，延续至今已有 40 余期。于是，我就思考要带领工作室老师，针对这些有意义的事情，从中提炼专题，凝练成果，并确定了书名《让成长花开有声》。这本源于网络教研活动的书，其意义是重大的：其一，这是工作室的又一本有分量的新书；其二，编写人员来自工作室“扩大版”，由工作室成员老师和省内名师骨干教师组成，他们都是教师中的精英、骨干；其三，这是中原名师出版工程系列中的又一本教育教学著作。有了一个好的想法，就要积极去实现。我鼓励老师们凝心聚力创作，使这本书在我们手中得以问世。

这本书，凝结着工作室全体老师的智慧和心血。

不积跬步，无以至千里；不积小流，无以成江海。成长就是这样一点一滴积累的。回顾往期网络研修活动，至今历历在目：“双减”背景下，创新作业设计，分类指导提质增效；特殊时期，探索线上直播，优化课堂教学；在活动中育人，促进学生成长；夯实教育教学基础，提升核心素养；读书学习丰润内涵，精耕细作，静待花开……几十期的网络教研活动，我们坚持了下来。过程策划之精细，期期都有新专题；内容之丰富多样，不拘泥于形式，人人参与其中。每期活动，都触及老师们的内心深处，大家共克时艰，一起守望，在交流中增长教学智慧，提升专业能力，收获成长的快乐与喜悦。

“一个人可以走得很快，而一群人可以走得很远。”在中原名师李桂荣工作室这个团队中，老师们互相欣赏，互相帮助，互相鼓励，抱团取暖，大家珍惜一个个学习机会，充分汲取知识的营养。不断丰盈自己，一路向善向美，一路向上向阳，向着光亮那方，奋勇前行。老师们不断地蜕变着，采撷芬芳，收获成长。我能切实地感受每一个小伙伴向上拔节的声音。

念念不忘，必有回响。感谢，成长的路上有你。致敬，激情燃烧的岁月。

“没有比脚更长的路，没有比人更高的山。”作为深耕教育的实践者，我们既要脚踏实地，又要仰望星空。爱自己、爱学生，爱这个我们为之付出的伟大的教育事业。教育之路是漫长而又幸福的。在未来的成长道路上，我们将坚守教师初心，担当教育使命，做卓越教师，向星星瞄准，踔厉奋发，笃行不怠，永不止步！

由于编者水平所限，书中可能有不当之处，恳请读者不吝赐教并提出宝贵意见，相信读者的反馈将会为未来本书再次修订提供良好的帮助。

李桂荣

2022 年 6 月 21 日